華商律師 |文库|
CHINA COMMERCIAL LAW FIRM

30TH
1993-2023
30TH ANNIVERSARY

公司法实务

企业身边的法律帮手

CORPORATE LAW PRACTICE
LEGAL ASSISTANCE FOR ENTERPRISES

罗昭敏　孙文静　陈锦雯　陈娜珍 / 著

法律出版社 LAW PRESS · CHINA
北京

图书在版编目(CIP)数据

公司法实务：企业身边的法律帮手 / 罗昭敏等著
. -- 北京：法律出版社，2024
ISBN 978 - 7 - 5197 - 8565 - 9

Ⅰ. ①公… Ⅱ. ①罗… Ⅲ. ①公司法-中国 Ⅳ.
①D922.291.91

中国国家版本馆 CIP 数据核字(2023)第 218841 号

公司法实务:企业身边的法律帮手
GONGSIFA SHIWU:QIYE SHENBIAN DE FALÜ BANGSHOU

罗昭敏 孙文静 陈锦雯 陈娜珍 著

策划编辑 邢艳萍
责任编辑 李 军
装帧设计 臧晓飞

出版发行 法律出版社
编辑统筹 法律应用出版分社
责任校对 朱海波
责任印制 刘晓伟
经 销 新华书店

开本 710 毫米×1000 毫米 1/16
印张 16.25 字数 235 千
版本 2024 年 1 月第 1 版
印次 2024 年 1 月第 1 次印刷
印刷 保定市中画美凯印刷有限公司

地址:北京市丰台区莲花池西里 7 号(100073)
网址:www.lawpress.com.cn
投稿邮箱:info@lawpress.com.cn
举报盗版邮箱:jbwq@lawpress.com.cn

销售电话:010 - 83938349
客服电话:010 - 83938350
咨询电话:010 - 63939796

书号:ISBN 978 - 7 - 5197 - 8565 - 9
定价:78.00 元

谨以此书献给华商律师事务所成立三十周年

总　　序

弹指之间，华商律师事务所(以下简称华商)已行三十载。三十载风雨征程，我们从初心开始书写答卷。这份答卷以一书一卷开始，向具有前沿视野的国际型律所演进，从深圳强所到聚焦国际，华商厚植专业根基，目前已有48家分支机构，我们始终上下求索、攀登不息，不断丰富诠释华商“法律创造价值”的职业价值观。

三十年间，华商以创业者的探索、勇敢者的担当、改革者的步伐，逐步成长为从区域迈向全国乃至全球的规模律师事务所，并在律师事业升级与融合的发展变革中，成就了不少亮眼成绩。

千帆竞渡争卓越，前沿视野创一流。近年来，面临百年未有之大变局，在全球化趋势反复拉锯的过程中，行业也迎来了前所未有的新形态与新问题。越是不确定，华商越是坚定信心，越是沉着勇毅，在时代的风云中屹立不倒，敢于亮剑，敢于前进，志所向，皆可往，路虽远，行必达。华商以适度规模化、深度专业化、重推国际化的前沿发展战略稳步迈入高质量发展阶段！

经多个专业委员会、多个专业团队和多位专业律师构思、策划、组织和编撰，这套涵盖公司、国企改革、东南亚国家投资法、婚姻家庭继承、证券、合规体系、基金法律、土地开发、尽职调查等热门领域的华商律师事务所三十周年实务丛书与读者见面。作为华商三十周年献礼，本套丛书的问世将是华商专业化建设的又一次具有重要理论和现实意义的里程碑，更是百年华商征程中的专业与文化积淀。

新时代赋予律所新的使命，华商肩鸿任钜，法治的道路不断延伸，华商不会停下脚步。就像我曾经写过的一首诗，“风不顾一切，时光勇往直前，我，我们，跟着一路长跑”。

是为序。

目 录

第一章 公司设立登记要点

第一节 初创企业股权设计的“陷阱”及建议

一、初创企业股权设计的陷阱

股权结构设计为公司治理的重要环节，实践中，不少创业者在创业过程中因主观或客观原因陷入股权设计的“陷阱”而影响企业的长期发展，结合执业经验及相关实操案例，本节揭示初创企业在股权设计上的三大常见“陷阱”。[1]

第一，单一股东持有公司全部股权。以单一股东持有公司100%股权，虽然股东能够完全控制公司，但对于股东而言，其弊端较为明显，此等架构无法起到风险隔离作用。根据《公司法》[如无特别说明，本书所称《公司法》均指《中华人民共和国公司法》(2023年修订)]第23条第3款规定，只有一个股东的公司，股东不能证明公司财产独立于股东自己的财产的，应当对公司债务承担连带责任。结合笔者执业经验，在诉讼中，单一股东完成证明责任(“自证清白”)的难度较高，股东被判令对公司债务承担连带责任的情况并不少见。

第二，股权绝对平均化。绝对平均的股权架构，常见具体表现及缺点见表1。

---

〔1〕 根据我国《公司法》，公司类型包括有限责任公司和股份有限公司两种形式，因大部分初创企业均是设立有限责任公司，本节所称“公司”“企业”均是指代有限责任公司的组织形式。

表1　绝对平均股权架构

股东数量(个)	股权比例	缺点
2	50%:50%	在该等股权架构下,股东相互制衡,如果股东发生矛盾或对公司发展方向发生分歧,极容易导致股东会无法作出有效决议进而导致公司陷入“僵局”,成为公司发展的阻碍
3	33.3%:33.3%:33.3%	
4	25%:25%:25%:25%	

第三,无人享有控股股权(至少超出51%)。除非公司章程对股东会表决作出特别约定,一般而言,针对公司日常事项,在股东会上过半数表决权股东通过即可作出有效决议。在无人享有多数股权的股权架构下,则均需要联合其他股东才能形成有效决议。在此等股权架构下,如果股东意见不一致,则难以确保公司按照股东意向发展,甚至难以作出有效的股东会决议。

二　初创企业股权设计的三个建议

第一,在保持公司控制权的基础上应尽量避免单一主体持有公司100%股权,为此,可考虑设置职工持股平台(一般为有限合伙企业)与创始股东共同持股,如此,可避免设立一人公司,起到股东有限责任的风险隔离作用。

第二,针对能力较强的创始股东可适当赋予更多的股权表决权,例如,可通过公司章程对股权表决权进行特别规定,俗称“类别股”“AB股”,例如,国内电商平台某东的“AB股”架构,也可通过一致行动协议或者投票权委托的方式实现此目的。

第三,应当为公司未来发展预留股权,公司的长期发展不仅需要股东的付出,还需要核心员工(包括管理人员、核心技术员工等)的长期陪伴及付出,适当预留部分股权用于对员工进行股权激励能有效激发员工的价值,从而促进公司长期发展。

以上就是我们针对初创企业股权设计方面所给出的一些建议,期望有创业意向或者正在创业的朋友能够设计符合公司长期发展的股权架构,有效赋能公司的长期发展。

第二节 股权比例背后的含义

在执业过程中,经常有创业者咨询我们关于公司股权比例设置的问题,我们特对《公司法》相关内容进行梳理并整理成文,通过本节向创业者揭示公司股权比例背后的法律含义,我们相信,创业者在了解到这些数字比例所代表的含义后,将对于公司股权结构设置有着更为清晰的思路。[1]

一 X = 100%(一人公司)

在2023年修订的《公司法》通过后,单一股东即可设立有限责任公司也可设立股份有限公司的组织形式。此种股权结构的风险在于,根据《公司法》第23条的规定,如果股东不能证明股东自身财产与公司财产各自独立,则股东应当对公司债务承担连带责任。

在实践中,也有不少的创业者知道单一股东架构的风险并试图进行规避,他们经常采用的方法是找来自己的配偶,由夫妻二人共同持股。但我们也提醒创业者,这种"夫妻店"模式的股权架构仍然可能会被认为实质上属于一人公司,并适用《公司法》第23条规定的推定人格混同制度。

---

〔1〕 特别提醒创业者注意,有的公司针对部分股东的股权设置了特别表决权机制,本书所讨论的仅是公司章程未对股东所持股权设置特别表决权情况。

典型案例：熊某、沈某申请执行人执行异议之诉案

案号：(2019)最高法民再372号

在最高人民法院作出的民事判决中认为，青曼瑞公司系实质意义上的一人有限责任公司，适用《公司法》(2018年修正)第63条(已修订，现为《公司法》第23条)规定，熊某、沈某应对青曼瑞公司财产独立于双方其他共有财产承担举证责任。熊某、沈某未举证证明其自身财产独立于青曼瑞公司财产，应承担举证不力的法律后果，即对公司债务承担连带责任。

二 66.67%≤X < 100%（绝对控股权）

针对有限责任公司，《公司法》第66条第3款规定，股东会会议作出修改公司章程、增加或者减少注册资本的决议，以及公司合并、分立、解散或者变更公司形式的决议，必须经代表2/3以上表决权的股东通过。

针对股份有限公司，《公司法》第116条第3款也作了同样的规定，该条针对修改公司章程、增加或减少注册资本等事项的决议，必须经出席会议的股东所持表决权的2/3以上通过。虽然股份有限公司股东会决议的基数是“出席会议的股东所持表决权”而非股东所持全部表决权，但在股东掌握2/3以上股权对应的表决权情况下，该名股东可在任何情况下通过行使股份对应的表决权而确保其同意的议案获得股东会决议通过。

三 50% < X < 66.67%（相对控股权）

1. 针对有限责任公司，除需要经2/3以上表决权特别决议通过事项以外的一般决议事项(如董事任免及报酬、公司利润分配等)，《公司法》第66条第2款规定，股东会作出决议，应当经代表过半数表决权的股东通过。

对于有限责任公司而言，在《公司法》框架之下，拥有超过50%股权的股东即可通过行使股权表决权进而控制股东会普通决议的结果。

2. 针对股份有限公司,《公司法》第116条第2款规定,股东会作出决议,必须经出席会议股东所持表决权过半数通过。因此,如果掌握超过50%比例的股份,其所拥有的股份表决权对股东会一般决议事项的表决拥有决定权。

四 33.33% < X≤50%(超过1/3股权)

相对来说,如果拥有超过1/3股权,则意味着其他股东无法拥有2/3以上的股权,对于类似修订公司章程、增加或减少注册资本等需要特别决议通过的事项,除非获得持有1/3以上表决权的股东同意,其他股东无法单独依据自己的表决权通过股东会决议。从另一个角度言之,持有超过1/3股权/股份的股东拥有对特别决议事项的一票否决权。

五 10%≤X≤33.33%(公司解散权)

股东对公司的控制权随着股权比例的降低而降低,虽然股东拥有10%以上的股权比例对股东会决议不具有决定性作用,但持有该等持股比例的股东亦拥有特殊的股东权利。

《公司法》第231条规定,持有公司全部股东表决权10%以上的股东,具备了提起公司解散之诉的原告主体资格。[1] 作为持股比例不占多数的中小股东,在于公司大股东发生矛盾或出现经营理念不一致并面临公司僵局之下,在其他退出渠道(如股权转让、大股东回购股权等)均失效的情况下,作为持股10%以上的股东,可通过主动提出解散公司诉讼进而保留通过解散清算的方式退出

〔1〕《公司法》第231条规定,公司经营管理发生严重困难,继续存续会使股东利益受到重大损失,通过其他途径不能解决的,持有公司全部股东表决权10%以上的股东,可以请求人民法院解散公司。

公司。

此外，根据《公司法》第 114 条第 2 款，针对股份有限公司而言，单独或合计持有 10% 以上股份的股东，拥有在特殊情况下的股东会的召集和主持的权利。[1]

六 3% ≤ X ＜ 10%（股份有限公司股东查账权）

《公司法》第 110 条第 2 款规定，连续 180 日以上单独或者合计持有公司 3% 以上股份的股东要求查阅公司的会计账簿、会计凭证的，适用本法第 57 条第 2 款、第 3 款、第 4 款的规定。公司章程对持股比例有较低规定的，从其规定。

为兼顾股份有限公司财务信息的保密要求及股东权知情权的保障，《公司法》第 110 条第 2 款针对股份有限公司"会计账簿、会计凭证"的查阅规定了股东持股时间及持股比例的要求，在持股比例方面，需要单独或者合计持有公司 3% 以上股份的股东方可要求查阅较为隐秘的"会计账簿、会计凭证"。

七 1% ≤ X ＜ 3%（股份有限公司股东临时提案权及股东代表诉讼权）

持有公司 1% 以上的股份比例虽然对公司决议不存在控制力，但也有一定的价值；对股份有限公司股东而言同样具有特别的价值。

根据《公司法》第 115 条第 2 款[2]规定，单独或者合计持有公司 1% 以上股份的股东，可以在股东会会议召开 10 日前提出临时提案并书面提交董事会。因

---

〔1〕《公司法》第 114 条第 2 款规定，董事会不能履行或者不履行召集股东会会议职责的，监事会应当及时召集和主持；监事会不召集和主持的，连续 90 日以上单独或者合计持有公司 10% 以上股份的股东可以自行召集和主持。

〔2〕《公司法》第 115 条第 2 款规定，"单独或者合计持有公司百分之一以上股份的股东，可以在股东会会议召开十日前提出临时提案并书面提交董事会。临时提案应当有明确议题和具体决议事项。董事会应当在收到提案后二日内通知其他股东，并将该临时提案提交股东会审议；但临时提案违反法律、行政法规或者公司章程的规定，或者不属于股东会职权范围的除外。公司不得提高提出临时提案股东的持股比例"。

此，持有1%以上股权比例的股份有限公司的股东即拥有临时提案的权利。

此外，根据《公司法》第189条第1款规定，如董事、监事、高级管理人员或者他人存在损害公司利益的情形的，作为单独或合计持有股份有限公司1%以上股份的股东可在履行前置程序的条件下提起股东代表诉讼以维护公司合法权益。[1]

八 0% < X（股东权）

针对有限责任公司而言，虽然在股东会表决权上的作用有限，但可通过持有公司股权而获得相应的股东资格，并可享有《公司法》规定的各项股东权利，包括股东知情权（《公司法》第57条）、分红权（《公司法》第210条）、股东会出席及表决权（《公司法》第64条、第65条），其中，特别值得注意的是，基于股东身份，有限责任公司股东可对其他股东拟对外出售的股权主张优先购买权（《公司法》第84条）并享有对公司新增出资的优先认购权（《公司法》第227条）。此外，根据《公司法》第189条规定，有限责任公司的股东可在满足前置程序的条件下提起股东代表诉讼以维护公司合法权益。

针对股份有限公司而言，股份有限公司的股东可拥有股东知情权（《公司

---

〔1〕《公司法》第189条规定，"董事、高级管理人员有前条规定的情形的，有限责任公司的股东、股份有限公司连续一百八十日以上单独或者合计持有公司百分之一以上股份的股东，可以书面请求监事会向人民法院提起诉讼；监事有前条规定的情形的，前述股东可以书面请求董事会向人民法院提起诉讼。

监事会或者董事会收到前款规定的股东书面请求后拒绝提起诉讼，或者自收到请求之日起三十日内未提起诉讼，或者情况紧急、不立即提起诉讼将会使公司利益受到难以弥补的损害的，前款规定的股东有权为公司利益以自己的名义直接向人民法院提起诉讼。

他人侵犯公司合法权益，给公司造成损失的，本条第一款规定的股东可以依照前两款的规定向人民法院提起诉讼。

公司全资子公司的董事、监事、高级管理人员有前条规定情形，或者他人侵犯公司全资子公司合法权益造成损失的，有限责任公司的股东、股份有限公司连续一百八十日以上单独或者合计持有公司百分之一以上股份的股东，可以依照前三款规定书面请求全资子公司的监事会、董事会向人民法院提起诉讼或者以自己的名义直接向人民法院提起诉讼。"

法》第110条）、股东会出席及表决权、分红权（《公司法》第210条第3款）等股东权。

以上是我们对公司不同股权比例法律含义的整理及归纳，期望各位创业者通过阅读本节的内容了解股权比例的真实含义，并运用于自身的创业实践。

第二章 公司股权管理

第一节 有限公司股权转让的常见法律风险及防范

随着社会经济的发展,大众资产的配置方面越来越呈现多元化的特征,其中,有限责任公司的股权投资已成为重要的资产配置方式,除新设公司或者参与公司的增资扩股外,股权转让已然成为重要的股权投资参与方式。而在有限责任公司的股权转让交易中,可能因交易方法律知识的欠缺或者其他客观原因,往往导致股权转让交易中蕴含法律上的风险。鉴于此,我们特结合实务经验针对有限责任公司股权转让交易中常见法律风险进行梳理并提出有针对性的风险防范建议。

一 公司股权受让常见法律风险及防范建议

(一)侵犯其他股东优先购买权

有限责任公司具有典型的人合性特征,《公司法》第84条第2款[1]规定了公司其他股东在股权转让时对拟对外转让股权的优先购买权。《最高人民法院关于

[1] 《公司法》第84条第2款规定,股东向股东以外的人转让股权的,应当将股权转让的数量、价格、支付方式和期限等事项书面通知其他股东,其他股东在同等条件下有优先购买权。股东自接到书面通知之日起三十日内未答复的,视为放弃优先购买权。两个以上股东行使优先购买权的,协商确定各自的购买比例;协商不成的,按照转让时各自的出资比例行使优先购买权。

适用〈中华人民共和国公司法〉若干问题的规定（四）》（以下简称《公司法司法解释四》）第21条规定，有限责任公司股东以欺诈、恶意串通等手段损害其他股东优先购买权，其他股东有权主张按照同等条件购买转让股权，在此情况下，作为拟受让股权的受让人将无法请求出让方继续履行股权转让合同（继续交付股权），无法成为公司股东；但其可请求出让方股东承担合同违约的民事责任。

1. 风险防范建议

我们提醒，在现有的法律框架之下，为避免因其他股东主张股权的优先购买权而导致交易失败，可采取如下方式进行风险防范：

（1）股权的受让方可要求出让方提供其他股东放弃拟交易股权的优先购买权的声明文件。

（2）可以试图先受让小部分的股权并变更登记为公司股东，再以股东身份收购剩余大部分的股权。该方案的法律依据在于，《公司法》第84条第1款规定，有限责任公司股东之间可以自由相互转让全部或部分股权。如需使用此方案，需注意避免第一次股权受让的条件与第二次股权转让的条件存在明显不合理之处（例如，在定价上存在不合理的差距，通常的表现为，先以高价阻却其他股东行使优先购买权，再以低价进行后续股权交易），否则，法院有可能会将两次股权转让行为合并对待并从实质上认定两次股权交易行为属于规避其他股东优先购买权的行为而认定合同无效。

例如，在（2015）苏商再提字第00068号案件中，某有限责任公司股东吴某民先以每股作价15万元向非公司股东的吴某磊转让某公司1%的股权，并履行通知其他股东的程序。公司其他股东（吴某崎）虽然表示愿意购买但以定价太高为由放弃拟转让股权的优先购买权。在吴某磊成为公司股东的7个多月后，吴某民又将所持公司59%的股权以1.18万元/股的价格转让给吴某磊。吴某崎遂以前述两次股权交易侵犯其优先购买权为由诉至法院，请求确认两份股权交易文件无效。该案经一审、二审及再审的程序，最终江苏省高级人民法院再审确定两份股权交易文件无效。

2. 参考案例

(1)在华某公司与比某科技、新某特集团股权转让纠纷案中,[1]受让方比某科技、新某特集团于2002年6月与转让方华某公司签订《股权转让协议》,约定受让方从华某公司除受让北某集团55.081%的股权,最终价格不低于3亿元。同年6月,经华某公司提议,广某集团就股权转让事项召开股东会会议;但股东东北京某控股未在决议上签章认可。

此后,股权交易双方就股权转让事项进行履行。同年9月,公司股东东北京某控股就华某公司侵犯其优先购买权事宜提起仲裁,经北京仲裁委员会裁决认定,申请人东北京某控股有权行使华某公司拟转让股权的优先购买权,并于2002年12月31日前一次性将股权转让总价3.3亿元付给华某公司。在裁决后,华某公司已然无法继续履行与受让方比某科技、新某特集团之间的股权转让交易协议,比某科技、新某特集团无法获得拟受让的股权,只得请求华某公司承担相应的违约责任。

(2)在中某实业(集团)有限公司(以下简称中某公司,持股38.2%)与上海电某实业有限公司(以下简称电某公司,持股61.8%)、中国水某物资有限公司(以下简称水某公司)、上海新某工程有限公司(以下简称新某公司,目标公司)、上海联合产权交易所股权转让纠纷案中,[2]股权交易的标的公司新某公司召开股东会就股东电某公司向水某公司转让股权事宜召开股东会并通过决议;但中某公司明确不放弃优先购买权。此后,新某公司向交易所报送股权公开转让材料文件。产权交易所随后披露公开交易信息。中某公司发函提出异议,认为交易所信息披露遗漏,中某公司享有优先购买权,请求更正后重新披露;但交易所并未重新披露文件。水某公司通过交易所交易平台参与交易并与出让方电某公司签订股权交易合同。中某公司遂以交易损害其优先购买权为由请求以相同的转让价优先购买交易的股权。

---

[1] 参见(2003)民二终字第143号。

[2] 参见最高人民法院公布的《关于依法平等保护非公有制经济,促进非公有制经济健康发展民商事典型案例》。

该案生效判决认为，中某公司作为公司股东，未明确放弃优先购买权，且在交易所披露信息后提出异议，但并未获得回应而是继续进行股权交易（签订股权交易合同），侵害了中某公司的优先购买权，中某公司有权行使股权的优先购买权。

（二）因交易股权被查封及强制执行无法过户

《公司法》第 56 条第 2 款及第 34 条规定，记载于股东名册的股东，可以依股东名册主张行使股东权利。公司应当将股东的姓名或名称向公司登记机关登记；登记事项发生变更的，应当办理变更登记。未经登记或者变更登记的，不得对抗善意相对人。另根据《全国法院民商事审判工作会议纪要》（以下简称《九民会议纪要》）第 8 条规定，当事人之间转让有限责任公司股权，受让人以其姓名或名称已记载于股东名册为由主张其已经取得股权的，人民法院依法予以支持，但法律、行政法规规定应当办理批准手续生效的股权转让除外。未向公司登记机关办理股权变更登记的，不得对抗善意相对人。

在现行的法律框架下，股权转让当中往往需涉及两项变更登记行为，即公司内部的变更登记（股东名册、公司章程中股东信息的变更）及外部工商变更登记行为，其中，股权权属的变动以内部变更登记为准，在完成内部的变更登记后，股权的权利主体发生变更，受让人正式成为获得股东身份；但根据“商事外观”原则，还需完成工商变更登记，否则，除公司以外的第三方仍然可不认可受让人的股东身份，即仍然将登记在出让人名下的股权认定为出让人的个人财产（例如，最高人民法院制定的《关于人民法院办理执行异议和复议案件若干问题的规定》第 25 条第 1 款第 4 项规定，在办理案外人执行异议案件中，判断股权的权利主体是以工商行政管理机关的登记和企业信用信息公示系统的信息作为判断的依据），并在诉讼或仲裁案件中申请对该财产采取查封、冻结等保全或执行措施。

1. 风险防范建议

针对因出让人其他债务纠纷导致交易的标的股权被采取保全或执行措施，我们提出如下风险防范建议：

（1）在股权交易前，应对出让人本身的信用状况进行一定程度的调查及评估，如信用状况较差的，应谨慎评估是否与之进行股权交易。

(2)在现行的法律框架下,特别是《九民会议纪要》发布后,股权权属的变更是以公司内部变更登记作为基准,因此,应在股权转让的交易文件中明确约定公司内部(包括公司章程、股东会决议、股东名册等)的变更登记安排,并在满足条件时及时要求标的公司及出让方配合完成公司的内部登记手续。

(3)应当充分重视工商变更登记在有限责任公司股权交易中的作用,在条件满足的情况下,应当及时要求出让方及目标公司进行股东信息的工商变更登记手续,并且保留相关的通知函件文件。

(4)除公司内部登记文件外,受让方是否实际行使交易股权的股东权利也是判断股权变动的重要因素,例如,在云南能某新能源投资开发有限公司、中航光某(上海)新能源有限公司等执行异议之诉再审民事判决中,最高人民法院认为,"股权受让方是否实际取得股权,应当以公司是否修改章程或将受让方登记于股东名册,股权受让方是否实际行使股东权利为判断依据",由此可以看出,实质行使股东权利对判断股权归属的重要作用。

在实践中,可用作判断实质行使股东权利的外观或证据可表现为,实际参加股东会并行使表决权、实际参与公司的经营管理、实际从公司领取分红等,受让方可留存该等材料作为其已取得股权的证据。

(5)如在交易过程中,交易股权遭遇司法查封、冻结的,应及时了解出让人涉诉的相关信息,如系因与标的股权无关纠纷案件而被采取保全、执行措施的,应及时向保全、执行法院提起案外人执行异议申请及诉讼,请求解除查封措施。

2. 参考案例

在云南能某新能源投资开发有限公司、中航光某(上海)新能源有限公司等执行异议之诉中,2014 年 1 月,云南能某新能源投资开发有限公司以股权收购方式从山某集团处受让其所持的石某公司 24% 的股权(对价 2400 万元),并在支付完毕全部的股权转让款后,石某公司修订公司章程将受让方云南能某新能源投资开发有限公司登记为公司股东,且石某公司的股东会、董事会决议文件及相关任命文件显示,云南能某新能源投资开发有限公司也实际以股东身份参与公司的经营管理。在股权完成工商变更登记前,出让方山某集团因民间借贷纠纷被债权人诉至上海市第一中级人民法院并同时申请查封暂登记在其名下的石某公司24%的股权。云南能某新能源投资开发有限公司遂提起案外人执行异议申请及诉讼程序。在该案的再审民事判决中，最高人民法院认为，石某公司已经进行公司章程的变更登记且云南能某新能源投资开发有限公司已经实际行使交易股权对应的股东权利，受让方云南能某新能源投资开发有限公司已经实际取得标的股权，《公司法》（2018年修正）第32条第3款规定的“第三人”仅限于与名义股东存在交易的第三人，出让方民间借贷纠纷中之债权人并不属于《公司法》第32条第3款规定的“第三人”，受让人的股权能够排除出让方一般债权人因民间借贷而形成的普通债权的强制执行，遂作出停止查封的判项。

（三）标的股权存在瑕疵风险

1. 标的股权存在瑕疵的类型

（1）标的股权本身存在权利上的瑕疵

股权又称为股东权，是指股东基于向公司出资而享有的对公司各种权利，包括从公司获取经济利益并且参与公司经营管理的权利。从分类上来说，具体可分为自益权和共益权两种类型，自益权指股东为了自己的利益而行使的权利，包括利润分配请求权、股权转让请求权、剩余财产分配请求权；共益权，指股东为了全体股东共同利益而间接为自己利益行使的权利，包括知情权、股东会召集权、表决权等。

通常而言，公司股东基于持有公司股权拥有上述完整的股东权，但鉴于有限责任公司的人合性特征，《公司法》允许公司股东及公司章程在股东的上述具体权利上作出一定的限制或调整，此等限制将影响公司股东权的行使，兹列示部分如下：

分红权及新增资本认购权：《公司法》第210条第4款规定，公司全体股东一致同意可不按照公司法规定的依据实缴出资比例分配公司利润，第227条第1款规定，有限责任公司增加注册资本时，股东在同等条件下有权优先按照实缴的出资比例认缴出资。但是，全体股东约定不按照出资比例优先认缴出资的除外。

表决权：《公司法》第65条规定，公司章程可排除适用公司法规定的股东按照出资比例行使表决权的规则。例如，赋予特定股东所持股权拥有超出股权比例的表决权，此即为表决权差异安排。

又如，《公司法》第66条第1款规定，股东会的议事方式和表决程序，除本法有规定的外，由公司章程规定。实践中，有的公司章程赋予特定股东在股东会上拥有一票否决权。

剩余财产分配请求权：《公司法》第236条第2款规定了公司解散清算时财产分配的规则，即公司财产在按照清算费用、职工工资、社会保险费用、法定补偿金、清缴税款、公司债务后，在股东之间进行分配，分配的具体规则为，有限责任公司按照股东的出资比例分配。在实践中，针对剩余财产分配的规则，有的公司章程规定了不一致的规则，通常表现为，赋予特定股东享有清算财产分配优先权。例如，在（2019）京03民终6335号民事判决中，针对当事人另行做出的剩余财产分配规则，北京市第三中级人民法院认为，该等约定并不违反《公司法》（2018年修正）的强制性规定而认可该等约定的法律效力。

因上述特殊的股东权利往往规定在公司章程或章程修正案，甚至约定在股东协议中，如果在受让股权时未仔细审查公司内部文件，则将导致受让的股东权利受限，影响股权的价值，甚至可能导致交易目的的落空。

（2）受让股权存在权利负担

《公司法》第49条规定，股东应当按期足额缴纳公司章程中规定的各自所认缴的出资额。如股权出让方未按期缴纳出资即转让股权，则根据《最高人民法院关于适用〈中华人民共和国公司法〉若干问题的规定（三）》（以下简称《公司法司法解释三》）第18条规定，有限责任公司的股东未履行或者未全面履行出资义务即转让股权，受让人对此知道或者应当知道，公司可请求受让人出让人的出资义务承担连带责任。

2. 风险防范建议

基于上述股权瑕疵的风险，我们提供如下风险防范建议：

（1）在股权转让交易前，可聘请专业机构（包括法律、财务等机构）进行尽职调查，以发现股权权利瑕疵；

(2)如标的股权经核实存在权利瑕疵的，应要求交易前出让方进行规范，设法解除该等权利瑕疵，确保股权权能的完整性，例如，可要求标的公司在交易前重新制定公司章程，或者要求出让方设法解除限制股东权利的股东协议。

(四)股权转让中的信息不对称

从股权受让方角度言之，可能出于不同的目的而受让有限责任公司的股权，具体言之，常见的目的包括通过收购公司股权获得公司特定资质许可("牌照收购")、特定资产(如土地、房产等)等。因有限责任公司并非上市公司，公司并不主动进行公开信息披露，作为股权的受让方从公开渠道所能收集掌握的信息极为有限，信息来源更多依赖于股权出让方所作的信息披露，而如出让方故意隐瞒或有意披露虚假的信息导致受让方作出错误判断，极有可能导致受让方遭受意想不到的损失。

1. 风险防范建议

针对股权交易中信息不对称所潜藏的法律风险，我们提供如下防范建议：

(1)在交易前，可聘请专业机构对标的公司进行尽职调查，以核实公司财务、法律状况，并根据尽职调查的结果评估是否继续进行股权交易；

(2)在交易文件中要求出让方对信息披露的真实性及准确性进行承诺及保证，并赋予受让方在特定条件下的撤销及解除权。

2. 参考案例

在祝某某、王某某等与上海某恺公司股权转让纠纷案中，[1]上海某圭能源(集团)有限公司(以下简称上海某圭公司)为上海某恺公司、宋某1二方合计持有100%股权的有限责任公司。2016年1月10日，祝某某、王某某、郑某2作为受让方与上海某圭公司原股东上海某恺公司、宋某1作为出让方签订《股权转让协议书》及《补充协议》，约定受让方以1.5亿元价格收购上海某圭公司100%股权。嗣后，在办理工商变更登记手续后，受让方正式接收目标公司。在接收后，受让方以出让方"隐瞒标的公司真实情况，夸大专利价值，提供虚假业绩欺骗"为由主张

[1] 二审案号：(2019)沪民终384号。

出让方存在欺诈行为且受让方存在重大误解，协议内容显失公平为由主张撤销《股权转让协议书》及《补充协议》。

该案审理法院认为，受让方主张出让方在交易过程中存在虚假宣传和欺诈行为，进而主张撤销股权转让协议，应进行充分举证且举证强度应达到排除合理怀疑之证明标准。虽然受让方提交证据证明目标公司部分专利被宣告无效，但该等无效宣告均由目标公司员工在股权交易完成后所发起，且过程未经充分抗辩，难以证明出让方存在欺诈行为。法院遂以受让方未能完成举证为由进而驳回其诉讼请求。

二 结语

综上所述，在有限责任公司的股权转让交易中往往潜伏着法律上的风险，风险可能源于有限责任公司特殊的法律规定（例如，其他股东的优先购买权制度），也有可能源于非交易双方所能控制的其他因素（例如，登记在出让方名下股权遭遇司法查封、执行），该等风险的发生可能导致受让方遭受损失甚至导致交易的彻底失败的严重后果，为此，我们建议，如有意向以股权转让方式进行股权投资的朋友，更加应当留意股权转让当中存在的法律风险并提前做好防范。

第二节 股权代持常见法律风险及防范建议

股权代持是市场主体基于自主需要所做的资产配置安排，在股权代持的结构中，代持股权登记在显名股东（也称名义出资人或代持人）名下，显名股东拥有股东资格的“权利外观”，此即容易导致隐名股东（也称实际出资人）面临一定的法律风险。为此，笔者特结合司法实务经验揭示股权代持常见的法律风险并提出有针对性的防范建议。

一 股权代持的常见法律风险

1. 代持关系不被认可的风险

股权代持关系，指的是隐名股东与显名股东订立的合同，其中约定由隐名股东实际出资并享有投资权益，以显名股东为公司名义股东。在实践中，不少当事人因无法提供代持合同而导致代持关系不被法院认定，在此类案件中，当事人往往仅能提供出资的银行流水记录，但并无法提供代持合同或其他的相关证据以证明股权代持关系。例如，上海市第二中级人民法院发布的《2012—2016 股权代持纠纷案件审判白皮书》披露，关于投资资金性质的纠纷为该院审理的股权代持纠纷中一大类的纠纷类型（占 3.09%），比如一方主张其系隐名股东，经由显名股东投入公司的资金性质是股权出资，而显名股东主张该笔款项是借款。

如隐名股东无法证明双方构成股权代持关系的，其不仅无法要求公司将其登记为股东，也无法享受代持股权的投资权益，如股权/股份增值权益、分红权益等。

2. 股权代持人擅自处分代持股权风险

根据《公司法司法解释三》第 25 条第 1 款规定，在显名股东擅自向不知情的第三人出让代持股权的场合下，股权受让人可主张构成“善意取得”而取得代持股权。

在显名股东擅自出让代持股权的场合下，隐名股东遭受到的损害表现于：在股权被转让后，隐名股东并无法继续享受代持股权对应的投资权益，如股权（股份）增值权、收益权等。例如，在笔者所代理的某委托纠纷案中，代持人擅自将代持的合伙企业合伙份额对外转让，损害隐名股东的合法权益。审理法院虽然认为代持人未经同意擅自从持股平台退伙损害了隐名股东的利益，并认定代持人应当赔偿损失；但在认定损失赔偿金额时，仅以代持人退伙之日持有的合伙份额价值作为隐名股东的损失金额，并未将后续存在的高额增值收益一并计为隐名股东的损失金额。

3. 部分股权代持协议被认定无效的风险

根据《公司法司法解释三》第 24 条第 1 款规定，有限责任公司的股权代持，除非存在法律规定的无效情形，股权代持协议原则上应被认定为有效协议。根据司法实践案例来看，在如下特定领域如果存在股权代持安排的，则代持协议仍然会被认定为无效。具体司法案例见表 2。

表 2 法院裁判观点

<table>
<tr><th>序号</th><th>案号</th><th>裁判观点</th><th>裁判法院</th><th>标的公司性质</th></tr>
<tr><td>1</td><td>（2017）最高法民终529号</td><td>无论某策公司、某杰公司之间是否存在讼争保险公司股份的委托持有关系，由于双方签订的《信托持股协议》违反了原中国保险监督管理委员会《保险公司股权管理办法》的禁止性规定[1]，危及金融安全，损害了社会公共利益，依法应认定为无效</td><td>最高人民法院</td><td>保险公司的股权代持</td></tr>
<tr><td>2</td><td>(2018)沪74民初585号</td><td>当事人所签订的协议违反了中国证监会制定的《首次公开发行股票并上市管理办法》（已失效，下文不再说明），相关规定因关涉“证券市场整体法治秩序和广大投资者合法权益”而属于证券市场的公共秩序，协议因损害证券市场公共秩序而认定为无效</td><td>上海金融法院</td><td rowspan="2">上市公司股权代持</td></tr>
<tr><td>3</td><td>（2017）最高法民申2454号</td><td>公司上市前，一方代另一方持有股份，并以其自身名义参与公司上市发行，实际隐瞒了真实股东或投资人身份，违反了发行人如实披露义务，为相关规定明令禁止，并损害社会公共利益，因此代持上市公司股权的协议无效</td><td>最高人民法院</td></tr>
</table>

在代持协议被认定无效的情况下，隐名股东将无法继续享有代持股权后续的投资权益，且在股权代持期间的收益分配也面临一定的不确定性。

[1] 2014 年《保险公司股权管理办法》第 31 条规定，任何单位或者个人不得委托他人或者接受他人委托持有保险公司的股权。

4. 股东资格不被确认的风险

在我国现有法律框架下，除非在特定领域中存在的股权代持会被认定无效，法院原则上均认可代持协议的法律效力，但即使代持协议的效力获得认可，也并不代表隐名股东的股东资格获得确认，根据《公司法司法解释三》第24条第3款，隐名股东请求公司确认其股东资格还需获得公司其他股东过半数同意，否则，其诉讼请求将面临不被支持的风险。[1]

5. 代持股权遭遇强制执行的风险

在显名股东擅自处置（出售、抵押）代持股权的情况下，与之交易的第三人可依据“善意取得”制度而主张取得股权。除此之外，在实践中，也经常出现显名股东因借款、买卖等纠纷导致代持股权遭遇法院的强制执行的情形，在面临此等情况下，隐名股东能否提出执行异议排除执行，尚存有不同的观点。例如，在某银行股份有限公司济南分行与某航集团有限公司执行异议之诉再审案中，法院认为，某航集团有限公司对涉案股份享有的权益并不足以排除显名股东因债务纠纷引起的强制执行。与之相反，在实务中，也存在另一种司法观点，《山东省高级人民法院民二庭关于审理公司纠纷案件若干问题的解答》中认为，如果名义股东因借款、买卖等非股权交易纠纷而导致名下股权被强制执行时，隐名股东以案外人身份提出停止执行的执行异议之诉应当获得支持，其理由在于，商事外观主义原则的适用范围不包括非股权交易第三人，“如果名义股东债权人申请执行的是与名义股东因借款关系等而形成的一般债权，债权人并没有与名义股东从事涉及股权交易的民事法律行为，从权利外观原则来看，此时的债权人不是基于信赖权利外观而需要保护的民事法律行为之善意第三人，故其债权请求不能受到优先于实际权利人的保护”，《黑龙江省高级人民法院关于审理执行异议之诉案件若干问题的解答（修订版）》第26条规定也持与山东省高级人民法院同样的观点，该解答认为，商事外观主义原则所保护的具有信赖利益的第三人仅限定为与名义权利人

[1] 《公司法司法解释三》第24条第3款规定，实际出资人未经公司其他股东半数以上同意，请求公司变更股东、签发出资证明书、记载于股东名册、记载于公司章程并办理公司登记机关登记的，人民法院不予支持。

存在实际交易关系的第三人,在第三人与名义权利人不存在股权转让、质押等交易关系,仅因未了债务而寻查被执行人财产的,其并无信赖利益保护的需要,无权申请法院强制执行股权。

基于上述分析可以看出,我国司法实践关于隐名股东的权益能否排除非因股权交易的一般债权人向法院对显名股东提起的强制执行尚有不同的观点,如果法院认定隐名股东权益无法排除执行,则将导致代持股权被法院采取强制执行措施用于偿还显名股东欠付的债务。如此,隐名股东将无法继续享有代持股权对应的投资权益。

二 关于防范股权代持风险的若干建议

1. 签订完善的股权代持协议

完善的股权代持协议在以下方面能够有效防范或降低股权代持产生的风险:第一,通过股权代持协议确认股权代持关系的存在,避免隐名股东的投资款被认定为借款或其他性质的款项从而导致隐名股东无法享有投资权益。第二,通过在股权代持协议中对显名股东擅自处分代持股权行为约定相应的违约金,提高显名股东擅自处分代持股权的违约成本,进而防止显名股东擅自处置代持股权。第三,通过在股权代持协议中明确股权代持协议被认定无效情况下收益分配原则(或处理机制),防止协议被认定无效情况下相关股份财产收益处理违背隐名股东意志。例如,在上海金融法院审理的(2018)沪74民初585号案件中,针对代持协议约定协议无效情况下财产处理机制,法院认为,在协议无效情况下系争股份的收益属于合同履行之后的新增利益,如何分配应由当事人协商确定,协商不成的应当适用公平原则合理分配,肯定了当事人约定在代持协议无效时处理涉案财产的机制的效力。

2. 与其他股东签订书面协议

根据司法解释的规定，隐名股东"显名"的条件在于获得公司其他股东的同意，因此，隐名股东可以在签订股权代持协议的同时与其他股东事先签订知情同意书或协议，获得其他股东对于隐名股东"显名"行为的同意。

3. 实际参与公司经营管理

除与其他股东签订书面协议外，隐名股东实际以股东身份参与公司经营管理的行为也有助于其"显名"的诉讼请求获得法院支持。根据《九民会议纪要》第28条，如果隐名股东能够证明公司过半数的其他股东知道实际出资的事实且对隐名股东实际行使股东权利未曾提出异议，对于隐名股东登记为公司股东的诉讼请求，人民法院依法予以支持。

以上是我们从实际出资的隐名股东角度总结的股权代持的常见法律风险及防范建议，期望以上建议切实帮助具有此方面实际需求的股权投资人。

第三节　公司股权继承的常见争议及对策建议

根据《公司法》第90条[1]规定，继承人有权继承股权，且公司可根据治理需求对股权继承另作规定。实务中，我们发现关于股权继承的案件不断增多。由于股权继承涉及公司资格和继承两种法律关系，不论是股东资格的确定抑或遗产分配，本就容易发生各类的法律争议，加之初创型企业或投资者尚未对股权继承形成较为敏感的风险防范意识，该类案件频发。我们特梳理股权继承的常见纠纷情形，提醒广大创业者关注股权继承，在公司章程层面和家庭资产分配层面提前规划以防范风险。

---

〔1〕《公司法》第90条规定，自然人股东死亡后，其合法继承人可以继承股东资格；但是，公司章程另有规定的除外。

一 股权继承的常见争议及风险

1. 第三人代为持有股权，但未向公司其他股东披露，甚至没有可佐证代持事实存在的书面材料，被继承人的股东资格存在争议，进而阻碍继承人继承股权。

股东以第三人代持的方式持有公司股权，未向公司其他股东披露代持信息，抑或没有完备的代持协议、代持证据足以证明股权代持事实存在。一旦发生继承，公司或代持方可能对被继承人的股权资格质疑或否认，导致继承人难以直接在继承纠纷中对股权份额进行分配，需要先行提起股东资格确认之诉后方能继承，更甚至是由于无法证明股权系被继承人所有无法继承股权。

2. 股权的权利依据存在瑕疵或无效事由，股东资格有争议，进而阻碍继承人继承股权。

股权受让的程序存在瑕疵，如签署的股权转让协议内容存在法定无效事由，或股权转让的程序有瑕疵，影响股权转让协议效力，或签署股权转让协议和支付对价后，没有及时在公司层面变更股东名册、办理工商变更登记，导致股权资格存在争议，继而影响股权继承。

3. 被继承人生前没有留有合法有效的遗嘱，导致继承人资格或分配比例等发生争议。

由于被继承人生前没有留有合法有效的遗嘱，继承人内部就股权如何分配发生争议，需要继承人内部争议解决后方可确定被继承人的股权由谁继受，部分股权的权利人处于待定或争议状态，进而影响公司的正常经营决策。

在实务中，我们曾遇到因被继承人生前没有留有合法有效的遗嘱，被继承人过世时其父母在世，且家族成员较多，其父母享有法定继承权，继而因其父母去世，其父母享有的股权份额相应作为父母的遗产进行再分配，导致股权继承涉及的人数较多。一是导致公司股东人数超过法定上限；二是股权高度分散，对公司经营决策造成巨大的时间成本且容易陷入公司僵局；三是继承人较多，难免在继承人继承资格和比例分割上存在争议，极可能需要诉讼方可解决争议。这部分股权的权利人存在争议，不仅对公司经营决策的有效性和效率造成重大不利影响，而且给被继承人家庭内部和谐埋下了矛盾隐患。

4. 继承人因职业或年龄受限，无法依据股权继承取得股东资格或行使股东权利。

按照《中国人民解放军内务条令（试行）》第 105 条及《公务员法》第 59 条第 16 款规定，公务员、现役军人等特定身份的继承人不得依据《公司法》第 90 条的规定继承有限责任公司的股东资格。

此外，现行法律规定没有对公司股东的年龄、民事行为能力进行要求，未成年人、无民事行为能力人可取得股东资格，股东权利由其法定代理人代为行使。但针对公司决议管理而言，未成年、无民事行为能力人的股东，在一定程度会影响公司的决策效率。

5. 章程对股权继承没有约定，导致出现争议时公司一方处于被动地位。

初创型企业往往使用工商注册的模板文件，股权继承方面按照《公司法》第 90 条的原文一笔带过，导致发生争议时，没有可操作性的条款赋予公司解决股权继承的路径。公司的经营事项和重大变更事项需要公司股东的表决同意，一旦股东资格存在争议，将对公司决议产生重大不利影响，公司决议可能因未达到有表决权股东的同意票数或向股东履行通知程序等实体或程序问题而决议无效。

6. 章程虽对股权继承作出了具体规定或限制，但是条款不完备。

实务中，我们发现不少公司章程对股权继承进行了限制，但限制之后，被继承人的股权如何处置，公司章程没有明确规定，导致条款形同虚设。公司章程对股权继承设置了公司回购的条款，但是公司如何回购、回购价格如何没有规定，导致公司回购时与继承人就价格等问题发生争议。

二 应对股权继承争议的对策建议

1. 作为公司的股东，应提前规划股权资产的分配问题，特别是价值收益高的股权，优先采用公证的方式合理安排股权继承的相关事宜，明确有权继承股权的继承人及份额。及时向继承人披露股东资格的证明文件，如所投资的企业名称和工商登记信息、股东名册、出资证明书，如涉及股权代持，保留好代持协议、股权实缴出资的证明文件。

2. 作为公司的股东，充分考虑继承人的股权继承的资格问题，如继承人因年龄、职业等受限条件无法享有或充分行使股东权利，建议在分配财产时，将股权分配给适当人选且给予无法完全享有股东资格的继承人其他财产性补偿，抑或在公司层面安排其他股东受让或公司回购，使该类继承人能顺利获取股权对应的财产收益。

3. 公司层面要重视对股权继承条款的设置，防患于未然。针对常见的争议事项建议公司章程明确解决路径，根据公司及投资者的实际情况，可对股权继承进行一定的限制，或规定因股权继承发生争议时公司享有对应的回购权利或股东享有受让权。对应的回购路径应规划清晰，同时赋予公司可放弃回购的选择权，便于公司根据实际情况灵活选择对策。

以上是我们对公司股权继承风险争议的整理及归纳，期望各位创业者或投资者通过阅读本节能进一步加深对股权继承的重视程度，结合自身及企业规划发展提早布局，以防范争议及风险发生。

第四节 股权代持典型案例解读

股权代持是市场主体基于自主需要所做的资产配置安排，市场主体可基于各种原因进行股权代持的安排。从司法实务来看,因股权代持而引起的争议并不鲜见。经对相关判例的检索,在股权代持诉讼案件中,当事人争议的问题各不相同,对相关案例的研究探讨也有不同的角度。笔者选取两则典型的股权代持案例进行解读,着重关注法院在代持协议效力认定以及协议无效后财产处理的问题。

(一)典型案例

案例1:A公司与投资公司委托投资纠纷案(以下简称A公司案)

案号:(2002)民四终字第30号

案情简介:

1995年,作为外资企业的A公司,为了规避内地对外资投资境内金融机构的严格限制,决定通过委托内地公司的形式,投资当时处于筹备设立阶段的民生银行。同年9月,A公司与投资公司签订《委托书》,由A公司出资,投资公司代为"掌权"。双方约定,A公司委托投资公司为全权代表,管理和行使A公司在民生银行的各项权益;投资公司则承诺全力维护A公司权益,相关权益资料及资本分红会及时转给A公司。一旦政策法规允许,相关权益将全部转为A公司持有。此后,双方又签订《借款协议》,由A公司向投资公司提供909万美元借款用于入股民生银行的资本金。此后,A公司向投资公司汇入909万美元。

同年9月27日,因入股民生银行的股东增加导致A公司在民生银行的董事地位受到影响,经投资公司报告并提议后,双方签订《补充委托书》,决定追加185万美元投资。同日,双方签订《补充借款协议》,约定A公司再向投资公司借款185万美元作为入股民生银行的股本,A公司随后将185万美元汇入投资公司账户。投资公司最终入资银行资金共计1094万美元。

1995年12月,在银行的股东大会中,投资公司凭借A公司的注资,成为该银行第二大股东,持股占比6.53%,投资公司的负责人陈某也进入银行的19人董事会。

此后,双方因协议的履行问题产生争议并诉至法院。

裁判观点:

一审法院:

在认定双方为委托投资关系后,在协议效力上,一审法院认为,A公司故意规避法律以借款名义将资金委托投资公司投资入股民生银行，双方的行为违反金融法规的强制性规定，依据《合同法》（已失效，下文不再说明）第 52 条第 3、5 项（现为《民法典》第 146、153 条）认定所签委托协议无效。

在协议无效后，按照《合同法》第 58 条（现为《民法典》第 157 条）规定的无效合同引起的财产后果处理原则，判令投资公司向 A 公司返还投资本金及从民生银行分得的红利 45,814,912 元。至于 A 公司关于投资公司交回股权的诉请，不予支持。

二审法院：

在认定双方为委托持股关系后，在协议效力上，二审法院认为，A 公司为中国香港特区公司，标的公司民生银行为内地金融机构，A 公司委托投资公司投资入股民生银行违反中国人民银行发布的《关于向金融机构投资入股的暂行规定》及原中国银行业监督管理委员会《境外金融机构投资入股中资金融机构管理办法》（已失效）的金融管理制度的强制性规定。[1] 双方的行为属于“以合法形式掩盖非法目的”的行为，依据《合同法》第 52 条第 3 项规定应认定无效。

在协议无效的后果上，二审法院将代持所涉财产区分为代持股权、投资本金、投资收益三部分，其中，投资收益又细分为股份价值增值、基于股份所享受的送股及分红三部分，二审法院的处理具体如下：第一，关于代持股权，因投资公司在接受委托后认购和持有民生银行股份的民事关系中不存在违反法律规定的行为，确认其合法持有民生银行股份；第二，关于投资本金，涉案的 1094 万美元投资本金属于金钱财产，应适用《合同法》第 58 条规定返还给 A 公司；第三，关于投资收益（包括股份价值增值、享受赠送股份和分配红利），法院认为 A 公司的实际出资行为与该部分利益的产生具有“客观实在的关联”，遂根据公平原则和上述法律规定的基本精神，在认可代持人获得代持股份的同时，判令代持人向 A 公司支付合

---

[1] 中国人民银行 1994 年 7 月颁布的《关于向金融机构投资入股的暂行规定》第 12 条规定，“外资、中外合资金融机构和企业均不得向中资金融机构投资”。原中国银行业监督管理委员会 2003 年 12 月颁布的《境外金融机构投资入股中资金融机构管理办法》第 4 条规定，“境外金融机构投资入股中资金融机构，应当经中国银行业监督管理委员会批准”。

理数额的补偿金，二审法院以讼争股份市值及全部红利之和的40%作为补偿金的标准。

案例2：杉浦与龚某股权转让纠纷案（以下简称杉浦案）

案号：（2018）沪74民初585号

案情简介：

日本居民杉浦与龚某于2005年签订《股份认购与托管协议》，约定杉浦委托龚某代持上海某股份有限公司的前身公司股份88万股。

2017年4月21日，标的公司在上海证券交易所首次公开发行股票并上市，在上市过程中，龚某作为股东出具股份清晰未有代持的承诺。

2018年5月28日，标的公司股东大会通过议案，规定公司向全体股东按每10股派发现金红利4元（含税）及以资本公积金每10股转增4股的比例转增股本。

此后双方因股份代持事宜引起争议并诉至法院。

裁判观点：

法院认为，系争股份隐名代持涉及公司发行上市过程中的股份，应当根据现行民事法律规定及证券市场、上市公司相关法律规定综合判断，认定涉案的《股份认购与托管协议》违反《首次公开发行股票并上市管理办法》第13条“发行人的股权清晰，控股股东和受控股股东、实际控制人支配的股东持有的发行人股份不存在重大权属纠纷”的规定，属于违反证券市场的公共秩序及损害证券市场的公共利益的行为，依据《民法总则》（已失效，下文不再说明）第153条第2款（现为《民法典》第153条第2款）“违背公序良俗的民事法律行为无效”规定认定协议无效。

在确认双方所签订《股份认购与托管协议》无效后，对于财产处置作出如下处理：第一，系争股份归代持人所有，代持人龚某作为公司股东围绕公司上市及其运营所实施的一系列行为有效；第二，投资本金，适用《合同法》第58条规定返还给实际出资人杉浦；第三，系争股份的收益，包括因分红以及上市而发生的股份增值，属于合同履行之后新增的利益，不属于恢复原状的适用情形，如何分配应由双方当事人协商确定，协商不成的应当适用公平原则合理分配。法院特别写明，代持协议对于协议无效致杉浦无法拥有认购股份代持人应予返还的价款已经作出约定[《股权认购与托管协议》第 6 条第 8 款约定："甲方(指龚某)承诺：因甲方的原因或无法对抗第三人的原因或本协议无效的原因致使乙方(指杉浦)无法拥有上述认购的股份时，甲方应当按照该股份当时的市值退还乙方认购款"]，双方一致同意放弃适用该约定并同意就股份的投资收益在双方当事人之间进行分配。

法院将股份投资收益区分为分红、增股(标的公司用资本公积金按每 10 股转增 4 股的比例转增股本)以及股份因股价上涨而发生的增值收益(股票市值扣除变相成本后的现金价值减去投资成本)。在处理股份投资收益时，法院提出适用公平原则进行分配处理的两项具体原则：一是对投资收益的贡献程度，按照"谁投资、谁受益"原则，将收益主要分配给承担了投资成本的一方；二是对投资风险的交易安排，即考虑谁将实际承受投资亏损的不利后果，按照"收益与风险相一致"原则，将收益主要分配给承担投资风险的一方。

基于上述两项考量因素，法院认定杉浦为承担投资成本及投资亏损的一方，应获得投资收益的大部分，而代持人龚某虽然未承担投资成本也不承担投资亏损，但其在提供投资信息、交付往期分红、配合上市公司等方面起到作用，为股份增值做出一定贡献，可以适当分得投资收益的小部分。基于前述分析，法院认定实际出资人杉浦获得投资收益的 70%，代持人获得投资收益的 30%。

(二)案例解读

上述两则案例均是业界著名的典型案例，本节关于上述两则案例的分析，着重围绕在协议效力认定以及股权代持被认定无效后所涉财产的处理方面。

1. 协议效力认定

(1)在 A 公司案中，虽然一审法院与二审法院协议效力上裁判结果一致，但裁判理由及法律依据截然不同。该案二审判决书载明，根据金融法律规定，作为外资企业的 A 公司如要对境内金融机构投资必须经过严格的行政审批程序，A 公司委托投资公司投资入股民生银行的行为违反金融法规的强制性规定，一审法院认定属于《合同法》第 52 条第 3、5 项规定的合同无效情形，认定委托投资行为无效。二审法院同样认为A公司委托投资公司投资入股民生银行的行为违反内地金融管理制度的强制性规定，但仅以《合同法》第52条第3项之规定作为协议效力认定的法律依据。

笔者认为，虽然A公司案中委托投资行为与中国人民银行及原中国银行业监督管理委员会制定的部门规章相悖，但《合同法》第52条第5项规定应仅局限于全国人大及其常委会制定的法律及国务院制定的行政法规，并不包括部门规章这一层级，一审法院援引《合同法》第52条第5项规定认定代持行为无效并不符合立法原意，虽然二审判决中法院并未直接指出这一法律适用上的问题，但二审判决在评析一审判决时采用"适用法律基本正确"这一表述，无疑是隐晦地指出一审法院在该案协议效力法律适用的不妥当之处。

至于以《合同法》第52条第3项之规定认定代持协议无效，虽然从法条文义上，本案情形"似乎"属于《合同法》第52条第3项规定之"涵射"范围之内，但细究之下，结合最高院在此前发布的《关于为维护国家金融安全和经济全面协调可持续发展提供司法保障和法律服务的若干意见》提出了法院裁判案件时维护金融安全的使命要求，其中包括"制裁金融违法违规，大力整顿规范金融秩序"的具体要求，二审法院裁判本案时无疑更多的是从部门规章背后关涉金融安全这一角度考量，在合同自由与金融安全之间进行利益考量后而作出的终审判决。

(2)在杉浦案中，《民法总则》的颁布实施无疑为类似案例的裁判提供更多的路径选择。本案当事人所签订的协议所违反的为中国证券监督管理委员会制定的《首次公开发行股票并上市管理办法》这一规章，相关规定因关涉"证券市场整体法治秩序和广大投资者合法权益"而属于证券市场的公共秩序，法院以协议违反证券市场公共秩序而认定为无效。

(3)笔者注意到，《九民会议纪要》第31条针对违反部门规章合同效力作出明确规定。《九民会议纪要》认为，违反规章一般情况下不影响合同效力，但该规章的内容涉及金融安全、市场秩序、国家宏观政策等公序良俗的，应当认定合同无效。上述两则案例的判决均是在《九民会议纪要》发布前作出，虽然当事人所签订的协议均是违反部门规章这一层级的法律，但法院判决无疑是在契约自由与金融安全、证券市场秩序之间进行权衡后所作出，上述两案的判决也无疑为《九民会议纪要》第 31 条规定的制定提供有益的探索。

2. 合同无效后财产处理

在认定代持协议已经无效的情况下，则必然需对无效合同引起的财产变动作出处理。无论是《合同法》还是《民法典》均规定，因合同取得的财产予以返还，不能返还或者没有必要返还的折价补偿，如有损失，还应按照过错承担损失赔偿责任。处理原则旨在于恢复原状及平衡利益。至于在股权代持交易安排中，所涉的财产变动包括实际出资人向代持人交付出资款及代持人以出资款向标的公司缴纳出资而取得股权，财产并非单纯的在实际出资人与代持人之间转移而是关涉代持所指向的标的公司，因此，仅简单依据现行法律规定的无效合同的财产处理规则并无法对股权代持协议无效后的财产作出处理。因此，上述两则案例在股权代持协议被确认无效后的财产处理方面的裁判思路无疑具有重要的借鉴及参考作用。

（1）在 A 公司案中，一审法院认可投资公司依据对民生银行的投资行为而取得股权，判令投资公司向 A 公司返还投资本金及从民生银行获得的分红款。

二审法院在处理股权归属及投资本金返还问题上与一审法院保持一致，但关注到股份本身还存在增值、分红等利益。在处理该部分投资收益时，二审法院依据公平原则及《合同法》第 58 条规定的“基本精神”判令代持人投资公司向 A 公司支付股份市值及红利之和的 40% 作为合理数额的补偿金。

笔者认为，在 A 公司案中，一审法院仅判令代持人投资公司向 A 公司返还投资本金以及分红款，从裁判结果上来看，无疑在当事人之间产生较为明显的不公平，试想，作为代持人的投资公司仅因其代持行为而获得具有巨额价值的股份，而作为实际出资人的 A 公司在承担出资成本及风险的情况下仅获得少量的分红款并无法分享股份价值，无疑将导致利益失衡的局面。基于前述考量，二审法院在二审阶段依据“公平原则”予以纠正无疑是较为合理的。

（2）在杉浦案中，针对股份归属及投资本金处理与二审法院在 A 公司案中的处理意见相同，至于股份投资收益（包括股份增值、分红）的处理，上海某法院与二审法院的态度并不相同，上海某法院提出应当遵循先由当事人协商确定，协商不成再由法院适用公平原则合理分配的先后顺序。此外，上海某法院在该案判决书中进一步明确法院在适用公平原则应考量的因素，无疑是在A公司案的基础上作了进一步的细化。

(3)笔者认为，上述两案生效判决在股权代持无效后的财产处理上的方案值得赞同，理由如下：

针对代持股权归属问题，诚如前述，在股权代持交易安排下，代持人以自己的名义向标的公司认购股权及缴纳出资，具备取得股东资格的外观，在代持协议无效的情况下，认可代持人取得股东资格符合商事外观主义的原则。

至于投资本金，系因代持协议引起的在实际出资人与代持人之间的财产变动，该财产变动属于现行法律规定关于合同无效财产返还规则的对象，理应返还给实际出资人。

至于股份收益（包括股份增值、送股及分红）的处理，现行法律并无对应的具体规则，在学理上，裁判法官是否可适用基本原则作为裁判依据尚存有争议：反对者无疑是担心法官向民法基本原则逃逸而导致滥用自由裁量权的问题，赞同者则从立法的局限性出发，因法律规则并无法应对社会生活的方方面面，在法官不得拒绝裁判的法理下，只得通过基本原则的适用以解决个案的纠纷。在上述两则案例中，因我国《合同法》（包括现行适用的《民法典》）并未对合同无效时所产生的收益作出规定，在处理该部分收益时，并无明确的法律规则可供法院适用。在此情况下，为避免当事人之间利益的失衡的情况，法院在处理投资收益问题上适用民法的“公平原则”在当事人之间进行合理分配是妥当及合理的。

综上所述，上述两则案例均是涉及违反部门规章对协议效力影响的问题，即使在《九民会议纪要》第31条已经明确违反规章合同效力认定规则的情况下，上述两则案例的裁判也无疑具有典型代表意义。此外，上述两案更为重要的价值在于，在法律无明确裁判规则的情况下为法院处理股权代持无效后的财产，提供有益的裁判思路。

第五节　从最高人民法院判例看股权转让前股息、红利等孳息的归属

在公司股权转让交易中，通常而言，双方均会对股权转让前公司股息、红利等的归属作出明确约定，但在实践中，双方未对此作出明确约定的情况也并不少见。在《公司法》及最高人民法院所颁布的司法解释未对股权转让前包括股息、红利在内的权益归属作出规定的情况下，如股权交易双方当事人因股权转让前该等孳息的归属产生争议，无论是实务工作者还是裁判法官，均面临难题。

根据最高人民法院发布的《关于统一法律适用加强类案检索的指导意见（试行）》，最高人民法院发布的裁判生效案件在类案检索顺位中仅次于最高人民法院发布的指导性案例，因此，针对上述争议较大而又缺乏明确法律依据的纠纷案件，最高人民法院作出的生效判决为解决实务难题提供有效参考。鉴于此，针对股权转让协议中未明确转让前股权股息、红利等孳息归属的情况，本部分特选取最高院的一则裁判案例进行分析及探讨。

一　典型案例

案例：某证券股份有限公司、富兴集团有限公司股权转让案

案号：（2016）最高法民再240号

案情简介：

2006年11月13日，出让方富兴集团有限公司与受让方某证券股份有限公司签订《股份转让协议书》，约定出让方将所持目标公司岳阳兴长石化股份有限公司（上市公司）800万法人股转让给受让方，每股价格5.55元，共计4440万元。

《股份转让协议书》第3条“股票变更及过户前后的相关权益”中约定“双方在此确认，在本协议得以履行的前提下，自本协议生效之日起，拟转让股份的股息、红利以及其他衍生孳息等权益归乙方（受让方）所有；乙方已支付转让款的银行利息等收益归甲方（出让方）所有”。该协议签订后，双方在中国证券登记结算公司办理了股权转让的相关手续，受让方也向出让方支付了股权转让对价款。

目标公司2006年度年报披露，公司2006年度收益为净利润××元，提取法定盈余公积金××元，加上年初未分配利润××元，减已分配2005年度股利，本年度可供股东分配利润××元。公司2006年度分配预案为，当年度不分配利润，公积金不转增股本。

出让方以受让方不支付协议生效前的股息、红利以及其他衍生孳息为由提起诉讼，请求受让方支付股份转让前2006年红利及2006年度前的未分配利润。

裁判观点：

一审法院认为：首先，《股份转让协议书》第3条未明确拟转让股份的股息、红利以及其他衍生孳息等权益归属，但明确约定了转让后的股息、红利以及其他衍生孳息归受让方所有。因此，协议中转让前的股息、红利以及其他衍生孳息只能归出让方，此系协议中的隐含条款。其次，虽然目标公司2006年度不分配利润及不以公积金转增股本，但标的股票对应的股息、红利以及其他衍生孳息在公司生产经营活动中客观存在，故应参照目标公司2006年度财务报告进行计算。据此，一审法院支持了出让方的诉讼请求。

二审法院认为：《股份转让协议书》第3条约定属于对转让股份前与后的股息、红利以及其他衍生孳息等权益的特别约定，即转让前的股息、红利以及其他衍生孳息属富兴集团有限公司所有。虽然目标公司2006年度不分配利润及不以公积金转增股本，但标的股票对应的股息、红利以及其他衍生孳息在公司生产经营活动中客观存在，受让方依法受让股份后，即实际按股权比例享有了2006年度相关股息、红利及其他衍生孳息等权益，但转让协议并没有明确股权转让时的价格已经包括了2006年的红利及利润，故出让方有权向受让方主张案涉股份转让前红利、利润分配。二审法院据此驳回受让方上诉，维持原判。

二审判决后，经受让方申请，某省人民检察院提起抗诉，某省高级人民法院提审该案，某省高级人民法院再审判决维持二审判决，某省高级人民法院认为：

《股份转让协议书》第3条约定转让前的股息、红利以及其他衍生孳息属出让方所有，故出让方向受让方主张红利、利润分配的诉讼请求，应予以支持。虽经股东大会决议，目标公司2006年度的分配方案为利润不分配，资本公积金不转增股本，但目标公司股票的股息、红利以及其他衍生孳息在生产、经营活动中客观存在，受让方依法受让股份后，即实际按股权比例享有了2006年度相关股息、红利及其他衍生孳息等权益。是故，某省高级人民法院维持了二审判决。

受让方不服，向最高人民法院申请再审，最高人民法院指令某省高级人民法院再审，某省高级人民法院再审后判决维持某省高级人民法院民事判决，某省高级人民法院认为：

《股份转让协议书》第3条对于协议生效，涉案股票所有权转移之后涉案股票的股息、红利以及其他衍生孳息的归属作出了特别约定，即意味着涉案股票所有权转移之前的股息、红利以及其他衍生孳息则应由出让方富兴集团有限公司享有。受让方受让股份后已经实际按照股权比例享有2006年度目标公司的相关股息、红利及其他衍生孳息等权益。

受让方不服并向最高人民检察院提出申诉，最高人民检察院抗诉认为：

由于双方未对股权转让之前的股息、红利以及其他孳息的归属作出一致意思表示的约定，双方转让的股票是全部股东权益，在没有特别约定的情况下，转让股票当然包含股票项下的全部财产权益，包括股息、红利及其他衍生孳息。

最高人民法院于2019年2月13日作出再审判决，改判驳回出让方的全部诉讼请求，其认为：

正确理解《股份转让协议书》第3条是解决本案的关键，在庭审中，双方委托诉讼代理人均承认转让的800万股非流通股股票包含股票项下的全部权益，由此证明，受让方支付的4440万元对价所购买的是800万股股票包括股息、红利及其他衍生孳息在内的全部权益，因为这些权益都是股权的全部价值构成部分。

根据《物权法》（已失效，下文不再说明）第116条第2款“法定孳息，当事人有约定的，按照约定取得；没有约定或者约定不明确的，按照交易习惯取得”的规定，800 万股项下全部权益随着股权转移，权益理所当然归属受让方，这既符合对价购买 800 万股股票全部权益的合同目的，亦符合股权交易规定和交易习惯。

最高人民检察院关于“在没有特别约定的情况下，转让股票当然包含股票项下的全部财产权益，即转让的股权包含股息、红利以及其他衍生孳息”的理由成立，予以支持。

目标公司股东大会决议决定，2006 年度不分配利润且不以公积金转增股本，因此，事实上受让方未获得该红利及未分配利润，故出让方诉请给付股权转让前 2006 年的红利和未分配利润，没有事实依据。

二 评析与解读

本案的案情并不复杂，案件的争议焦点也比较明确，即在《股份转让协议书》第 3 条“股票变更及过户前后的相关权益”中仅约定股权转让后股权权益归属的情况下，该等股票过户前包括股息、红利及其他衍生孳息在内的权益归哪一方所有。

在该案中，无论是一审、二审及再审法院（合称原审法院）还是最高人民法院，处理争议纠纷均是从对《股份转让协议书》解释入手，不过因所采合同解释方法的不同而导致了对当事人“真意”的不同理解。

原审法院认定《股份转让协议书》中约定了股票过户前权益归出让方，其理由为，《股份转让协议书》第 3 条“股票变更及过户前后的相关权益”属于股份转让前与转让后相关权益的归属的约定，从此标题名称可以看出，该条项下本应当包括过户前权益归属主体及过户后的权益归属主体两部分内容；但现实情况是，该条项下仅特别约定了过户后的权益归属受让方所有，从反面解释，原审法院认为“隐含了股权转让前权益归出让方”的条款。

最高人民法院则采用目的解释和交易习惯解释的方法认定股权转让包括股

票项下的全部权益,其认为"对价购买800万股股票全部权益符合合同目的",且唯有如此才"符合股权交易规定和交易习惯",至于何为股权交易中的交易习惯,最高人民法院在判决书中并未展开阐述。

因相关裁判文书并未披露完整的股权转让协议,笔者无法对法院的合同解释本身展开分析;但因最高人民法院所作判决的权威性,本节更多是从最高人民法院裁判的结果作出分析。最高人民法院在判决书中明确载明股权转让前的权益一并转让给受让方属于"交易习惯"的裁判观点,并在判决书中明确认可最高人民检察院关于"在没有特别约定的情况下,转让股票当然包含股票项下的全部财产权益,包括股息、红利及其他衍生孳息"的观点。虽然仅为个案的观点,但根据最高人民法院发布的《关于统一法律适用加强类案检索的指导意见(试行)》,最高人民法院发布的裁判生效案件在类案检索的顺位中仅次于最高人民法院发布的指导性案例,因此该案的裁判对类似的争议案件无疑提供重要的参考依据。为此,笔者特意进行案例检索,发现在不少的类似案件中,地方法院无论是在裁判逻辑还是裁判结果上均与最高人民法院的该案判决一致。兹列示部分案例。

案例1:富兴集团与某证券公司等股权转让纠纷案

案号:(2020)湘01民终4810号

该案中,一审法院直接借鉴最高人民法院的裁判理由,认为"海南奕云所支付的1665万元购买的是富兴集团300万股的全部权益,其中当然包含该股权的股息、红利以及其他衍生孳息,这些权益都是案涉股权的全部价值构成部分,这既符合对价购买300万股股票全部收益的合同目的,亦符合合同交易规定和交易习惯",该案二审法院认为"股权转让是一个整体,股权转让的标的所包含的是股东权的全部内容……其中,当然包括股息、红利以及其他衍生孳息,因为这些权益都是案涉股权的全部价值构成部分";并进一步论述,"一般情况下,股权转让是一个整体,不能将股东权益单独转让,也就是说对'股权收益'设置单独安排需要特别约定"。

案例2：万汇资本管理有限公司(新股东)与海林实业有限公司(原股东)、涟水农村商业银行股份有限公司盈余分配纠纷案

案号：(2020)苏08民终1379号

二审法院于2020年9月24日作出的判决认为，根据《物权法》第116条规定，本案当事人对拍卖后股份产生的分红、送股的归属没有约定或约定不明确，新股东依据交易习惯取得该等孳息，目标公司向登记在册股东分配红利符合公司利润分配的交易习惯，新股东购买股权成为股东即取得《公司法》第4条规定的资产收益权，在没有特别声明的情况下，应当视为股权的资产收益权在股权转让时一并转让给新股东，新股东取得股权的资产收益权符合股权的权属特征，亦符合对价购买300万股全部权益的合同目的。原股东在股权拍卖时明知目标公司尚未对2018年度股利作出决议，却未作出特别声明，应由其承担不利后果。该院判决驳回原股东对新股东返回2018年度股利的诉讼请求。

另外，值得注意的是，无论是最高人民法院的判例，还是地方法院的上述案例，所针对的情况是，股权转让时，股权对应的目标公司尚未作出股利分配的股东会决议，如果在股权交易前已经作出分配股息、红利的股东会决议，则应区别对待。依据《公司法司法解释四》第14条之规定，如果股权转让前已经作出股息、红利分配等股东会决议，原股东已经取得对公司利润分配的债权请求权。笔者认为，除非股权转让协议中另有特别约定，该等债权请求权并不随股权的转让而一并转移。例如，在刘某晖与交通银行分行金融借款合同纠纷案中，对被执行的股权拍卖前，标的公司已经作出利润分配决议但尚未提取分红，法院认为该等孳息已经“实际产生”并依据《合同法》第163条“标的物在交付之前产生的孳息，归出卖人所有，交付之后产生的孳息，归买受人所有”认定孳息归原股东所有，笔者亦赞同此观点。

三 结语

综上所述，在股权转让协议未对原股东持股期间股权股息、红利等孳息作出明确约定的情况下，最高人民法院在（2016）最高法民再240号案件中认可了最高人民检察院“在没有特别约定的情况下，股权转让当然包含对股息、红利及其他衍生孳息在内的财产权益”的观点，并且，最高人民法院在该案中认为由受让股东取得孳息属于交易习惯，最高人民法院的该等判决无疑为类似案件的处理提供重要的参考依据，且从所检索的相关案例也可以看出最高人民法院的判决所带来的影响。

从法律实务的角度言之，股权转让交易中，如果出让方需对股权交易前公司股息、红利等孳息保留权利，则务必在股权转让协议中对权益归属、权益分配及返还作出清晰、明确的约定，否则，出让方可能面临主张无法得到支持的风险。[1]

第六节　有限责任公司股东退出之道

随着社会经济的发展及大众财富的积累，公司股权投资这一资产配置方式日渐成为民众重要的投资渠道。《公司法》规定了有限责任公司及股份有限公司两种公司组织形式，其中，有限责任公司形式因其简便的设立程序及灵活的组织结构而被众多投资者青睐。在投资入股时，投资者均期望所投标的公司“基业长青”而产生持续的投资收益，但事情的发展往往并非基于投资者的“一厢情愿”，

---

〔1〕 经笔者检索，在（2020）冀05民终778号判决中，虽然股权转让协议约定“协议生效前股权收益归出让方拥有”，但该案二审法院并未支持原股东要求新股东返还原股东持股期间的分红的主张，理由为，该约定未明确损益与分红之间的关系，也未明确股权分红收益的具体分配方式，原股东主张返还证据不足。

在公司设立后，投资者会因为主观或客观因素而需谋求从标的公司退出并收回投资。

为此，笔者特对我国《公司法》关于有限责任公司股东退出的相关制度进行梳理，期望本节对有相关需求的股东有所助益。

一 股权转让退出

1. 制度依据

《公司法》第 84 条规定，“有限责任公司的股东之间可以相互转让其全部或者部分股权。股东向股东以外的人转让股权的，应当将股权转让的数量、价格、支付方式和期限等事项书面通知其他股东，其他股东在同等条件下有优先购买权。股东自接到书面通知之日起三十日内未答复的，视为放弃优先购买权。两个以上股东行使优先购买权的，协商确定各自的购买比例；协商不成的，按照转让时各自的出资比例行使优先购买权。公司章程对股权转让另有规定的，从其规定。”

2. 制度解读

《公司法》规定的有限责任公司的股权转让制度，将有限责任公司股权转让区分为股东之间内部转让及向股东以外的人转让的两种情形，均可作为股东退出的制度依据。笔者特别提醒，《公司法》第 84 条第 3 款规定赋予公司章程在股权转让事项上的优先效力，如公司章程已对股权转让作出特别规定，则以股权转让方式退出时应遵守该特别规定，因实践中大多数公司的章程并未作出特别约定，因此，本节仅针对公司章程未作出约定情况下股权转让退出制度进行介绍及解读。

(1)转让给公司现有股东

公司股权内部转让，并不破坏公司人合性特征，《公司法》第 84 条第 1 款更多从资合性角度作出规定，肯定股权作为财产权属性，股权转让相关事项由出让股东与受让股东协商确定，《公司法》并不作过多干涉。

虽然股权内部转让属于股东意思自治的范畴,但因公司股权变动也涉及债权人利益保护等问题,也应注意履行《公司法》第87条规定的股权变更登记的程序,具体包括由公司注销原股东出资证明书,向新股东签发出资证明书,修改公司章程及股东名册,办理股权的工商变更登记。

(2)转让给现有股东以外的人

如现有股东无意受让股权,则可考虑将股权转让给股东以外的其他第三方,因股权对外转让影响公司现有的人合性基础,因此,《公司法》为保护公司的人合性特征对股权对外转让作了较多的强制性规定,尤其值得拟退出股东的注意。根据《公司法》及其司法解释,股权对外转让程序有以下几个方面。

①拟转让股东履行通知义务

根据《公司法司法解释四》第17条规定,有限责任公司的股东向股东以外的人转让股权,应就其股权转让事项以书面或者其他能够确认收悉的合理方式通知其他股东征求同意。在履行通知义务时,应注意以下要点:

其一,在通知的内容方面,根据《公司法》第84条第2款,通知应当载明股权转让的数量、价格、支付方式和期限等。

其二,应当确保转让通知有效送达其他股东,例如,可通过邮政专递形式发送到其他股东所预留的指定收件地址,或以邮件形式发送至股东的指定收件邮箱。

②其他股东放弃优先购买权

根据有限责任公司人合性特征,《公司法》规定了现有股东在同等条件下对拟转让股权的优先购买权制度,如要将股权顺利转让给股东以外的第三人,则应获得现有股东放弃优先购买权的相关证据。在司法实践中,股东优先购买权问题也是引起争议的常见事项,更值得拟退出股东的注意。

《公司法》第84条第2款规定,股东向股东以外的人转让股权的,应当先行书面通知其他股东,以保障其他股东在同等条件下的优先购买权,如其他股东自接到书面通知之日起30日内未答复的,视为放弃优先购买权。另根据《公司法司法解释四》第21条第1款之规定,如股东对外转让股权未就股权转让事项征求其他股东意见,或者以欺诈、恶意串通等手段,损害其他股东优先购买权,其他股东可向法院主张按照同等条件购买转让股权。

③变更股东登记

《公司法》第86条、第87条规定了内部变更登记程序(包括变更股东名册)及外部工商变更登记程序。拟退出股东应注意督促公司及时办理股东变更登记的手续,否则,有可能构成对受让方的违约。

二 行使异议股东回购请求权退出

如股权转让路径无法操作,则《公司法》规定的异议股东回购请求权制度也可作为股东退出的有效路径。

1. 制度依据

《公司法》第89条规定,“有下列情形之一的,对股东会该项决议投反对票的股东可以请求公司按照合理的价格收购其股权:

(一)公司连续五年不向股东分配利润,而公司该五年连续盈利,并且符合本法规定的分配利润条件的;

(二)公司合并、分立、转让主要财产的;

(三)公司章程规定的营业期限届满或者章程规定的其他解散事由出现,股东会会议通过决议修改章程使公司存续的。

自股东会会议决议通过之日起六十日内,股东与公司不能达成股权收购协议的,股东可以自股东会会议决议通过之日起九十日内向人民法院提起诉讼。

公司的控股股东滥用股东权利,严重损害公司或者其他股东利益的,其他股东有权请求公司按照合理的价格收购其股权。

公司因本条第一款、第三款规定的情形收购的本公司股权,应当在六个月内依法转让或者注销”。

2. 制度解读

异议股东回购请求权制度是旨在保障少数异议股东在公司结构发生重大变

化时顺利从公司退出的一种有效机制。有限责任公司股东如需以行使异议股东回购请求权的方式实现退出的,需注意以下要点。

第一,只有满足《公司法》第 89 条第 1 款规定的 3 种情形,对决议投反对票的股东才有权进一步行使回购请求权。

第二,应满足《公司法》规定的程序要件,异议股东回购请求权的行使应严格遵循《公司法》规定的程序要求:

首先,异议股东需在股东会决议上投反对票,明确反对公司的决议事项,拟退出股东应注意在会议决议文件或会议记录文件中保留明确签署反对意见的字样作为后续主张异议股东回购请求权的证据。

其次,异议股东可在决议通过之日起 60 日内与公司协商股权回购并达成股权回购协议。

最后,在前述 60 日的协商期限内无法达成回购协议的,则异议股东需在《公司法》规定的 90 日内及时以提起诉讼的方式主张异议股东回购请求权,值得注意的是,该 90 日期限的起算时间是决议通过之日。如异议股东未在规定的 90 日内提起诉讼的,则股东面临"失权"的法律后果。

三 控股股东滥用股东权损害公司及股东利益,请求公司回购股权

1. 制度依据

《公司法》第 89 条第 3 款规定,公司的控股股东滥用股东权利,严重损害公司或者其他股东利益的,其他股东有权请求公司按照合理的价格收购其股权。

2. 制度解读

2023 年修订的《公司法》第 89 条在原有的异议股东回购制度内容的基础上,新增第 3 款内容,根据该款规定,公司控股股东滥用股东权利,严重损害公司或者其他股东利益的,其他股东有权请求公司按照合理价格回购其股权。

四 定向减资退出

1. 制度依据

《公司法》第 224 条规定，“公司减少注册资本，应当编制资产负债表及财产清单。公司应当自股东会作出减少注册资本决议之日起十日内通知债权人，并于三十日内在报纸上或者国家企业信用信息公示系统公告。债权人自接到通知之日起三十日内，未接到通知的自公告之日起四十五日内，有权要求公司清偿债务或者提供相应的担保。公司减少注册资本，应当按照股东出资或者持有股份的比例相应减少出资额或者股份，法律另有规定、有限责任公司全体股东另有约定或者股份有限公司章程另有规定的除外。”

2. 制度解读

公司减资根据不同的标准分为不同的类型，从股东减少出资比例是否相同这一标准，可区分为等比例减资和不等比例减资两种类型，其中，不等比例减资又称定向减资，定向减资后各股东之间的出资及出资比例发生变化。从股东退出这一视角言之，因等比例减资仅能够降低所持出资额并无法实现股东彻底从公司退出的目标，相对而言，定向减资的方式可满足特定股东从公司完全退股的要求，无疑可作为拟退出股东从公司退出的合法路径，因此，本节仅对定向减资制度进行介绍及探讨。

根据《公司法》的规定，定向减资应遵守的程序要件如下。

(1)作出减资决议

关于减资决议，《公司法》第 66 条第 3 款[1]对公司减资决议应获得的表决权比例作出规定，但因定向减资涉及公司股东结构及股权比例的调整，对于股东利益影响甚大，因此，《公司法》第 224 条第 3 款另行规定，如需不按照股东出资比例

[1] 股东会会议作出修改公司章程、增加或者减少注册资本的决议，以及公司合并、分立、解散或者变更公司形式的决议，必须经代表 2/3 以上表决权的股东通过。

进行定向减资的，应当获得全体股东的一致同意（有限责任公司全体股东另有约定除外）。

（2）编制资产负债表和财产清单

公司可聘请会计师事务所对减资前的财产状况进行专项审计并出具清产核资专项审计报告。

（3）通知债权人及刊登减资公告

公司减资行为降低公司偿债的责任财产，对公司债权人利益影响较大，《公司法》为保护债权人利益而专门规定债权人通知及刊登减资公告的债权人保护程序。在实务中，因办理减资工商变更登记需提供减资公告文件，减资公告程序并不会被遗漏，常见的问题在于未履行债权人通知程序。《公司法》对于未履行债权人程序的减资行为效力及股东责任未作明文规定。司法实践中，法院倾向于认为如未依法履行债权人通知程序而擅自办理减资的，减资行为对债权人不产生法律效力，即公司债权人可以要求股东在各自收回出资的范围内对减资前的公司债务连带承担补充赔偿责任。例如，在刘某诉白某等公司减资纠纷案中，法院认为，欣元中关商业管理有限公司（以下简称欣元公司）作出减资决议后未按照公司法规定通知债权人刘某，使欣元公司偿债能力降低，无财产可供清偿债权人债权，且减资股东签署的《说明》载明"本公司债务已清偿完毕，对外也无任何担保行为，如有遗留问题，由各股东按照原来的注册资本数额承担责任"的内容应为股东对公司遗留债务承担责任的承诺，遂判令减资股东向债权人承担相应责任。[1] 又如，上海市高级人民法院作出的（2020）沪民再28号民事判决中认为，梅斯信息科技有限公司（以下简称梅斯公司）在办理减资时未通知债权人，减少股东尚未实缴的注册资本导致其对外承担责任的财产因此减少，对债权人博达数据通信有限公司（以下简称博达公司）造成实际损害，减资股东杨某客观上降低了梅斯公司的偿债能力，产生了和抽逃出资一致的法律后果，应对梅斯公司不能清偿的部分

---

〔1〕 参见最高人民法院中国应用法学研究所编：《人民法院案例选》（2013年第1辑）（总第83辑），人民法院出版社2013年版。

在减资范围内承担补充赔偿责任。上海市高级人民法院进一步认为另一股东陈某虽未减资，但其参与作出减资的股东会决议同意杨某减资，导致梅斯公司无法以自身财产清偿债务的后果，陈某应与减资股东杨某在减资范围内承担连带责任。〔1〕

(4)验资并出具验资报告

在注册资本由实缴制改为认缴制后，虽然注册资本的增减属于企业自治的范畴，但从保护债权人及公司开展业务需要的角度出发，公司可选择聘请会计师对减资后的注册资本进行验资并出具验资报告。

(5)办理变更登记手续

根据《公司法》第34条，公司应在减资后办理变更登记的手续。

五 解散清算退出

如股东已经穷尽其他途径仍然无法从公司退出，则可考虑司法解散这一路径，如人民法院判令解散公司，股东可从公司清算后所得的剩余财产中获得分配，从而顺利从公司退出。

1. 制度依据

《公司法》第229条规定，公司因下列原因解散：

(1)公司章程规定的营业期限届满或者公司章程规定的其他解散事由出现；

(2)股东会决议解散；

(3)因公司合并或者分立需要解散；

(4)依法被吊销营业执照、责令关闭或者被撤销；

(5)人民法院依照《公司法》第182条的规定予以解散。

---

〔1〕 上海博达数据通信有限公司诉梅斯信息科技(苏州)有限公司、杨某、陈某等买卖合同纠纷案，上海市高级人民法院参考性案例第124号[2021年第三批参考性案例(总第十七批，第121～126号)]。

第231条规定,公司经营管理发生严重困难,继续存续会使股东利益受到重大损失,通过其他途径不能解决的,持有公司全部股东表决权10%以上的股东,可以请求人民法院解散公司。

第232条规定,公司因本法第229条第1款第1项、第2项、第4项、第5项规定而解散的,应当在解散事由出现之日起15日内成立清算组,开始清算。董事为公司清算义务人,应当在解散事由出现之日起15日内组成清算组进行清算。

清算组由董事组成,但是公司章程另有规定或者股东会决议另选他人的除外。

清算义务人未及时履行清算义务,给公司或者债权人造成损失的,应当承担赔偿责任。

第236条规定,清算组在清理公司财产、编制资产负债表和财产清单后,应当制定清算方案,并报股东会或者人民法院确认。

公司财产在分别支付清算费用、职工的工资、社会保险费用和法定补偿金,缴纳所欠税款,清偿公司债务后的剩余财产,有限责任公司按照股东的出资比例分配,股份有限公司按照股东持有的股份比例分配。

清算期间,公司存续,但不得开展与清算无关的经营活动。公司财产在未依照前款规定清偿前,不得分配给股东。

2. 制度解读

(1)司法解散

《公司法》的上述条款规定了公司解散清算制度,在其他渠道均已经失效的情况下,中小股东只剩下司法解散清算这一退出路径了。《公司法》第231条规定公司司法解散的程序要件及实体要件如下。

在程序上,原告需持有公司全部股东表决权10%以上;

在实体上,条件为“公司经营管理发生严重困难,继续存续会使股东利益受到重大损失,通过其他途径不能解决”。因《公司法》的前述规定较为原则及抽象,《最高人民法院关于适用〈中华人民共和国公司法〉若干问题的规定(二)》(以下简称《公司法司法解释二》)第1条第1款具体列举了4种情形,具体包括“公司持续两年以上无法召开股东会或股东大会，公司经营管理发生严重困难”、“股东表决时无法达到法定或者公司章程规定的比例，持续两年以上不能做出有效的股东会或者股东大会决议，公司经营管理发生严重困难”、“公司董事长期冲突，且无法通过股东会或股东大会解决，公司经营管理发生严重困难”及“经营管理发生其他严重困难，公司继续存续会使股东利益受到重大损失的情形”。

如股东之间长期不和而导致公司“僵局”，为避免因此遭受更大损失，在穷尽其他法律手段后仍然无法解决“僵局”困境，中小股东也可考虑通过司法解散的路径从公司退出。

(2)公司清算

根据《公司法》的前述规定，公司解散只是股东退出的第一步，股东如要顺利收回投资款，还应完成公司清算的法定程序，股东可取回清算后所得的剩余财产而实现退出目标。

根据《公司法》规定，公司清算的程序如下。

①组织清算组

《公司法》第232条第1款规定了公司解散后组织清算组的程序，公司董事为法定的清算义务人，应当在解散事由出现之日起15日内组成清算组进行清算。第2款规定清算组由董事组成，但授权公司章程或者股东会决议可另选他人。

②通知债权人、刊登公告

公司清算对债权人利益影响较大，《公司法》专门规定了清算阶段的债权人保护程序。如清算组成员未依法通知债权人，公司债权人可依据《公司法司法解释二》之规定要求清算组成员承担赔偿责任。例如，在何某等与成都天昕医药保健品有限公司有关的纠纷案中，清算组在清算时未通知公司已知债权人而由股东对公司净资产进行分配并注销公司，导致债权人债权无法实现，法院判令清算组成员依法律规定对债权人承担赔偿责任。

③清理公司财产、编制资产负债表和财产清单，清算方案制作及确认

在清算组成立后，应当清理公司财产，编制资产负债表和财产清单，随后制作清算方案并报公司股东会确认，在强制清算程序中，报人民法院确认。

④清理债权债务

在公司清算阶段，对于公司债权，由清算组负责催收，对于公司债务，应当在债权申报及所制定的清算方案基础上予以清偿。

⑤处理分配剩余财产

《公司法》第236条第2款规定了清算公司财产先后分配的规则，依法分配仍然有剩余财产的，股东可按照其出资比例从清算所得剩余财产中获得分配。

⑥清算报告及注销登记

在清算完成后，清算组制作清算报告并由公司股东会予以确认后报公司登记机关，申请公司的注销登记。

综上所述，“资本维持”为公司制度的基本原则之一，该原则要求公司股东不得轻易从公司退股及撤回投资。但同时，我国《公司法》也为有限责任公司股东退出提供了若干制度依据，股东在确需从公司退出的情况下，则更应掌握《公司法》规定的股东退出渠道。鉴于此，笔者特对《公司法》项下的相关制度作了上述整理并结合实务经验对相关制度内容进行解读。从操作的简便性角度来看，股权转让方式无疑为最便捷的，其他方式均因涉及其他方利益，《公司法》规定了更为烦琐的程序，在实体上也规定更为严格的适用条件，因此，股权转让可作为拟退出股东优先考虑的退出方式。如公司现有股东无意受让而也无法找到其他第三方受让股权，则可考虑充分利用其他法律制度以实现退出的目标，但更应注意相关的适用条件及法定操作程序要求。

第三章

公司治理运作

第一节　公司挂名法定代表人刑事责任风险解读

公司作为商事活动的重要参与主体,法定代表人为公司的必备职位也为公司进行工商登记的要素之一,在大部分的情况下,公司法定代表人均是“名实相符”的,公司法定代表人依法产生并切实履行法定代表人职权;但实践中,也存在导致公司法定代表人“名实不符”的情况,常见的表现为,公司登记的法定代表人仅仅为“挂名”法定代表人,并不参与公司的经营管理活动也不履行法定代表人的任何职责。从挂名法定代表人角度言之,其仅仅是提供个人证件给公司办理工商登记,似乎并无风险;但殊不知,挂名法定代表人本身可能蕴含巨大的法律风险,甚至是招致刑事责任的法律风险。为此,本节特结合我国相关法律规定及司法判例对公司挂名法定代表人刑事责任法律风险进行解读。

在涉及挂名法定代表人刑事责任的案件中,具体可区分为两种类型,即挂名法定代表人在单位犯罪中所应承担的刑事责任以及在非单位的自然人犯罪中因“挂名”行为而应承担的刑事责任。在单位犯罪的场合下,则涉及在所挂名的单位构成单位犯罪的情况下,挂名法定代表人是否属于刑法处罚的对象;在以自然人作为犯罪主体的场合下,挂名法定代表人往往涉及是否构成共同犯罪的问题。为此,本节根据前述两种不同类型的区分分别展开讨论。

一 单位犯罪中挂名法定代表人刑事责任风险

《刑法》第 31 条规定,单位犯罪的,对单位判处罚金,并对其直接负责的主管人员和其他直接责任人员判处刑罚。《刑法》分则和其他法律另有规定的,依照规定。最高人民法院印发的《全国法院审理金融犯罪案件工作座谈会纪要》第 1 条第 2 款进一步对"直接负责的主管人员和其他责任人员"进行明确,该司法文件规定,直接负责的主管人员,是在单位实施的犯罪中起决定、批准、授意、纵容、指挥等作用的人员,一般是单位的主管负责人,包括法定代表人。其他直接责任人员,是在单位犯罪中具体实施犯罪并起较大作用的人员,既可以是单位的经营管理人员,也可以是单位的职工,包括聘任、雇佣的人员。

本节所讨论的仅限于挂名法定代表人的"挂名"行为本身所导致的刑事法律责任问题,其并不在公司从事经营管理或具体业务活动的,当然不会属于"其他直接责任人员"。因此,本节仅讨论其是否属于《刑法》规定的"直接负责的主管人员"以及在何种情况下需要因其挂名行为对单位犯罪承担个人责任。

根据上述法律及司法文件规定,单位犯罪中,直接负责的主管人员需要承担个人刑事责任,直接负责的主管人员的界定可以从实质上及形式上两个层面综合进行分析,具体如下。

从实质上,考察该主体是否在单位犯罪行为中起"决定、批准、授意、纵容、指挥等作用"。

从形式上,为了便于判断,司法文件规定直接负责的主管人员"一般是"包括法定代表人在内的单位主管负责人。

从司法文件规定的界定标准可知,形式判断仅仅是为个案的判断提供一个指引,公司法定代表人(包括挂名法定代表人)并不必然等同于"直接负责的主管人员",换言之,不能单纯依据商事登记即认定行为人为《刑法》中的"直接负责的主管人员"。在个案当中认定公司的挂名法定代表人是否构成"直接负责的主管人员”，重点在于考察行为人实质上是否在单位犯罪行为中起“决定、批准、授意、纵容、指挥等作用”。如果该主体起到类似作用，则其个人依法应当对单位犯罪行为承担刑事责任，如果该主体在单位犯罪中并未起类似作用，则其应当排除在承担刑事责任的主体范围之外。

典型案例：

1. 在盛宇公司和牛某等人非法吸收公众存款、故意毁坏财物罪案中，被告单位盛宇公司在开展棚户区开发改造项目时未经批准向社会公众非法吸收存款，涉嫌构成非法吸收公众存款犯罪。被告人李某某以其仅为公司名义上的法定代表人且未参与公司的生产经营而主张予以免责。

法院认为，虽然李某某每月领取的报酬只有1000多元，且未参与公司的生产经营，但其在相关人员的授意下在相关文件上签字，其在公司的地位相当于挂名法定代表人。而法定代表人无论挂名与否，对自己的行为，或者说以自己的名义实施的行为本身负有审核的义务，尤其是房地产企业经营过程中的融资行为因具有普遍性而应该具有预知性，法定代表人疏于审核本身就是一种放任，故李某某主观上对单位的部分犯罪行为存在放任心理，其作为挂名法定代表人在相关人员的授意下参与签署多份借款合同，数额从几十万元到几百万元不等，其在借款合同上签字的行为起到了法定代表人的批准和决定作用，故客观上亦参与了犯罪行为。生效判决认定其作为单位主要负责人和直接责任人代表公司实施非法吸收公众存款行为，构成非法吸收公众存款罪。

2. 在新疆维吾尔自治区某人民检察院作出的乌县检一部刑不诉(2021)28号不起诉决定中，新疆某有限公司于2018年9月28日通过竞拍方式取得乌鲁木齐县某砂石采矿权，丁某担任公司法定代表人，负责协助办理工商登记工作。2019年4月，新疆某公司未完成草原征占用手续办理工作，即开始入场进行生产区、生活区等基础建设工作，并开始在矿区内搭建生产线进行砂石料的开采作业，造成草原原始地貌被破坏。公安机关遂以丁某涉嫌非法占用农用地罪立案侦查并移送审查起诉。

检察机关认为，丁某为某公司的员工，挂名法定代表人，负责协助董事长办理工商登记工作，在公司经营管理中，未起到决定、批准、授意、纵容、指挥等作用，也未在单位犯罪中起其他较大作用，不属于单位的直接负责的主观人员，也不属于其他直接责任人员，其协助办理工商登记手续行为不构成犯罪，并作出不起诉决定。

3. 在陕西省某人民检察院作出的淳检公诉刑不诉(2019)2 号不起诉决定中，张某系某公司法定代表人，挂名股东，未参与公司的经营管理活动，在公司非法采矿中没有起到决定、批准、授意、指挥等作用，并且对公司非法采矿不知情。检察机关认为，张某的上述行为情节显著轻微、危害不大，不构成犯罪，遂作出不起诉决定。

4. 在陕西省某人民检察院作出的南检公刑不诉(2020)34 号不起诉决定中，冯某为汉中某公司的挂名法定代表人，该公司未经主管部门批准涉嫌向社会公众非法吸收公众存款，公安机关对冯某涉嫌非法吸收公众存款罪立案侦查并移送审查起诉。

检察机关认为，冯某仅为挂名法定代表人，未参与公司的实际经营与管理，行为情节显著轻微，危害不大，不构成犯罪，遂作出不起诉决定。

二 在所挂名的公司不构成单位犯罪情况下，公司挂名法定代表人刑事责任风险

根据《刑法》第 30 条之规定，并非公司实施的所有的危害社会行为均构成单位犯罪，只有同时满足“法律规定为单位犯罪的”条件下，才构成单位犯罪。因此，在实践中，存在虽然是单位所实施的危害社会行为却不以单位犯罪定罪处罚的情形。

第一，虽然公司、企业等单位实施刑法规定的危害社会行为，但《刑法》分则和其他法律并未规定追究单位的刑事责任，则按照个人犯罪处理，即处罚组织、策划、实施该危害社会行为的人(《全国人大常委会关于〈中华人民共和国刑法〉第三十条的解释》)。

第二，个人为进行违法犯罪活动而设立的公司、企业等单位实施犯罪，或者公司、企业等设立后以实施犯罪为主要活动的，不以单位论处（《最高人民法院关于审理单位犯罪案件具体应用法律有关问题的解释》第2条）。

在所挂名的公司并不构成单位犯罪的案件中，公司的挂名法定代表人的刑事责任法律风险常常表现为，其个人被认定为参与共同犯罪的犯罪人。

在行为人担任公司挂名法定代表人且所挂名公司并不构成单位犯罪的场合下，考察挂名法定代表人是否需承担刑事责任，则需考察该挂名行为人的挂名行为是否构成共同犯罪行为。《刑法》第25条第1款规定，共同犯罪是指2人以上共同故意犯罪。认定行为人是否属于共同犯罪人，需考察以下三个方面：第一，行为人的主观状态，行为人与其他犯罪人是否存在共同的犯罪故意，即其明知自己的行为会发生危害社会的结果，并希望或者有意放任此等结果的发生；第二，行为人与其他犯罪人共同实施犯罪行为；第三，行为人与其他犯罪人具有共同的犯罪对象。

在此类案件中，挂名法定代表人或其辩护人往往以其本人仅为挂名法定代表人主张予以免责，法院往往需要综合考察该行为人是否实际参与实施犯罪行为以及其本人主观状态。如挂名人明知他人利用公司作为实施犯罪活动的载体或工具而仍然担任公司的挂名法定代表人，则可认定挂名行为本身即为帮助实施犯罪的帮助行为；但如挂名人主观上与其他犯罪人并不存在共同的犯罪故意，则难以认定单纯的挂名行为构成犯罪帮助行为。

1. 在（2019）浙0110刑初652号刑事判决中，被告人温某是经陈某安排而担任某邦公司法定代表人，陈某并以某邦公司名下“某邦理财”平台（P2P）作为对外实施集资诈骗的工具，针对其辩护人提出的其没有非法占有目的的辩护意见，法院认为，被告人温某在对实际控制人陈某实施的诈骗行为明知的情况下仍然担任公司法定代表人，并参与公司管理，与被告人陈某构成共同犯罪，应对共同实施的集资诈骗犯罪行为承担刑事责任。

2. 在（2020）皖01刑终144号刑事裁定中，被告人王某运先后设立悦某公司及冠某公司作为对外实施诈骗活动的载体，并分别找来沈某兵及齐某龙担任两家公司的挂名法定代表人。被告人沈某兵为悦某公司的挂名法定代表人，根据其供述和辩解，其自2017年5月担任悦某公司挂名法定代表人，自2017年7月到公司上班做业务员后即知道公司实际是一个贷款诈骗公司。法院认为，被告人沈某兵明知所挂名的公司实际控制人王某运以该公司为载体从事诈骗活动，仍然受雇佣担任该公司的挂名法定代表人，并同时在该公司担任业务员，认定其应当对以悦某公司名义实施的诈骗行为负责。同样地，本案另一担任挂名法定代表人的被告人齐某龙，明知王某运以冠某公司为载体实施诈骗行为，仍然受雇佣担任该公司的挂名法定代表人并担任业务员，法院亦认定其应对以冠某公司名义实施的诈骗行为负责，认定为共同犯罪人，并认定其属于共同犯罪中的从犯。

3. 在(2019)京0105刑初1079号刑事判决中，被告人轩某婷为国某文化公司的法定代表人，其主张自己仅为挂名法定代表人，未参与公司的实际经营。被告人轩某婷及其辩护人均作出无罪的辩解及辩护意见。法院认为，虽然被告人未参与公司的经营管理，但其在明知公司不具备公开募集资金的资质的情况下，仍然担任公司法定代表人并配合提供相关证件，该等行为对公司开展非法集资活动起到帮助作用，且其从中获利，其行为构成非法吸收公众存款罪。

4. 根据山检一部刑不诉(2021)37号不起诉决定，钱某某为山丹县某公司的挂名法定代表人，不参与公司的经营管理，公司的实际控制人为陈某某。钱某某所挂名的公司存在虚开增值税专用发票行为，价税合计达到8, 555, 770元。山丹县人民检察院认为，虽然钱某某为公司法定代表人，但是当时应陈某某的要求注册公司，经营者是陈某某，其不参与公司的经营活动，虚开增值税专用发票的行为系实际控制人陈某某所为，检察院认为"无证据证实其参与实施了虚开增值税专用发票的行为，亦无证据证实其知道或者与陈某某共谋虚开增值税专用发票，不符合起诉条件"，遂对钱某某作出不起诉的决定。

5. 在内蒙古自治区鄂尔多斯市某区人民检察院作出的东检二部刑不诉(2020)Z18号不起诉决定中，内蒙古某公司实际控制人徐某某雇用吴某某"挂名"担任公司法定代表人，吴某某在公司负责为公司人员做饭，每月工资5000元。在挂名期间，吴某某曾经帮助徐某某代收快递一次，但并不明知快递内系虚开的增值税专用发票，也曾借用本人银行卡给徐某某，但不清楚具体用途。此后，所挂名公司存在虚开增值税专用发票行为，吴某某被公安机关立案侦查并移送审查起诉。检察机关认为，虽然吴某某系内蒙古某公司挂名法定代表人，但是该公司的实际控制人是徐某某，吴某某客观上未参与徐某某虚开增值税专用发票的行为，主观上不明知徐某某虚开增值税专用发票的情形，吴某某没有犯罪事实，不构成犯罪，遂作出不起诉决定。

6. 在贵州省某人民检察院作出的长检刑不诉(2021)9 号不起诉决定中，周某飞系某汽车销售公司的挂名法定代表人，公司非法吸收公众存款 7,869,207.63 元，该公司的直接负责的主管人员为岳某某，周某飞未参与公司的经营、人事管理、财务处分等重大事项，公安机关对周某飞立案侦查并移送审查起诉。检察机关认为，周某飞未参与公司非法吸收公众存款的行为，不构成犯罪，遂作出不起诉决定。

7. 在浙江省某县人民检察院作出的仙检刑不诉(2021)20005 号不起诉决定中，李某某、徐某某为了拍卖房地产成立某公司，某公司以 2609 万元价格从法院竞拍购得房地产，因公司原法定代表人退出，遂委托林某某担任该公司法定代表人。此后，李某某、徐某某非法将竞拍而来的工业用地上的由厂房车间改造而成的商品房以每套 45 万元至 130 万元价格对外销售，属于非法转让土地使用权，公安机关遂对挂名人林某某涉嫌非法转让、倒卖土地使用权罪立案侦查并移送审查起诉。

检察机关认为，林某某未与徐某某、李某某合意非法转让土地使用权，其挂名担任涉案公司法定代表人，但并未参与销售行为，也未对销售行为起到帮助作用，没有犯罪事实，不构成犯罪，遂作出不起诉决定。

根据本部分的梳理，在担任公司挂名法定代表人的场合下，如所挂名的公司构成单位犯罪，则该挂名法定代表人并不必然需对单位犯罪行为承担个人刑事责任，其是否需承担个人责任，考量标准在于，其本人在单位实施犯罪中是否“起决定、批准、授意、纵容、指挥等作用”。如所挂名的公司并不构成单位犯罪，考察的重点在于认定挂名法定代表人所实施的“挂名”行为是否属于共同犯罪行为，根据“主客观一致”的原则，重点在于考察该行为人主观状态，如行为人明知所挂名的公司被用作实施违法犯罪活动仍然挂名，则可认定为构成共同犯罪中的帮助行为。例如，在（2019）浙0110刑初652号刑事判决中，行为人明知公司的实际控制人以公司为载体实施集资诈骗违法犯罪活动仍然“挂名”的，法院认定其构成集资诈骗的共同犯罪。

第二节 有限责任公司章程制定实务

公司章程素有“公司宪法”之称，由此也可以看出公司章程对公司的地位及作用。有限责任公司具有人合性的显著特征，因此，《公司法》关于有限责任公司的相关法律规范大多允许公司章程或股东之间另行作出与法律不一致的规定或约定。而从实际情况来看，大多数的创业者及创业团队在制定公司章程时往往委托第三方注册机构代劳，由此也导致大部分的公司章程简单套用章程范本文件，并无法契合公司及股东的实际需求。根据我们的观察，出现此情况可能因为创业者本身对章程重要性认识不足，但大部分原因在于，创业者自身欠缺相关的法律知识而不知如何制定一份符合公司及股东实际需要的个性化的章程。因此，我们特结合《公司法》的相关规定，梳理了有限责任公司章程制定的实务经验及操作指引，以期为公司创业团队提供助益。

一 有限责任公司章程制定实务探讨

（一）以公司章程保障股东权利

1. 股东知情权

股东知情权，指的是股东对公司事务享有的知情的权利。《公司法》第57条仅规定股东可查阅复制的资料范围较为狭窄且相关规定较为原则，正因如此，实践中导致股东与公司之间产生较多的争议，从维护股东权利角度出发，可在公司章程中针对股东知情权作出较为详细具体的规定，具体如下：

（1）规定公司主动报送财务会计报告，根据《公司法》第 209 条规定，公司章程可规定公司向股东报送财务会计报告的具体时间，同时，可进一步明确所报送的财务报告的范围及明细；

（2）进一步明确股东查阅财务资料的范围，《公司法》第 57 条虽然规定股东可查阅复制公司的资料，但并不明确具体且实践中引起较多争议。为此，可以在公司章程中规定，股东除可以查阅法定的文件（公司章程、股东会会议记录、董事会会议决议、监事会会议决议和财务会计报告，会计账簿、会计凭证）外，还可进一步查阅原始会计凭证所对应的原始交易合同，并可以规定如对公司财务资料有异议的，可聘请第三方审计机构对公司财务进行独立审计。

（3）针对从事/经营同业的股东，为避免将来查账请求被驳回，可在公司章程中提前作出豁免性规定。根据《公司法司法解释四》第 8 条第 1 项规定，针对股东的查账申请，如该名股东存在自营或者为他人经营与公司主营业务具有实质竞争关系的业务的，可认定该名股东的查账申请具有不正当目的而可拒绝该名股东的查账申请；但允许公司章程或者全体股东另行作出约定。为此，我们建议，如果股东确实或未来可能另行投资与公司主营业务竞争的公司或企业，为避免未来的查账申请因此遭到拒绝，可提前在公司章程中作出豁免性规定。

（4）以上均是从股东利益出发而提出的建议，从公司利益层面，为避免股东滥用股东知情权而干扰公司正常经营及损害公司利益，也可以在公司章程中对股东知情权作出一定的限制性规定；但如要设置限制性规定的，我们提醒注意，公司章程内容不得实质性剥股东的知情权，否则，该等条款将被认定为无效条款。

2. 股东分红权

《公司法》第 210 条规定了公司红利的分配规则，原则上按照实缴出资比例分配，同时，允许股东约定例外的分配规则但需获得全体股东一致同意。基于上述的规定，可以在经全体股东一致通过的公司章程中约定特殊的红利分配规则：例如，在私募投资领域较为常见的“优先分红权”条款，一般表现为约定某个特定的股东享有优先于其他股东分配公司红利的权利。又如,可在经全体股东一致通过的公司章程中约定不按照实缴比例分配红利,而赋予某个特定股东享有超出其出资比例以外的分红权。

值得注意的是,根据《公司法》的规定,如需通过公司章程的形式变更法定的分红规则,则该公司章程应当获得所有的股东一致通过,才可视为代表全体股东的一致同意。例如,在《北京市高级人民法院关于审理公司纠纷案件若干问题的指导意见》第 12 条规定,有限责任公司非经全体股东一致同意,不得变更《公司法》(2018 年修正)第 35 条、第 43 条规定的或者公司章程规定的利润分配方式、新股认缴方式和表决权行使方式。股东以相关股东会决议或者章程修改未经股东一致同意为由,请求人民法院确认无效的,应予支持。

3. 优先认购权

与公司分红规则一样,《公司法》第 227 条关于公司新增注册资本的认购规则也是原则上按照实缴出资比例作为依据,同时,允许全体股东另行约定不一致的认购规则。为此,可在经全体股东一致通过的公司章程中规定特殊的新增资本认缴的规则,例如,赋予特定的公司股东享有超出其实缴出资比例的认缴新增资本的权利,或者赋予某个特定股东享有优先认缴新增资本的权利。

4. 股权转让权

有限责任公司的股权转让分为股东内部之间的转让(内部转让)及向股东以外的主体进行转让(外部转让)两种类型,《公司法》针对内部转让及外部规定不同的规则,其中,内部转让由于并不破坏公司的人合性基础,因此规定股东内部自由转让的规则,而外部转让影响公司的人合性基础,因此规定了须保障其他股东优先购买权的特殊规则。

虽然如此,但考虑到有限责任公司人合性的突出特征,《公司法》第 84 条第 3 款授权公司章程在股权转让事项上的优先于法律规定的效力,因此,可在公司章程中规定特殊的股权转让规则,通常表现如下:

(1)公司章程规定某个特定股东针对内部转让的股权拥有同等条件下的优先购买权,如此,可保障该股东拥有优先受让其他股东股权的权利;或者

（2）也可以在公司章程中对股东向股东以外的人转让股权在时间、受让对象等方面设置一定限制条件；又或者，

（3）可以在公司章程中规定风险投资领域中常见的“领售权”条款（规定特定的股东有权要求其他股东，特别是大股东以跟自己同样的价格和条件向第三方出售股权的权利）及“随售权”条款（指的是针对原股东出售公司股权的情况下，赋予投资人按照原股东同样的条件向第三方出售全部或部分公司股权的权利）。例如，根据网络公开披露的信息，著名投资机构鼎辉在投资张兰的“俏江南”公司时即订立了“领售权”条款，彼时鼎辉持有“俏江南”10.53%股权，张兰作为大股东持有公司大多数股份，因“俏江南”未能在约定期限完成IPO，导致鼎辉行使“领售权”条款，强制要求张兰与之一同将所持“俏江南”股份向投资机构CVC出售。[1]又或者，

（4）可以在公司章程中规定特定股东要求其他股东在满足条件下回购其所持公司股权的规定，从而确保该股东顺利从公司退股。

但股权从权利属性上属于财产权，财产权皆可予以处分，因此，公司章程仅可对股权转让施加一定的限制但并不得绝对禁止股权的转让，否则，该等条款将被认定属于无效条款。[2]

5. 剩余财产分配权

《公司法》第236条第2款规定了公司清算时财产分配的规则，即公司财产在按照清算费用、职工工资、社会保险费用、法定补偿金、清缴税款、公司债务后，在股东之间进行分配，分配的具体规则为，有限责任公司按照股东的出资比例分配。虽然《公司法》针对公司清算后剩余财产规定了按照出资比例分配的规则，但从司法实务案例来看，审理法院倾向于将《公司法》的规定界定为管理性规范。

因此，可在公司章程中规定特定股东在剩余财产分配上优先权的或作出与《公司法》不一致的分配规则。

---

〔1〕 参见《张兰鼎晖CVC博弈背后：从打黑工到俏江南　最终净身出户》，载中国经济网2023年9月6日，http://finance.cn/rolling/201511/24/t20151124_7111099_1.shtml。

〔2〕 参见《山东省高级人民法院民二庭关于审理公司纠纷案件若干问题的解答》。

6. 继承权

《公司法》第90条规定了自然人股东股权继承制度，根据该条款，原则上允许自然人死亡的，其继承人可以继承股东资格，但允许公司章程作出例外规定。为此，可在公司章程中规定如发生股东死亡事件的，其继承人能否通过继承获得公司股东身份，如果为了保障公司的人合性基础而不允许发生股权继承，应进一步规定死亡股东遗留股权的处理机制，例如，可规定其他股东按照出资比例予以受让该等股权。

（二）以公司章程规范公司治理

1. 公司章程规范公司股东会

《公司法》第58条规定，有限责任公司股东会为公司权力机构，在公司股东会层面，除部分职责内容由法律明确予以规定外，其他的内容均可通过公司章程予以明确，实践中，公司章程可在如下方面作出规定：

（1）在公司章程中规定股东会职权范围，《公司法》第59条第1款第1至8项以法定形式列举了股东会职权范围，同时第1款第9项规定公司章程可在法定职权范围外另行其他职权。例如，为避免公司资产或业务的转移而损害公司及股东利益，可在章程中规定达到特定比例（占上一年度期末公司净资产30%）的资产转让或收购需经过股东会审议。又如，为避免公司大股东及实际控制人占用/挪用公司资金，可在公司章程规定股东借款需提交股东会审议通过。

（2）以章程规范股东会的召集及召开，《公司法》已经规定股东会召集的程序，但为避免相关主体故意规避股东出席股东会，可以在公司章程中规定出席股东会所应获得的表决权数量（或股东人数的数量），甚至可以在章程中规定须包括特定股东的出席方为有效的会议。

（3）此外，公司章程也可对股东会的表决机制做出特殊规定。《公司法》关于有限责任公司股东会上表决权行使规则，规定按照出资比例行使表决权但公司章程可以另行规定。例如，可规定某个特定股东所持股权拥有超出其股权比例的表决权（例如，通常所称“表决权差异安排”、双层表决权结构或“AB股”均是在股权表决权上做出特殊的安排），也可以规定某股东在股东会上针对特定事项的表决拥有一票否决权等。

(4)《公司法》第66条第2款及第3款分别规定了一般决议事项及特别决议事项(修改公司章程、增加或减少注册资本等)的通过机制,即针对一般决议事项,应当经代表过半数表决权的股东通过,针对特别决议事项,须获得代表2/3以上表决权的股东通过。但同时也可在公司章程当中针对特定事项另行规定较法律规定更为严格的表决权通过要求,例如,规定针对极为重要的特定事项应获得全部表决权通过。

2. 公司章程规范公司董事会

在公司董事会层面,《公司法》第67至73条分别规定了董事会组成人数限制、董事任期、董事会职权、会议召集与主持及议事方式和表决程序,除此以外的其他事项均可由公司章程予以规定,具体如下:

(1)公司章程可在董事会的组成方面作出特殊规定,例如,可以规定董事会组成人数及董事必备的资格条件,其中,明确规定各股东可提名董事人选的人数,股东可通过对公司董事会的控制进而控制公司的日常运营。例如,在阿里巴巴披露的湖畔合伙人制度中,规定了各方股东所提名的董事人数,并规定多数的董事应从湖畔合伙人中提名的董事中产生,此种机制即保证阿里内部合伙人对公司董事会享有的控制权。

(2)公司章程可规定董事长、副董事长的产生办法,例如,可规定董事长应某股东提名的人选中选举产生。

(3)关于董事会职权,《公司法》以列举方式列举规定了董事会法定职权,但允许公司章程另行规定其他职权,为此,公司章程可规定其他的职权,例如,规定达到特定金额或比例的担保、资产购买或处置需上报公司董事会审议。

(4)公司董事会以会议决议方式行使职权,《公司法》第73条虽然强制性规定决议表决实行一人一票的人数表决机制,且规定董事会决议应获得过半数董事出席及决议的作出应经全体董事过半数通过。但仍然可在公司章程针对董事会决议作出个性化的规定,例如,可在公司章程针对审议事项进行区分,规定一般决议事项获得过半数董事通过,特定决议事项规定获得2/3以上表决票通过,或者针对特别重大事项应获得全体董事同意。又或者,可在章程中规定某股东提名的董事对特定事项拥有一票否决权。

(5)考虑到公司财务的重要性,公司章程可以参照上市公司的章程要求在董事会下设审计、财务、薪酬等专业事项的专门委员会,并规定专门委员会职权范围。例如,可规定公司年度财务报告的审计机构的选择应当由审计委员会审议通过。

(三)公司章程与公司解散、清算

1. 公司章程规定公司解散事由

《公司法》第 229 条第 1 款为公司解散的法定事由,其中,第 1 项规定,公司章程规定的其他解散事由出现,则公司解散。根据我们的实务经验,大部分企业均未在章程中规定解散事由,如此,在公司发生难以继续运营(例如,股东之间出现不可调和的矛盾,或者公司)的情况之下,公司股东只能依赖司法判决解散公司从而退出公司,而根据目前的司法解散的案例来看,司法机关在评估是否判决解散公司时往往持较为谨慎的态度,由此也导致原告关于解散公司的诉请很难得到支持。为此,我们建议,可以在公司章程中提前约定公司解散的事由及条件,在该等事由出现后,即可请求解散公司并进行清算,确保股东能够顺利退出。

2. 公司章程规定剩余财产分配规则

在有限责任公司清算环节,区分为自主清算及强制清算,清算的流程及各方的职责均由法律予以明确规定。虽然如此,公司章程也可在清算后剩余财产的分配上有所作为,例如,可规定部分股东对清算财产的分配比例及优先分配权。

二 结语

有限责任公司具有突出的人合性特征,因此,《公司法》中关于有限责任公司的相关制度规范中,大都授权公司章程或股东之间根据实际需要及情况作出特殊性规定。而从实践层面来看,大部分的创业者及创业团队在制定具有公司宪法之称的公司章程时往往较为随意,基本上都是直接套用公司登记部门提供的章程范本文件提交登记以应付了事,这也导致市面上公司的章程呈现千篇一律的结果。而正因如此,往往导致公司部分股东权利无法得到有效保障,也可能导致公司内部治理的混乱局面。为此,我们建议,在面临经济下行压力之下,创业者及创业团队更应当注意公司章程的重要作用并努力制定符合公司及股东自身需要的公司章程,以充分发挥公司章程在维护股东利益及促进公司发展方面的制度价值。

第三节　关于竞业限制的若干误解和正解

竞业限制是《劳动合同法》所规定的一项法律制度,该项制度的目的在于保护用人单位的商业秘密和与知识产权相关的保密事项。随着经济的发展,企业商业秘密保护的意识进一步加强,不少企业均选择与员工签订竞业限制条款/协议以保守企业的商业秘密;但在执业过程中,我们发现,无论是用人单位还是劳动者,均对竞业限制法律制度存在一些误解。为避免该等误解导致企业或者劳动者作出错误的决策或行为,我们特整理出若干常见的误解,并结合法律规定及司法判例给出答案。

一　竞业限制协议未约定经济补偿，竞业限制协议无效

1. 分析解答

竞业限制经济补偿为竞业限制协议主要内容,如果所签订的竞业限制条款或协议缺少该条款,是否会导致竞业限制协议不成立,或者无效。我们认为,答案是否定的,劳动者仍然应当遵守竞业限制义务,理由包括以下方面。

首先,参照《最高人民法院关于适用〈中华人民共和国合同法〉若干问题的解

释(二)》(已失效)第 1 条规定,除非法律另有规定或当事人另有约定,如果能够确定当事人名称或姓名、标的和数量,一般应当认定合同成立,至于合同欠缺上述内容以外的内容,在当事人无法达成协议的情况下,人民法院可适用《合同法》规定的合同解释规则以及依据补充性任意性法律规范以填充合同的漏洞。竞业限制补偿本质上属于用人单位要求劳动者履行竞业限制义务的"对价",为"价款"条款,并不属于合同成立的必备条款,该项合同漏洞不导致合同不成立。

实际上,《深圳经济特区企业技术秘密保护条例》第 24 条的竞业限制协议没有约定补偿费的,补偿费按照该员工离开企业前最后 12 个月平均工资的 1/2 计算规定,即属于以立法的形式补充了当事人的合同漏洞。

其次,《最高人民法院关于审理劳动争议案件适用法律问题的解释(一)》第 36 条第 1 款规定,当事人在劳动合同或者保密协议中约定了竞业限制,但未约定解除或者终止劳动合同后给予劳动者经济补偿,劳动者履行了竞业限制义务,要求用人单位按照劳动者在劳动合同解除或者终止前 12 个月平均工资的 30% 按月支付经济补偿的,人民法院应予支持。从最高人民法院颁布的上述司法解释也可以看出,针对未约定竞业限制补偿金的竞业限制协议或条款,并不认定无效,而是承认该条款的效力。

因此,针对未约定经济补偿的竞业限制条款,即使用人单位未支付竞业限制补偿金,劳动者的竞业限制义务仍然存在。

2. 典型案例

案例:张某宾与深圳市创某科技发展有限公司(以下简称创某公司)竞业限制纠纷上诉案

案号:(2014)深中法劳终字第 4993 号

案情简介:

张某宾于 2008 年 4 月 18 日入职创某公司,双方签订了劳动合同,期限自 2008 年 4 月至 2011 年 7 月 31 日,同时约定张某宾同意在服务期内不会以任何方式直接或间接参加任何与创某公司构成竞争的业务或活动,不会参加其他与创某公司已经参与或即将参与业务存在竞争的任何实体或与其产生联系或作为该等实体股东拥有其股份；在服务关系因任何情况终止后的两年内不会以直接或间接方式自己经营或参与任何与创某公司有竞争的业务、为他人经营任何与创某公司有竞争的业务，如违反以上承诺，张某宾除向创某公司支付违约金30万元外还应立即停止违约行为。2011年10月31日，张某宾从公司离职。

2011年10月，张某宾与代某隆、陈某凯等人共同出资成立了广州同明太阳能科技有限公司，该公司的经营范围与创某公司的经营范围有相同之处。

创某公司以张某宾违反竞业限制义务为由提起劳动仲裁。

裁判观点：

因双方约定了竞业限制但并未约定经济补偿，张某宾主张双方所约定的竞业限制无效。最高人民法院相关司法解释并未明确规定用人单位与劳动者约定竞业限制但未约定经济补偿即认定竞业限制的约定无效，其他法律法规亦无相应规定，而《深圳经济特区企业技术秘密保护条例》第24条规定对约定竞业限制但未约定补偿费标准的情形予以明确，即补偿费按照该员工离开企业前最后12个月平均工资的1/2计算。由此可知，张某宾关于约定竞业限制但未约定经济补偿即认定竞业限制无效的主张与上述法律规定不符，不予采信。本案中，双方当事人关于竞业限制的约定有法律效力。

3. 实务建议

针对劳动者而言，如已经与用人单位签订竞业限制条款，即使未收到竞业限制补偿金，也应遵守竞业限制义务，如果未来不愿继续履行竞业限制的，应依照法律规定的程序通知解除竞业限制条款。

针对用人单位而言，即使所签订的竞业限制条款未约定经济补偿，所签订的竞业限制条款仍属有效，在劳动者违反竞业限制的情况下，仍然可采取法律途径维护企业的合法权益，例如，可要求劳动者继续履行竞业限制义务以及要求违反竞业限制义务的劳动者承担违约责任。

二 约定竞业限制补偿，用人单位未支付竞业限制补偿，劳动者无须承担竞业限制义务

1. 分析解答

竞业限制协议成立并生效后，即对协议双方均有法律约束力，用人单位的主给付义务为按月向劳动者支付竞业限制补偿，劳动者的主给付义务即为履行竞业限制，在用人单位未按约支付补偿金的情况下，根据《最高人民法院关于审理劳动争议案件适用法律问题的解释(一)》第38条[1]之规定，赋予劳动者在满足条件的情况下单方解除竞业限制的权利，也就表明，用人单位未支付竞业限制补偿并不导致竞业限制条款或协议自动解除。并且，按照最高人民法院民事审判第一庭的观点来看，在单位未实际支付经济补偿的情况下，劳动者也不得以先履行抗辩权或同时履行抗辩权为由而拒绝履行竞业限制义务或承担违约责任。[2]

2. 典型案例

案例：张某诉上海鼎天时尚科技股份有限公司(以下简称鼎天公司)劳动合同纠纷案

案号：(2016)沪01民终7931号

案情简介：

本案中劳动者张某与鼎天公司签订的《员工保密及禁止条例》约定，员工不得进行损害公司利益的各种活动。损害公司利益的各种活动包括但不限于以本人名义或以某企业名义与公司以外的人员进行与公司业务活动相同、相似、相竞争的经济往来、业务合作等。并约定如果违反竞业限制义务而又无法确定公司损

[1] 当事人在劳动合同或者保密协议中约定了竞业限制和经济补偿，劳动合同解除或者终止后，因用人单位的原因导致3个月未支付经济补偿，劳动者请求解除竞业限制约定的，人民法院应予支持。

[2] 最高人民法院民事审判第一庭编著：《最高人民法院新劳动争议司法解释(一)理解与适用》，人民法院出版社2021年版。

失时，应承担50万元的损失赔偿责任。该条例还约定员工离职时所应当获取的竞业限制补偿在该员工在职期间的月工资中逐月发放。

在双方劳动关系终止后，用人单位在张某在职期间或离职后并未发放竞业限制补偿金，张某发起设立与鼎天公司经营范围存在重叠的公司，且鼎天公司的客户出具证明，证明在张某新设公司成立后，张某以该新设公司的名义与客户签订多批次的采购合同，金额多达30万元左右。

鼎天公司以张某违反竞业限制为由提起劳动仲裁，要求张某承担50万元的竞业限制违约金，并要求张某继续履行竞业限制义务。

裁判观点：

虽然张某辩称鼎天公司未支付竞业限制补偿金，但其并未因此而解除竞业限制协议，故该协议仍然有效。鼎天公司未支付竞业限制补偿，并不能否定张某应履行竞业限制义务。张某违反竞业限制协议且恶意明显，一审法院判决张某承担竞业限制违约金并无不当。

3. 实务建议

针对劳动者而言，如用人单位未按约支付竞业限制经济补偿，则劳动者如不愿继续履行竞业限制义务的，在满足法定条件下（用人单位3个月未支付经济补偿），应依法通知用人单位解除竞业限制条款或协议，在协议正式解除前，劳动者仍然应当遵守竞业限制。

针对用人单位而言，应注意按期支付竞业限制补偿金，发现劳动者违反竞业限制补偿义务的情况下，可采取法律途径维护自身合法权益。

三 用人单位在劳动合同中约定所支付的工资包含离职后竞业补偿，用人单位无须在员工离职后支付竞业限制补偿

1. 分析解答

《劳动合同法》第23条规定："用人单位与劳动者可以在劳动合同中约定保守用人单位的商业秘密和与知识产权相关的保密事项。对负有保密义务的劳动

者,用人单位可以在劳动合同或者保密协议中与劳动者约定竞业限制条款,并约定在解除或者终止劳动合同后,在竞业限制期限内按月给予劳动者经济补偿。劳动者违反竞业限制约定的,应当按照约定向用人单位支付违约金。”根据该条规定,竞业限制补偿是对劳动者因保守秘密而无法从事相关工作的补偿,而工资报酬是对劳动者在劳动合同期限内所付出劳动的报酬及对价,两者的性质并不相同,不能混同。通常而言,约定工资包含竞业限制补偿金,大多是为了规避支付竞业限制补偿金的义务,此等条款实质上因降低了劳动者的工资标准,损害劳动者的合法权益而无效。例如,深圳市中级人民法院制定的《关于审理劳动争议案件的裁判指引》第108条规定,双方约定劳动者在职期间的工资中包含竞业限制经济补偿的,该约定无效。用人单位在劳动者离职后的竞业限制期内仍负有支付竞业限制经济补偿的义务。

当然,如果用人单位提供证据证明在支付正常的工资以外,确实所支付的工资中包含竞业限制补偿金,并且用人单位和劳动者也一致认可的,因现行法律未规定竞业限制补偿“随工资提前支付”后果,此等情况则应根据具体个案情况另当别论。

2. 典型案例

案例:张某新诉北京建研机械科技有限公司(以下简称建研公司)劳动争议案

案号:(2015)三中民终字第06630号

案情简介:

张某新于2003年4月21日入职建研公司,签订的《保密协议》约定员工应当遵守《员工手册》第11章有关“知识产权与保密制度”的规定,建研公司根据该规定按月向张某新支付保密费,用于张某新离职后3年内保守公司的秘密和不与其竞争的补偿费,并约定员工缺勤、旷工期间,按公司《考勤与休假制度》扣发保密费。

张某新提供的2004年8月工资条显示,当月保密费为200元,张某新主张保密费与竞业限制无关,公司所有员工均有保密费。

双方劳动合同于2011年6月15日到期。此后双方因竞业限制补偿事宜产生争议。

裁判观点：

张某新与建研公司签订的《保密协议》将竞业限制的经济补偿提前至张某新在职期间，随工资一同发放，并未考虑张某新离职后的就业情况，且根据《员工手册》，如张某新缺勤、旷工，建研公司将依照《考勤与休假制度》扣发保密费。故以上情形不符合竞业限制经济补偿金的基本特征。张某新主张已履行竞业限制义务，建研公司对此未予否认或提供反证，建研公司依法应当支付张某新离职后2年内的竞业限制经济补偿金。

3. 实务建议

针对劳动者而言，如劳动合同或公司的规章制度约定所发工资包含竞业限制补偿金，应准确识别该等项目（保密费或竞业限制补偿）的本质是否属于劳动报酬本身，如本质仍然属于劳动报酬，劳动者仍然有权要求单位支付竞业限制补偿，或者可以用人单位未支付竞业限制补偿为由请求解除竞业限制条款或协议，进而解除自身的竞业限制义务。

针对用人单位而言，应尽量避免将竞业限制补偿支付时间提前至劳动合同履行期间，以避免所支付金额被认定为工资报酬而被认定未向离职员工支付竞业限制补偿。

四 用人单位可以与任意的劳动者签订竞业限制协议，只要劳动者签订竞业限制协议即应遵守竞业限制

1. 分析解答

竞业限制是作为用人单位保守商业秘密的措施而产生的，竞业限制制度的适用应在用人单位商业秘密保护与劳动者择业自由权之间进行利益衡量，因此，不得不对竞业限制适用范围及对象作出一定的限制。《劳动合同法》第23条规定订立竞业限制条款的对象局限于“负有保密义务的劳动者”，第24条进一步明确竞

业限制的人员"限于用人单位的高级管理人员、高级技术人员和其他负有保密义务的人员"。用人单位与非负有保密义务的劳动者签订竞业限制协议的,因该协议违反了法律的强制性规定,劳动者可以请求确认竞业限制条款或协议无效。

2. 典型案例

案例:深圳市速购商务有限公司(以下简称速购商务公司)与黄某劳动合同纠纷案

案号:(2018)粤0307民初14261号

案情简介:

黄某于2016年7月29日入职速购商务公司,先后担任综合管理、供应链采购专员等职务,主要内容为询价工作、产品选型、售前售后工作。2018年2月25日,双方签订《保密及竞业禁止协议》,约定黄某的保密义务,并约定黄某在离职后承担竞业禁止义务(不论何种原因从速购商务公司离职,离职后2年内不得创办与速购商务公司有竞争关系的企业或者从事与速购商务公司商业秘密有关的产品的开发、经营活动),并约定违反保密及竞业禁止义务的应承担100万元的违约金。

2018年5月31日,黄某从该公司离职,该公司于当年6月21日向黄某支付了一笔补偿金1400元,后因发现黄某违反竞业禁止义务(黄某与他人合伙投资设立与速购商务公司经营项目相同的公司)即未再支付补偿金。

速购商务公司以黄某违反竞业禁止义务为由诉至法院要求黄某承担100万元的违约金。

裁判观点:

竞业限制的人员限于用人单位的高级管理人员、高级技术人员和其他负有保密义务的人员。黄某离职前担任供应链采购专员,主要负责售前售后工作,应不属于高级管理人员、高级技术人员。此外,黄某主要负责售前售后工作,掌握的信息应是进货渠道、客户信息,速购商务公司没有证据证明其对该类信息采取了保密措施,按照一般意义理解,该类信息属于一般商业信息,不具有"商业秘密"必须具备的秘密性质,且速购商务公司未举证证明黄某确实知悉该公司其他特定的商业秘密和技术秘密，在黄某未掌握真正的商业秘密和技术秘密的情况下，保密义务无从谈起，因此，黄某也不属于《劳动合同法》所规定的其他负有保密义务的人员。因黄某不属于《劳动合同法》所规定的竞业限制的主体，双方所签订的《保密及竞业禁止协议》扩大竞业限制主体范围，违反法律强制性规定而无效，判令驳回速购商务公司关于违约金的诉讼请求。

3. 实务建议

对于劳动者而言，应对自身是否属于竞业限制的主体进行准确的识别，如根据在原单位所从事的岗位及性质自身确实不属于法定的竞业限制主体，为避免因竞业限制而影响择业的自由及权利，可提起诉讼确认竞业限制条款或协议无效。

对于用人单位而言，同样应准确识别本单位竞业限制主体的范围，对于非高级管理人员或高级技术人员以及不具有保密义务的劳动者，无须与之签订竞业限制协议，避免因范围过于宽泛而招致不必要的诉讼或承担额外的竞业限制补偿金的成本。

五 只要具有竞业限制义务的劳动者入职或投资的企业与原公司经营范围重合就可认定劳动者违反竞业限制义务

1. 分析与解读

经营范围的重合是判断新单位与原单位形成竞争关系的初步证据，在进行实质判断时，还应结合实际经营内容、服务对象或者产品受众、对应市场等方面。如果经证明新单位与原单位在实际经营内容、服务对象或产品受众、对应市场等领域不同，可认定不存在竞争关系，即劳动者不违反竞业禁止义务。

2. 典型案例

案例：王某诉万得信息技术股份有限公司（以下简称万得公司）竞业限制纠纷案

案号：（2021）沪01民终12282号

案情简介：

王某在万得公司任职数据分析工作岗位期间。万得公司的经营范围包括计算机软硬件的开发、销售，计算机专业技术领域及产品的技术开发、技术转让、技术咨询、技术服务。

王某与万得公司签订《竞业限制协议》，2020年7月27日，王某因故从万得公司离职，次月，万得公司向王某发出《关于竞业限制的提醒函》，提醒其自2020年7月27日起即须承担竞业限制义务。

自2020年7月28日起，万得公司支付王某竞业限制补偿金。

2020年8月6日，王某入职上海哔哩哔哩科技有限公司（以下简称哔哩哔哩公司），按照营业执照记载，该公司经营范围包括信息科技、计算机软硬件、网络科技领域内的技术开发、技术转让、技术咨询、技术服务等。

万得公司以王某入职哔哩哔哩公司为由提起劳动仲裁，请求王某继续履行竞业限制义务并承担违约金200万元。

审理该案的劳动仲裁机构认定王某违反竞业禁止义务，裁决王某向万得公司承担200万元的违约金。上海市某区人民法院作出一审裁判，同样认定王某违反竞业禁止义务，但对违约金酌定调减为24万元；终审法院改判驳回万得公司关于王某支付违约金的诉讼请求。

裁判观点：

竞业限制制度是为了防止劳动者利用所掌握的原用人单位的商业秘密为自己或为他人谋利，从而抢占原用人单位的市场份额，给原用人单位造成损失，从竞业限制制度功能及目的出发，考量劳动者是否违反竞业限制协议，最为核心的是应评判原用人单位与劳动者自营或入职的单位之间是否形成竞争关系，并且，这种竞争关系的审查，不应拘泥于营业执照登记的营业范围，否则对劳动者抑或用人单位都可能造成不公平，还应从两家企业的实际经营内容是否重合、服务对象或者所生产产品的受众、所对应的市场是否重合等多角度进行审查。

就本案所涉的两家用人单位而言，虽然登记的经营范围有所重合，但根据法庭查明的事实来看，万得公司目前的经营模式主要是提供金融信息服务，其主要的受众为相关的金融机构或者金融学术研究机构。而哔哩哔哩公司主营业务为文化社区和视频平台。两者不论是经营模式、对应市场还是受众都存在显著差别。在此情况下，万得公司主张两家企业存在竞争关系，尚未完成举证义务。法院判决王某无须向万得公司支付违约金。

3. 实务建议

针对劳动者而言，应尽量谨慎判断新入职或投资的单位与原单位是否构成竞争关系，不仅应考虑双方工商登记的经营范围，还应考虑双方实际的经营业务领域、经营模式、目标客户等因素，在面临原单位以违反竞业限制为由发起的诉讼或仲裁时，可从多方面综合论证新单位与原单位不构成竞争关系，以避免承担责任。

针对用人单位而言，为避免竞业限制的范围届时不被仲裁机构或法院认可，可在竞业限制协议中对劳动者竞业限制的范围作出更加明确具体的约定。

正因为我国关于竞业限制的法律规定并不十分完善，无论是用人单位还是劳动者均会对该制度部分内容存在一些误解，为此，我们对若干常见的误解进行整理并形成本节，期望本节的内容无论是对企业还是对劳动者均有所助益。

第四节　公司能否将劳动者调回原约定的工作地点

劳动合同一般约定工作地点，但实践中存在劳动者实际工作履行地与劳动合同约定工作地不一致的情况。若劳动者按照公司的指示在非原约定工作地工作一段时间后，被公司要求调回劳动合同原约定的工作地点，该岗位调动是否符合劳动法相关法律法规和劳动合同的约定？一起来看看以下案例。

案例：C公司调岗后违法解除劳动合同案

案号：（2021）粤03民终13791号

案情简介：

吴某入职C公司后，一直在广州工作。双方最新签订的劳动合同约定，工作地点为“深圳”。但吴某并未实际到深圳工作，仍在广州工作。其间，吴某因工作前往深圳还需填写《出差申请单》。C公司以公司业务及组织架构调整为由向吴某发出《人事调动通知书》,要求其到深圳工作。

吴某认为此次调岗为不合理调岗,故未到新岗位报到上班。C公司以吴某旷工为由解除劳动合同。吴某提起劳动仲裁要求C公司支付违法解除劳动合同的赔偿金403,000元。

裁判观点:

本案的争议焦点之一为C公司是否应当支付吴某违法解除劳动合同的赔偿金403,000元。

用人单位拥有用工自主权,因企业生产经营需要,有权对劳动者的工作岗位、工作地点进行调整,但用人单位行使用工自主权不能侵害劳动者的合法权益。吴某自2007年4月10日入职C公司后,一直在广州工作,双方于2018年1月1日签订的劳动合同虽约定工作地点为"深圳",但吴某并未实际到深圳工作,仍在广州工作,因工作前往深圳还需填写《出差申请单》,双方以实际履行行为变更了劳动合同约定的工作地点,C公司在发给吴某的《人事调动通知书》中,亦明确让吴某到深圳工作,属工作地点调整,故C公司主张该次人事调动通知并非调岗,而是返岗,理由不成立,法院不予采纳。

吴某长期居住、生活在广州,在C公司未提供交通工具、支付相关交通补助等情形下,工作地点的调整将显著增加吴某的通勤时间、交通成本,对其工作、生活产生重大不利影响,此种情形下的岗位调整应与劳动者协商一致。C公司主张岗位调整系因公司业务及组织架构调整,广州区域已无实际审计工作,C公司就其该项主张并未提交证据予以证明,且吴某离职前,广州区域仅是其所负责广东省内外众多区域审计监察工作兼财务指导工作的一个区域,广州区域审计工作的有无与调整吴某工作地点并无必然存在因果关系。C公司未能举证证明岗位调整确系经营需要,在未经与吴某协商一致的情况下,将吴某工作岗位调整至深圳,显然超过用人单位行使用工自主权的合理范畴,故吴某有权拒绝C公司作出的不合理岗位调整,吴某未到新岗位报到上班不能归责于吴某,C公司以吴某旷工为由解除劳动合同构成违法解除。一审法院据此判令C公司支付吴某违法解除劳动合同的经济赔偿金403,000元(15,500元×13×200%),并无不当,法院予以维持。

律师建议：

1. 如劳动者实际履行工作地与劳动合同约定内容不一致，视为以实际履行行为变更了合同内容。因此，劳资双方应按照劳动合同约定的内容履行相应的权利义务，如实际履行发生变更，建议以书面方式补充约定变更内容并明确相关权利义务。

2. 企业享有一定的用工自主权，但应当在合法合理的范围内对劳动者进行调岗。公司调岗应当是基于公司经营管理所需，且该调岗不得损害劳动者合法权益，不得实际增加劳动者负担或义务，否则该调岗不属于用人单位行使用工自主权的合理范围，此种情况应需取得劳动者的书面同意，否则将面临支付违法解雇经济赔偿金或补偿金的法律风险。[1]

3. 参照《深圳市中级人民法院关于审理劳动争议案件若干问题的指导意见（试行）》第 85 条，用人单位由深圳市行政区域内向深圳市行政区域外搬迁的，劳动者可以依据《劳动合同法》第 40 条第 1 款第 3 项的规定要求支付经济补偿金。用人单位如果要将劳动者的岗位调整从深圳市内调整至深圳市外，应取得劳动者的书面同意，否则未与劳动者协商一致变更工作地点后又以违法理由单方解雇劳动者的，要承担违法解雇经济赔偿金的法律责任。

对于该指导意见设定的区域范围，实践中存在许多争议，《深圳市中级人民法院关于审理劳动争议案件的裁判指引》第 19 条也对相关问题作出了回应，认为：第一，用人单位搬迁是否足以迫使劳动者提出解除劳动合同或足以导致劳动合同无法履行，对于每一个劳动者来说，个案的情况是不同的。如果根据个案情况进

[1] 《广东省高级人民法院、广东省劳动人事争议仲裁委员会关于审理劳动人事争议案件若干问题的座谈会纪要》（粤高法〔2012〕284 号，已失效）第 22 条规定，用人单位调整劳动者工作岗位，同时符合以下情形的，视为用人单位合法行使用工自主权，劳动者以用人单位擅自调整其工作岗位为由要求解除劳动合同并请求用人单位支付经济补偿的，不予支持：(1) 调整劳动者工作岗位是用人单位生产经营的需要；(2) 调整工作岗位后劳动者的工资水平与原岗位基本相当；(3) 不具有侮辱性和惩罚性；(4) 无其他违反法律法规的情形。用人单位调整劳动者的工作岗位且不具有上款规定的情形，劳动者超过一年未明确提出异议，后又以《劳动合同法》第 38 条第 1 款第 1 项规定要求解除劳动合同并请求用人单位支付经济补偿的，不予支持。

行酌情处理,可能造成裁判标准的不统一,容易出现“同案不同判”的现象。所以,对这一问题的裁判标准进行统一规定是十分必要的。但从搬迁的路程远近、上班所需时间长短的角度难以作出合理的划定,故以是否在同一行政区域内为标准进行区分是比较妥当且便于执行的方法。第二,一般而言,劳动者的居住地并不集中,也不一定都居住在用人单位附近,用人单位的搬迁虽然可能给部分劳动者造成一定的不便,但在同一行政区域内,工资水平、社会保障等劳动条件没有变化,不会对劳动者的合法权益造成过多的不利影响。对深圳市而言,最低工资标准、社会保障程度总体上通常高于周边城市,若用人单位从我市搬迁至周边其他城市,虽然可能搬迁路程相对较近,但对于劳动者的劳动基准保护力度可能有所降低,因此,不考虑劳动基准保护力度,而仅以路程远近作为确定标准统一划分,反而更不利于劳动者合法权益的保障。第三,用人单位根据其经营状况进行搬迁是其经营自主权的体现,而现实中,用人单位因办公地点租赁等原因搬迁也是十分常见的情况。如果只要用人单位搬迁,不论远近,劳动者就可要求用人单位支付经济补偿,会对社会及劳资双方产生不利的影响,也容易引发用人单位在搬迁前以各种借口解除与劳动者的关系,从而避免支付经济补偿,反而更不利于劳动者这一群体整体利益的保护。因此,在目前法律法规及现实状况均没有发生明显变化的情况下,不宜对指导意见作出根本性的修改。如法律法规出现新的规定或实际情况发生重大变化,深圳市中级人民法院将再适时地研究调整相关条款内容。

4. 劳动者针对用人单位不合理的调岗行为,建议保留好用人单位调岗的证据材料,同时以书面方式对公司的调岗行为表示异议。在不确定用人单位的调岗行为是否合法合理前,不建议贸然不到岗或旷工,可在提出书面异议后坚持到原岗位上班并向法律相关专业人士咨询公司是否存在侵害劳动者权益行为以确定下一步方案。

第五节　电商平台在《电子商务法》中若干义务及责任的解读

《电子商务法》的实施给电商平台的经营带来巨大的影响，现根据《电子商务法》相关规定并结合有关司法判例，对电商平台的义务及责任进行解读，以期对电商平台的合规经营有所裨益。

一　电商平台的法律地位

《电子商务法》第9条规定的电子商务经营者包括电子商务平台经营者、平台内经营者以及通过自建网站、其他网络服务销售商品或者提供服务的电子商务经营者。其中，电子商务平台经营者是指在电子商务中为交易双方或者多方提供网络经营场所、交易撮合、信息发布等服务，供交易双方或者多方独立开展交易活动的法人或者非法人组织，即为日常所称的“电商平台”；平台内经营者，是指通过电子商务平台销售商品或者提供服务的电子商务经营者，即为日常所称的“电商平台商户”。

在以电子商务平台经营者搭建的电子商务平台为交易场所的电子商务活动中[1]，涉及的相关主体分别有电子商务平台经营者（下称电商平台）、平台内经营者（下称商户）以及消费者，电子商务参与主体之间的法律关系见图1：

〔1〕 因本节探讨的主题为电商平台的义务及责任，因此，本节仅对在电商平台所搭建的交易场所进行交易的模式进行探讨，对“通过自建网站、其他网络服务销售商品或者提供服务”的电子商务交易模式不予探讨。

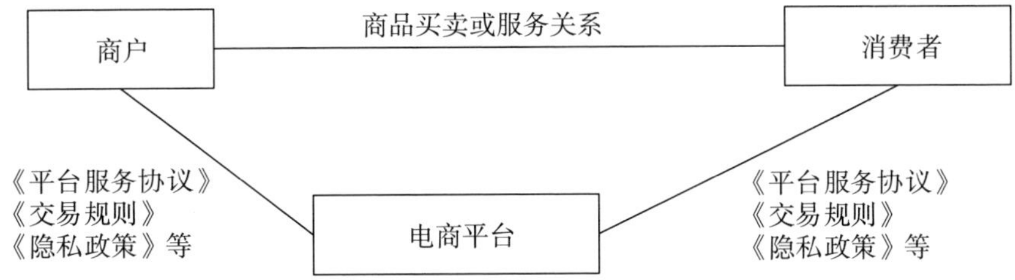

图1　电子商务参与主体之间的法律关系

其一,商户及消费者分别以点击注册有关电子协议的方式与电商平台缔结两个电子商务平台服务合同,通过两个合同建立起了电子商务平台服务的法律关系;其二,商户通过平台的作用与消费者建立合同关系,例如,买卖合同关系、服务合同关系等。

在探讨电商平台法律地位时,应注意将电商平台的地位与《民法典》规定的中介人地位进行区分:根据《电子商务法》第 9 条第 2 款“电子商务平台经营者,是指在电子商务中为交易双方或者多方提供网络经营场所、交易撮合、信息发布等服务,供交易双方或者多方独立开展交易活动的法人或者非法人组织”的规定,电商平台为商户及消费者达成交易所提供的服务内容包括“提供网络经营场所、交易撮合、信息发布等服务”,服务内容虽然包括了“交易撮合服务”,但并不局限于交易撮合服务。因此,电商平台与《民法典》规定的中介人地位并不相同。

由于电商平台在《电子商务法》中承担较多的义务及责任,在个案中,有的电商平台为避免承担《电子商务法》中“电子商务平台经营者”的法律义务及责任,而以其属于中介人的地位进行抗辩,但该等抗辩并不被法院所采纳。例如,在王某与黄某、深圳依时公司机动车交通事故责任纠纷案中,深圳依时公司作为货运 App 经营主体,为了不承担《电子商务法》中的平台义务及责任,即以其与下单人、接单人之间为中介关系而进行抗辩,但审理法院并未采纳该等抗辩,而是认定深圳依时公司为《电子商务法》中的平台经营者,并依据《电子商务法》的相关规定判令其承担相应的责任。[1]

笔者建议，网络服务的市场主体应准确界定所提供网络服务的性质，如所提供的网络服务具备电子商务平台服务特征，则应依据《电子商务法》的相关规定履行相应的义务。

二 电商平台义务及责任解读

（一）信息审核义务及先行赔付责任

《电子商务法》第27条规定了电商平台对申请进入平台的商户以及非经营用户主体身份信息的审查义务，以及定期核验更新审查内容的义务。审查的内容包括“身份、地址、联系方式、行政许可等真实信息”。与电商平台信息审核义务相对应的法律责任主要体现在该法第58条第3款关于电商平台法定先行赔偿责任的规定，即在消费者向商户维权时，有权要求电商平台提供商户的真实名称、地址和其他有效联系方式，在电商平台不能提供时，即应对消费者承担先行赔偿责任。

1. 内容解读

（1）信息核验义务的要求

从文义解释角度分析该法第27条的规定，电商平台对信息应尽到“实质审查”的义务，即电商平台应确保商户在平台登记的信息为“真实信息”；如未尽到该等法定义务导致消费者无法维权的，则电商平台需承担先行赔偿责任。

（2）违反信息核验义务的责任

电商平台违反信息核验义务在法律上须承担的责任有民事责任和行政责任。民事责任主要体现为先行赔偿责任，该先行赔偿责任属于不真正的连带责任，即电商平台并非最终的责任承担主体，其在承担责任后，有权向经营者进行追偿。

行政责任主要体现在《网络安全法》第61条的规定。根据该规定，电商平台

---

〔1〕 王某与黄某、深圳依时公司机动车交通事故责任纠纷一审民事判决书，（2019）粤0306民初3266号。

未要求用户提供真实身份信息,或者对不提供真实身份信息的用户提供相关服务的,由有关部门责令改正,拒不改正或情节严重的,处5万元以上50万元以下罚款,并可以由有关部门责令暂停相关业务、停业整顿、关闭网站、吊销相关业务许可证或吊销营业执照,对直接负责的主管人员和其他责任人员处1万元以上10万元以下罚款。

2. 针对性建议

针对《电子商务法》赋予电商平台核验义务,本节提出以下建议。

(1)电商平台应对拟入驻商户的行业监管法律法规有所了解,特别注意核实拟入驻的商户是否需获得相应的行政许可。例如,对于生鲜电商平台而言,应当对我国目前针对食品以及食用农产品适用不同的监管法律框架有所了解,食品的生产、销售等行为由《食品安全法》调整,食品的生产、销售、餐饮服务均采用行政许可的市场准入制度;而对于农产品的销售,受《农产品质量安全法》调整,并不实行许可制度。如拟入驻商户属于食品销售行业,则应审查其是否具备许可证件。

(2)除查验拟入驻商户所提供信息资料外,还可通过以下方法履行信息核验义务,要求商户承诺所提供信息、资料的真实性,通过公开查询途径(例如,全国企业信用信息公示系统、企查查等)对拟入驻商户的信息进行核验。

(二)网络安全维护义务

《电子商务法》第30条规定,电子商务平台经营者应当采取技术措施和其他必要措施保证其网络安全、稳定运行,防范网络违法犯罪活动,有效应对网络安全事件,保障电子商务交易安全。

电子商务平台经营者应当制定网络安全事件应急预案,发生网络安全事件时,应当立即启动应急预案,采取相应的补救措施,并向有关主管部门报告。

1. 内容解读

(1)电商平台的网络安全维护义务

《电子商务法》第30条规定了电商平台的义务包括采取措施(包括技术措施)维护网络安全及制定并启动应急预案两个方面。

(2)违反网络安全维护义务民事责任

如电商平台违反此项法定义务导致用户遭受损失的,《电子商务法》并未明确规定其应承担的民事责任。有的观点认为,电商平台的网络安全义务应作为《民法典》第1198条确立的“安全保障义务”。[1] 笔者注意到,《电子商务法》实施前曾有相关案例,例如,在2015年4月至12月,某电商平台数据系统疑似发生重大安全漏洞,用户得通过自己的订单信息,简单地修改数字参数后任意查看其他用户的详细订单信息。[2] 有诈骗团伙疑似利用该漏洞对用户实施电信诈骗行为,并造成了用户的财产损失。多名用户认为,电商平台未能维护其数据系统的安全,造成数据泄露,这与诈骗行为造成的财产损失成立直接的因果关系,因此发起诉讼,要求电商平台承担赔偿责任。在该案中,法院认为,原告提供的证据不足以证明被告有侵害原告的行为,因此被告不应承担侵权责任,法院是将电商平台责任作为一般侵权案件对待,即要求原告证明被告具有不法侵害行为。

关于电商平台的网络安全义务在性质上是否属于《民法典》第1198条所规定的安全保障义务,相关法律并未予以明确,而法院在个案当中将如何认定还有待于对未来司法实践的进一步考察,如法院将电商平台的网络安全义务认定为安全保障义务,对于电商平台的网络安全维护的要求将进一步提高。

(3)行政及刑事责任

电商平台作为网络服务提供者,如未尽到网络安全维护义务,除前述民事责任外,我国《网络安全法》规定了相关的行政责任。

此外,电商平台特别需要注意的是相关的刑事法律风险。《刑法修正案(九)》针对网络服务提供者不履行法律、行政法规规定的信息网络安全管理义务的行为,特别增加了“拒不履行信息网络安全管理义务罪”的罪名。

---

[1] 参见王思源:《电商平台系统安全漏洞的法律责任分析》,载《法律适用·司法案例》2018年第12期。

[2] 参见王思源:《电商平台系统安全漏洞的法律责任分析》,载《法律适用·司法案例》2018年第12期。

2. 针对性建议

针对电商平台在《电子商务法》中的网络安全义务,本节建议:

(1)电商平台应加大在网络安全方面的投入,例如,加强技术研发工作;

(2)提高员工网络安全维护的意识。

(三)在服务协议及交易规则方面的义务及责任

《电子商务法》第32至36条为关于电商平台在平台服务协议及交易规则方面的专门法律规定如下:

第32至34条规定了电商平台在平台服务协议及交易规则的制定、公示以及修改方面特殊的要求,具体为遵循公开、公平、公正的原则制定协议及规则,对协议及规则进行持续公开,协议及规则的修改应公开征求意见,商户不同意修改的,可退出平台。

第35条规定了电商平台不得利用服务协议、规则及技术等手段进行不合理限制、附加不合理条件或收取不合理费用。

第36条规定了电商平台依据平台服务协议和交易规则对商户实施处罚的公示义务。

1. 内容解读

关于服务协议及交易规则上的义务及责任,结合相关的司法判例,电商平台应注意以下方面的问题。

(1)平台服务协议及交易规则的法律性质

关于平台服务协议及交易规则的法律性质,有不同的观点,有的学者将其认定为"电子商务交易过程中形成的习惯法"[1]。

通过对司法判例的考察,我们发现,法院更多是将平台服务协议及交易规则认定为电商平台与商户之间所达成的协议。例如,在陈某与浙江某网络公司网络服务合同纠纷案[2]中,一审法院认为,陈某自愿成为购物平台会员,同意平台规

---

[1] 杨立新:《电子商务民事责任之立法基础与基本规则》,载《甘肃社会科学》2019年第1期。

[2] (2016)浙01民终7362号。

则，双方之间就该规则的适用形成合意。而平台规则不违反法律、行政法规的强制性规定，属合法有效，对双方均具有约束力。二审法院则将《服务协议》及平台规则的有关内容认定为格式条款，法院认为，虽然上述协议、规则系浙江某网络有限公司单方发布，其部分内容涉及对会员行为的一些限制，但由于网络销售具有其特殊性，该协议、规则的制定有利于网站的管理、正常交易秩序的维护以及广大消费者合法权益的保障，因此上述协议、规则并未加重对其会员的责任，也不违反法律、行政法规的强制性规定，应确认有效。

由此可见，关于将平台服务协议及交易规则认定为电商平台与商户所达成的协议，两级法院在认定上并无不同意见，但是否属于格式条款则有不同的认识。

(2)平台服务协议及规则单方变更条款的效力

从实践的情况来看，电商平台往往会在服务协议及规则中加入单方变更条款，例如，“平台有权不时修改协议，如用户不同意相关变更应立即停止使用平台服务，如用户继续使用平台服务视为接受了修订后的条款”〔1〕。《电子商务法》在关于服务协议及规则上虽然规定了持续公开、征求意见等程序，但并未规定违反该程序规定的相应法律后果。《电子商务法》实施以来，关于电商平台的“单方变更”条款的效力问题，有待于未来进一步观察。

(3)利用平台规则或服务协议限制竞争

关于针对电子商务领域的限制竞争行为，《电子商务法》第22条〔2〕与第35条均规定了电商平台在市场竞争方面的禁止性规定。第22条规定了所有的电子商务经营者不得利用市场支配地位，排除限制竞争，该条的适用需要以认定电商平台具有市场支配地位为前提，〔3〕第35条专门规制电商平台利用服务协议及平

---

〔1〕王红霞、孙寒宁：《电子商务平台单方变更合同的法律规制——兼论〈电子商务法〉第34条之局限》，载《湖南大学学报(社会科学版)》2019年第1期。

〔2〕《电子商务法》第22条规定，电子商务经营者因其技术优势、用户数量、对相关行业的控制能力以及其他经营者对该电子商务经营者在交易上的依赖程度等因素而具有市场支配地位的，不得滥用市场支配地位，排除、限制竞争。

〔3〕该条款为《反垄断法》的转致条款，首先需要按照《反垄断法》有关规定界定电子商务经营者具有市场支配地位才可适用。

台规则限制竞争的行为，并不以界定电商平台具有市场支配地位为前提。

在我国，电商平台利用平台规则或服务协议限制竞争，较为普遍的表现为，通过平台规则或协议限定商户“二选一”，即商户仅能在该平台注册，否则将遭到平台采取的惩罚性措施。针对此类现象，最高人民法院大法官胡云腾在第 18 期“案例大讲坛”上特别提到，针对某些电商主体利用自身优势地位，滥用市场优势力量，强迫商家进行“二选一”，需要通过裁判予以规范，以维护公平竞争的基本原则。

2. 针对性建议

(1)平台服务协议及规则往往是电商平台单方预先制定并供重复使用的，而非与商户协商确定的，在个案中，法院认定有关的条款属于格式条款的可能性较高，而我国《民法典》对于提供格式条款一方赋予较高的义务，电商平台在制定及修改服务协议及平台规则时应注意防范如下风险。

其一，对于免除及限制电商平台责任的内容，应当采用足以引起对方注意的文字、符号、字体等特别标识，并按照合同相对人的要求对格式条款作出说明，否则相对人可能以电商平台未尽到提示及说明义务而主张撤销该格式条款。此外，电商平台亦应注意，提示及说明义务的对象是“免除及限制其责任”的内容，有的电商平台为避免此风险而对大部分条款均进行字体加黑、加粗的设置，亦不妥当。例如，在(2019)沪 01 民终 953 号案件中，电商平台提供的协议中大量条款均为加粗字体、添加下划线，法院认为，如此做法“容易使商家忽略了确需特别注意的涉及免除或者限制责任的条款，反而不能达到合同法要求格式合同提供一方尽到合理提醒义务之目的，易因此引起纠纷。望寻梦公司今后能采取合理手段，对此作出相应改进”。

其二，根据《民法典》第 498 条规定，对格式条款如有两种以上解释的，作出不利于提供格式条款一方的解释。因此，在合同条款的文字表述上，应注意采用准确的、规范的语言制作合同条款，避免歧义。

其三，应注意存在下列情况的无效条款内容：具有《民法典》总则编第 6 章第 3 节和《民法典》第 506 条规定的无效情形；提供格式条款一方不合理地免除或者减轻其责任、加重对方责任、限制对方主要权利；提供格式条款一方排除对方主要权利。

（2）关于电商平台利用服务协议限制竞争的问题，我国司法机关将进一步加强对电商平台利用服务协议及规则限制竞争的行为的规制，有关电商平台在制定平台服务协议及平台规则时应注意审查是否存在限制竞争的有关条款，并及时作出调整。[1]

（四）电商平台的安全保障义务及责任

《电子商务法》第38条规定了未采取必要措施和未尽审核或安全保障义务的民事责任，具体表现如下。

电商平台明知或应知商户销售商品或提供的服务不符合人身、财产安全要求，或有其他侵害消费者权益行为而未采取必要措施的，则应对消费者遭受的损害承担连带赔偿责任。

对于关系消费者生命健康的商品或服务，电商平台未尽到资质审核义务或对消费者未尽到安全保障义务的，造成消费者损害的，承担相应的责任。

1.内容解读

关于电商平台安全保障义务，结合有关司法案例，可从以下方面予以解读。

（1）关于电商平台未采取必要措施的民事责任

《电子商务法》规定了电商平台未采取必要措施承担连带责任的要件包括平台内商户存在特定的违法行为、电商平台知道或应当知道商户的违法行为、电商平台未采取必要措施。

（2）电商平台审核义务或安全保障义务

①对于销售或提供关系消费者生命健康的商品或者服务的商户，《电子商务法》规定了电商平台具有严格的资质审核义务，否则应承担“相应的责任”。

应当注意的是，此处之审核义务应与《电子商务法》第27条所规定信息核验

---

〔1〕 例如，在（2018）黑8106民初752号、（2018）黑8106民初754号判决文书中，认定外卖订餐平台“二选一”条款属于垄断协议，违反《反垄断法》第22条第1款第4项的规定而无效。

义务相区分:电商平台如对于一般的商户未尽到信息核验义务导致消费者无法向商户进行维权的,则电商平台应承担先行赔偿责任,该等责任属于不真正连带责任,电商平台在赔偿后,可向商户进行追偿;而本条是针对销售或提供关系消费者生命健康的商品或者服务的商户,如电商平台未尽到资质审核义务,则应承担"相应的责任",此处之责任为自己责任,电商平台承担责任后无权向商户进行追偿。

②《电子商务法》规定电商平台违反审核义务或安全保障义务应承担"相应的责任",该等表述并未明确界定责任范围及承担责任的方式。在理论界,针对"相应的责任"的理解有不同的观点。例如,有的学者认为,此处"相应的责任既可以是连带责任,也可能是相应的补充责任,更可能是按份责任,是几乎囊括了所有可能的侵权责任"[1],也有学者认为,"未尽审核义务和未尽安全保障义务的行为都与损害的发生不具有直接因果关系,而是间接因果关系,承担相应的补充责任更为妥适"[2]。

2. 针对性建议

本节建议,电商平台可采取如下有针对性的举措。

(1)在平台服务协议及交易规则中明确规定,对于商户在平台销售商品或服务存在侵犯消费者合法权益行为的,例如,销售假冒商品的,电商平台有权采取断开连接、屏蔽等举措,届时如商户存在该等违法行为的,电商平台可依据协议或规则约定采取相应的措施。例如,在(2016)沪0105民初17270号案件中,寻梦公司针对商户在"拼多多"平台上销售假冒商品的行为,依据《拼多多平台合作协议》约定对商户采取下架商品并扣除保证金的举措,电商平台的该等行为也获得了法院的支持。

(2)电商平台也应主动加强对商户销售行为的监督。

(3)对于销售或提供关系消费者生命健康的商品或者服务的商户的入驻申

---

〔1〕 赵旭东主编:《中华人民共和国电子商务法释义与原理》,中国法制出版社2018年版,第239~240页。

〔2〕 杨立新:《电子商务民事责任之立法基础与基本规则》,载《甘肃社会科学》2019年第1期。

请，应实施更为严格的审核措施。例如，在(2019)粤0306民初3266号案件中，深圳依时公司作为货运App营运方，因未对注册司机不具有普通货运从业资格证书及其车辆不具有交通运输部门颁发的车辆营运证的情况尽到资质审核义务，对于注册司机导致的交通事故造成的经济损失，人民法院判令深圳依时公司对事故责任人的赔偿承担补充责任。[1]

(五)电商平台的知识产权保护义务及责任

《电子商务法》第41至45条规定了电商平台的知识产权保护义务，其中，第41条为倡导性条款，并未规定电商平台具体的义务及责任，不予详述，第42至45条建立了电商领域的"通知—删除"规则，具体为：首先，知识产权权利人认为权利受到侵害的，有权通知电商平台采取删除、屏蔽、断开链接、终止交易和服务等必要措施，并附上构成侵权的初步证据；其次，电商平台接到权利人的通知后，应当采取必要措施，并将通知转送商户；再次，商户接到转送的通知后，可以向电商平台提交不存在侵权的声明并附上不侵权的初步证据；最后，电商平台接到商户的声明后，将其转送发出通知的权利人，并告知权利人可向主管部门投诉或向人民法院起诉，如权利人未在15日内向平台提交已经投诉或起诉的通知，则电商平台应终止采取的措施。

如未尽到法定义务，则电商平台应对未采取必要措施所导致的损害扩大部分承担连带责任；权利人通知错误而造成商户损害的，应承担民事责任，如恶意发出错误通知，造成商户损失的，加倍承担赔偿责任。

具体操作流程见图2。

---

〔1〕 王某与黄某、深圳依时公司机动车交通事故责任纠纷一审民事判决书，(2019)粤0306民初3266号。

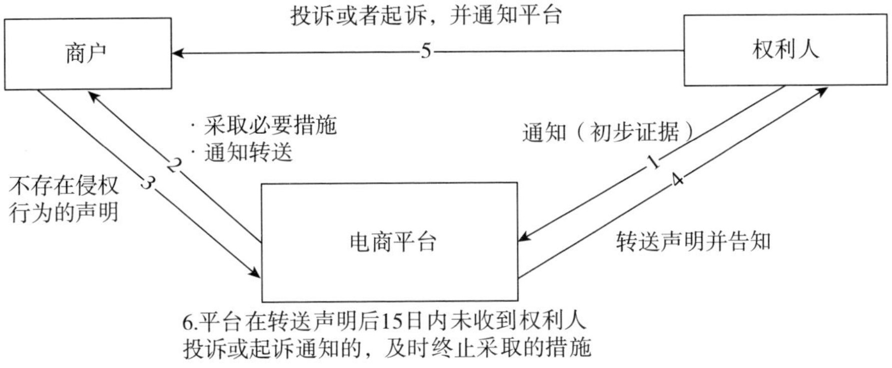

图 2　电商平台中知识产权维权流程

1. 内容解读

关于电商平台在知识产权保护领域的义务及责任，本节作如下解读。

（1）“通知—删除”规则的建立

在我国，2006 年颁布实施的《信息网络传播权保护条例》在信息网络传播权领域首次建立了“通知—删除”规则，规定了网络服务者关于信息网络传播的义务及责任。此后，《侵权责任法》（已失效，下文不再说明）第 36 条之规定则将“通知—删除”规则拓展至一般的民事权益保护领域，该条第 2 款规定，网络用户利用网络服务实施侵权行为的，被侵权人有权通知网络服务提供者采取删除、屏蔽、断开链接等必要措施，网络服务提供者接到通知后未及时采取必要措施的，对损害的扩大部分与该网络用户承担连带责任。虽然该规定对保护权利人权利产生了积极作用，但《侵权责任法》的规定弊端也很明显，按照该条的规定，只要网络服务商在接到通知以后，没有及时采取删除、屏蔽、断开链接等措施，就应当承担连带责任，但并没有对通知人作出限制，也没有赋予被采取措施的网络用户反通知的权利。

基于此，我国《电子商务法》所构建的“通知—删除”规则在《侵权责任法》的基础上做了进一步改进，对电商平台及商户义务及责任均作了较明确的规定，赋予商户反通知的权利，明确规定电商平台终止临时措施的条件，为避免通知人假借通知限制竞争对通知人施加一定的责任。

（2）关于电商平台义务内容

由于电商平台并非专业的知识产权机构，电商平台的审查义务应当属于形式审查而非实质审查，因此，电商平台在接到权利人的通知后只需进行初步的形式审查即可，并不要求电商平台判断商户是否实际构成侵权。例如，在（2019）浙0782民初9012号案件中，法院认为，该电商公司采取的措施符合法律规定，其并非专业的知识产权审查机构，对侵权行为的判断限于形式审查，无须苛责平台判断被投诉侵权行为是否确实成立。

（3）关于判断权利人"恶意"通知问题

《电子商务法》第42条第3款规定了权利人恶意发出错误通知的加倍赔偿责任，而判断权利人在何种情况下属于"恶意"，法律并无明确规定，在此情况下，法院在有关判决文书中的相关认定可作为我们的参考意见。例如，在邦得农资公司与江门植保公司、浙江某网络有限公司不正当竞争纠纷案中，法院认为"恶意通知，是指通知人明知或应知无权投诉或投诉依据不充分，仍然发起投诉，从而给他人造成损害的行为。通知人主观上具有故意或重大过失，是判定'恶意'的主观要件"。

2. 针对性建议

（1）电商平台可采取以下措施：

其一，电商平台应建立起专门的规章制度，在程序上对采取的措施及通知转送问题专门进行规定，以避免因未及时履行"通知—删除"的法定义务而遭到权利人或商户索赔。

其二，电商平台在商户入驻时签订的平台服务协议及交易规则中明确约定平台在接到权利人通知后可采取的具体措施，因采取措施产生损失的电商平台予以免责。

（2）权利人应注意到以下风险：

其一，《电子商务法》中的"通知—删除"规则与《民法典》的"通知—删除"规则并不相同，对于权利人而言，在收到电商平台转送的声明后应在法定期限内提起诉讼或向有关部门投诉，否则电商平台将解除对商户的措施。

其二,在《电子商务法》框架下,权利人应对"通知错误"承担赔偿责任,并对"恶意发出错误通知"加倍承担赔偿责任,权利人在发出通知时应注意准确、审慎评估商户是否构成侵权,考虑到知识产权侵权判断的专业性要求较高,在必要的情况下,权利人也可委托专业人士对是否构成侵权进行评估。

三 结语

2019 年为《电子商务法》实施的元年,在《电子商务法》框架下,电商平台承担较多的义务及责任,电商平台有必要全面、准确地掌握相关的义务及责任,以避免经营过程中的法律风险。为此,本节结合《电子商务法》实施以来的有关判例揭示了电商平台的法定义务及常见的法律风险,并提出有针对性的建议。

第六节 传销的法律规制研究

随着互联网的发展以及网络社交工具的广泛应用,借助 App、小程序等新型工具,企业可在经营模式上进行创新,谋求快速发展;但同时,企业也应注意到,营销模式上的创新应当在法律的框架范围内进行,避免因营销模式本身违法而承担相应的法律责任。

近年来,不乏部分发展迅速的企业的经营模式涉嫌传销的案例。笔者在执业过程中,也发现不少企业经营者在设计业务推广模式时对于拟推行的业务模式是否涉嫌传销深受困扰。鉴于此,笔者通过对传销相关法律法规的梳理,试图阐释各种类型的传销的法律特征及相应的法律后果,以期对企业特别是初创企业在设计营销模式时避免落入传销陷阱有所裨益。

一 传销法律规制的历史考察

根据原国家工商行政管理局发布的《传销管理办法》第2条规定，传销是生产企业不通过店铺销售，而由传销员将本企业产品直接销售给消费者的经营方式，它包括多层次传销和单层次传销。多层次传销，是指生产企业不通过店铺销售，而通过发展两个层次以上的传销员并由传销员将本企业的产品直接销售给消费者的一种经营方式。单层次传销，是指生产企业不通过店铺销售，而通过发展一个层次的传销员并由传销员将本企业的产品直接销售给消费者的一种经营方式。

传销作为一种经营模式最早源于欧美，20世纪90年代传入我国。传销传入我国后，在不同的阶段衍生不同的问题，为此，我国对此种营销模式的监管态度也随之改变。经梳理，我国对传销的法律规制可分为如下阶段。

1. 将多层次传销经营模式纳入监管时期

1994年8月10日，针对多层次传销方式推销商品活动存在的问题，如欺骗消费者、引诱参加者上当受骗、推销假冒伪劣商品、偷税漏税、扰乱经济秩序等，原国家工商行政管理局颁布《关于制止多层次传销活动中违法行为的通告》（已失效），对多层次传销活动作出规定，其监管思路为，对于擅自开展的多层次传销及特定情形的多层次传销予以取缔。[1] 该通告的上述内容表明，我国早期禁止的传销活动仅限于"擅自"开展的多层次传销活动，以及特定情形的违法传销活动，而对于传销这种产品营销模式并未予以禁止。

---

[1] 第1条规定，对于擅自开展的多层次传销活动予以取缔。

第4条规定，经营者开展多层次传销活动，有下列情形之一的，予以取缔：

(1) 多层次传销活动参加者的业务主要是介绍他人参加，且收入主要来自他所介绍的新成员缴纳的入会费或者经营者的利润主要来自参加人员的入会费的；

(2) 以缴纳高额入会费或以认购商品方式变相缴纳高额入会费作为加入条件的；

(3) 对多层次传销活动参加者的报酬或商品的质量、用途、产地等，作虚假或引人误解的宣传，诱人入会的；

(4) 商品价格高于合理市价，牟取暴利的；

(5) 不准退货或设定苛刻的退货条件的。

1995 年 9 月 22 日,国务院办公厅颁布《关于停止发展多层次传销企业的通知》,因我国不具备开展多层次传销的条件,决定停止发展多层次传销企业。该通知规定,停止批准成立多层次传销企业,对于存量的多层次传销企业进行审查清理。为实施该通知,原国家工商行政管理局于 1995 年 10 月 17 日颁布《关于审查清理多层次传销企业的实施办法》,第 3 条规定了存量的多层次传销企业必备的条件,包括:必须具有企业法人资格,实有资产必须在 500 万元以上,必须为生产型企业,必须传销本企业在中国境内生产的产品等。

《关于停止发展多层次传销企业的通知》实施后,我国允许存在的传销包括单层次传销及满足法定条件的多层次传销两种类型的传销。

2. 传销经营模式合法化时期

1997 年 1 月 10 日,原国家工商管理局颁布《传销管理办法》对传销、多层次传销、单层次传销进行了界定,并规定对所有类型的传销企业均实行核准登记制度,[1]一度赋予传销经营模式合法的地位。

3. 全面禁止时期

1998 年 4 月 18 日,因传销经营不符合我国国情,并造成严重危害,国务院颁布《关于禁止传销经营活动的通知》,明确规定全面禁止传销经营活动,将所有的传销经营均认定为违法行为,针对此前已批准的传销企业亦要求停止传销经营活动并转变为其他经营方式。

2000 年 8 月 13 日,国务院办公厅转发了公安部等制定的《关于严厉打击传销和变相传销等非法经营活动的意见》(国办发〔2000〕55 号),该意见第 2 条列举了应予取缔的传销和变相传销的类型:"(一)经营者通过发展人员、组织网络从事无店铺经营活动,参加者之间上线从下线的营销业绩中提取报酬的;(二)参加者通过交纳入门费或以认购商品(含服务,下同)等变相交纳入门费的方式,取得加

---

〔1〕《传销管理办法》第 9 条第 1 款规定,国家工商行政管理局根据国家的有关规定和本办法,对经省(自治区、直辖市)工商行政管理局审核合格的多层次传销或者单层次传销的申请企业进行审查,作出是否批准的决定。对批准的多层次传销企业或者单层次传销企业分别颁发《多层次传销经营核准证书》、《单层次传销经营核准证书》。

入、介绍或发展他人加入的资格，并以此获取回报的；（三）先参加者从发展的下级成员所交纳费用中获取收益，且收益数额由其加入的先后顺序决定的；（四）组织者的收益主要来自参加者交纳的入门费或以认购商品等方式变相交纳的费用的；（五）组织者利用后参加者所交付的部分费用支付先参加者的报酬维持运作的；（六）其他通过发展人员、组织网络或以高额回报为诱饵招揽人员从事变相传销活动的。”

第2条同时规定，对于上述传销行为，情节严重的，移送公安机关，以非法经营罪定罪处罚。

2001年4月10日，最高人民法院作出《关于情节严重的传销或者变相传销行为如何定性问题的批复》，明确对于《关于禁止传销经营活动的通知》发布后仍然从事传销活动的，以非法经营罪定罪处罚。

4. 对“传销”与“直销”区别监管时期

（1）行政监管

2005年8月23日，为履行入世承诺，将无固定点式单层次的由销售人员（直销员）直接向终端消费者推销产品的销售模式独立出来，并界定为“直销”，[1]采取许可经营制度，制定《直销管理条例》予以专门规制；除此之外的其他无固定点式销售经营模式，包括“拉人头”“收取入门费”“团队计酬”三种模式均予禁止，由《禁止传销条例》予以规制。[2]

---

[1] 《直销管理条例》第3条第1款将直销界定为，直销企业招募直销员，由直销员在固定营业场所之外直接向最终消费者推销产品的经销方式。

[2] 《禁止传销条例》第2条规定，本条例所称传销，是指组织者或者经营者发展人员，通过对被发展人员以其直接或者间接发展的人员数量或者销售业绩为依据计算和给付报酬，或者要求被发展人员以交纳一定费用为条件取得加入资格等方式牟取非法利益，扰乱经济秩序，影响社会稳定的行为。第7条列举了传销行为的类型：（1）组织者或者经营者通过发展人员，要求被发展人员发展其他人员加入，对发展的人员以其直接或者间接滚动发展的人员数量为依据计算和给付报酬（包括物质奖励和其他经济利益，下同），牟取非法利益的；（2）组织者或者经营者通过发展人员，要求被发展人员交纳费用或者以认购商品等方式变相交纳费用，取得加入或者发展其他人员加入的资格，牟取非法利益的；（3）组织者或者经营者通过发展人员，要求被发展人员发展其他人员加入，形成上下线关系，并以下线的销售业绩为依据计算和给付上线报酬，牟取非法利益的。

(2)刑事监管

2009年2月28日,因实践中司法机关打击传销犯罪活动在适用刑法罪名上存在不一致,导致在执法上不够统一的问题,[1]我国颁布《刑法修正案(七)》,将"拉人头""收取入门费"式传销列为重点打击对象,并将同时具备"收取入门费""拉人头"两项特征的行为规定为刑法所规制的"传销活动"。此外,刑法将组织、领导传销活动行为界定为一种诈骗型犯罪,传销的本质特征在于诈骗性,即"以高额回报为诱饵,对参加者进行精神乃至人身控制,诱骗甚至迫使其成员不断发展新成员(下线),以敛取成员缴纳的入门费"[2]。

2013年11月14日,最高人民法院、最高人民检察院、公安部颁布《关于办理组织领导传销活动刑事案件适用法律若干问题的意见》,明确规定具有真实产品销售的单纯的"团队计酬"式传销活动不构成犯罪。

综上所述,我国对传销的法律监管可分为以下阶段:

①针对从国外引进的不设店铺销售而由组织招募的传销员销售商品的销售模式,我国把产生较多问题的多层次传销活动纳入行政监管范围,此后,原国家工商管理局于1997年1月10日颁布的《传销管理办法》一度承认了单层次传销与多层次传销行为的合法地位。

②1998年4月18日至2005年8月,我国对所有类型的传销活动予以全面禁止,并自2001年4月10日起将违法传销行为纳入刑法规制范围内,以非法经营罪定罪处罚。

③自2005年8月23日起,我国制定《直销管理条例》,将单层次的不设店铺营销模式规定为直销,实行许可经营制度,而对于其他类型的传销行为仍然予以全面禁止,并制定《禁止传销条例》予以监管,"拉人头""收取入门费""团队计酬"为《禁止传销条例》所禁止的三种类型的传销行为。

---

[1] 参见全国人大常委会法制工作委员会刑法室编著:《〈中华人民共和国刑法〉释义及实用指南》,中国民主法制出版社2011年版,第382页。

[2] 全国人大常委会法制工作委员会刑法室编著:《〈中华人民共和国刑法〉释义及实用指南》,中国民主法制出版社2011年版,第383页。

④自2009年2月28日颁布的《刑法修正案(七)》实施以来，仅将同时具备“拉人头”“收取入门费”两种特征的行为规定为组织、领导传销犯罪所规制的传销活动，而对于“团队计酬”类型的传销行为不构成犯罪。虽然“团队计酬”类型的传销不构成犯罪，但该等传销行为仍然在《禁止传销条例》规制范围内。

二 “团队计酬”式传销与“拉人头”“收取入门费”式传销比较分析

我国针对“团队计酬”式传销与“拉人头”“收取入门费”式传销的刑法规制上适用不同的法律后果，表明此两类传销行为在社会危害性上存在较大的区别，因此，有必要对两类传销行为进行对比分析。

1. 团队计酬式传销

我国针对“团队计酬”经营行为的监管法律法规如下：

2000年8月13日，《关于严厉打击传销和变相传销等非法经营活动的意见》规定，“经营者通过发展人员、组织网络从事无店铺经营活动，参加者之间上线从下线的营销业绩中提取报酬的”，应予取缔，该意见并将情节严重的“团队计酬”式传销行为与其他类型的传销行为一并纳入刑法规制范围内。

2005年8月23日颁布的《禁止传销条例》第7条所列举的团队计酬式传销的定义为，组织者或者经营者通过发展人员，要求被发展人员发展其他人员加入，形成上下线关系，并以下线的销售业绩为依据计算和给付上线报酬，谋取非法利益。

2013年11月14日颁布的《关于办理组织领导传销活动刑事案件适用法律若干问题的意见》对“团队计酬”式传销定义为，传销活动的组织者或者领导者通过发展人员，要求传销活动的被发展人员发展其他人员加入，形成上下线关系，并以下线的销售业绩为依据计算和给付上线报酬，牟取非法利益的行为，并规定单纯的“团队计酬”式传销活动不作为犯罪处理。

通过上述法律规定，可看到我国相关法律文件对“团队计酬”式传销定义规定的演变，2000年制定的《关于严厉打击传销和变相传销等非法经营活动的意见》中，只要求存在上下线层级，上线从下线营销业绩中提取报酬即可认定为传销，而《禁止传销条例》将“牟取非法利益”的特征列入“团队计酬”式传销活动的特征之中。个案中，在有真实产品销售的模式下，行为人往往以其未“牟取非法利益”为由主张不构成传销活动。笔者对此观点不予认同，理由包括：

其一，“非法利益”，是指违反法律、法规、政策，使用非法手段取得的利益，主要表现为获取手段的非法性、不正当性以及利益本身的违法性。从历史解释角度分析，自 1998 年国务院颁布的《关于禁止传销经营活动的通知》实施以来，我国对于团队计酬式营销模式本身持禁止的态度，即禁止使用该种手段向终端消费者销售产品，而如采用该等营销手段销售产品的，即为使用非法手段获取利益。

其二，根据《禁止传销条例》第 24 条规定，有本条例第 7 条规定的行为，组织策划传销的，由工商行政管理部门没收非法财物，没收违法所得，此处之“违法所得”即可认定为组织者或经营者通过传销所获取的“非法利益”，根据《工商行政管理机关行政处罚案件违法所得认定办法》第 8 条规定，团队计酬式传销的违法所得，销售自产商品的，按违法销售商品的收入扣除生产商品的原材料购进价款计算；销售非自产商品的，按违法销售商品的收入扣除所售商品的购进价款计算。

根据上文所述，在“团队计酬”式传销中，行为人通过“团队计酬”模式获取的一切利润均属于没收的范围，表明该等利润本身即为违法所得，为行为人所谋取的非法利益。

其三，在司法实践中，法院亦持否定态度。例如，在(2017)川 06 行终 95 号案件中，针对上诉人提出的“是以销售正品‘剑南酒樽坊’系列酒及本身利润获取不大等就不构成非法利益”的观点，法院认为，在“团队计酬”传销中，非法利益是指违反法律、法规、政策，用非法手段取得的利益，本案中上诉人是通过我国法律法规不允许的方式所获得的利益，上诉理由不能成立。

案例：随州商信网络公司传销案

案号：(2015)鄂随州中行终字第 00010 号

随州商信网络公司成立于 2011 年 8 月 31 日，为自然人独资的有限责任公司，从事商业电子名片制作并在网络上进行销售，其销售模式为，以销售电子名片

(广告位)为掩护,以最高月奖金可达60,000元等各类名目繁多的奖金及送发所谓“原始股”为诱饵,要求被发展人员以认购电子名片(广告位)的方式变相交纳费用,取得加入或者发展其他人员加入的资格,要求被发展人员发展其他人员加入,形成上下线关系,并依据下线的销售业绩以所谓“幸运奖或回本奖”“七层见点3%奖”“拓展奖”“培育奖”等计算和给付上线报酬。

法院认为,随州商信网络公司以“中国商信网”网站为依托,以销售电子名片(广告位)为掩护,以最高月奖金可达60,000元等各类名目繁多的奖金及送发所谓“原始股”为诱饵,要求被发展人员以认购电子名片(广告位)的方式变相交纳费用,取得加入或者发展其他人员加入的资格的行为符合《禁止传销条例》第7条第2项规定的“收取入门费”式传销行为,要求被发展人员发展其他人员加入,形成上下线关系,并依据下线的销售业绩以所谓“幸运奖或回本奖”“七层见点3%奖”“拓展奖”“培育奖”等计算和给付上线报酬,符合《禁止传销条例》第7条第3项规定的“团队计酬”式传销行为。

2.“拉人头”“收取入门费”式传销

(1)行政监管层面

《禁止传销条例》第7条列举了“拉人头”“收取入门费”式传销,两种传销类型均为《禁止传销条例》所禁止。

“拉人头”式传销表现为,组织者或者经营者通过发展人员,要求被发展人员发展其他人员加入,对发展的人员以其直接或者间接滚动发展的人员数量为依据计算和给付报酬(包括物质奖励和其他经济利益),谋取非法利益。

“收取入门费”式传销表现为,组织者或者经营者通过发展人员,要求被发展人员交纳费用或者以认购商品等方式变相交纳费用,取得加入或者发展其他人员加入的资格,谋取非法利益。

(2)刑事监管层面

诚如前述,《刑法修正案(七)》规定的组织、领导传销犯罪中传销活动需同时具备“收取入门费”及“拉人头”两项特征,与《禁止传销条例》将“拉人头”“收取入门费”行为分别规定为传销有所不同。

此外，组织、领导传销犯罪最为本质的特征在于诈骗性，即通过传销机制骗取参加人员的财物，只有源源不断的人员加入（“拉人头”）并缴纳入门费用（“收取入门费”），才可维持传销机制的运转。

案例：熊某等人利用线上App进行传销活动案

案号：一审案号为（2019）川0105刑初340号，二审案号为（2019）川01刑终688号

2018年1月起，四川某公司通过名为“蜜蜂商场”的App（后更名为“码链天下”）推出多种价位套餐，以开展培训推介会、项目发布会及微信等方式宣传，诱使客户购买套餐成为会员。规定会员通过专属二维码进行推广，推广成功后可抽取10%提成和10%会员共享提成。截至案发，该公司已搭建起117层金字塔形会员体系，案涉金额2.78亿元。

法院经审理认为，熊某等11人以线上App缴费成为会员为由，组织、领导以推销商品，提供服务等经营活动为名，诱导会员发展会员成立多层层级，从而骗取财物，其行为扰乱经济社会秩序，已构成组织、领导传销活动罪。

3.“团队计酬”式传销与“拉人头”“收取入门费”式传销对比分析

基于前述分析，笔者认为，“团队计酬”式传销与“拉人头”“收取入门费”式传销具有如下区别：

（1）获取成员资格是否需缴纳费用。“团队计酬”式传销，本质上属于产品销售的一种模式，参加人员获得产品推广资格无须缴纳费用，其获利在于通过自身的劳动完成产品的推销而享有相应的销售提成；而“拉人头”“骗取入门费”式传销的本质特征在于骗取参加人员的入门费，获得加入资格需缴纳入门费，即使表面上是通过购买产品获取入门资格的，该等产品也仅仅是道具，其价值与所缴纳的入门费并不匹配。

（2）是否具有真实的产品和退换货保障。团队计酬式传销，实质上属于一种不设店铺而由传销员直接向终端客户销售产品、服务的营销模式，存在真实的产品销售和退换货保障；而“拉人头”“骗取入门费”式传销，本质目的即在于骗取参加人员缴纳入门费用，并无真实的产品销售活动，“在这两种传销活动中，都没有

经营的内容，也不是真正意义上的传销。而是以传销为名，实际上是一种诈骗行为"[1]。

三 结语

作为从国外传入的一种产品销售模式，传销在我国的发展经历了不同的阶段，为符合现实需要，我国对于传销的监管经历了不同的发展阶段：20 世纪 90 年代早期，仅对多层次传销进行行政监管；1997 年，原国家工商管理局颁布的《传销管理办法》，曾一度肯定传销经营模式包括多层次传销与单层次传销在我国的合法地位；自 1998 年国务院颁布《关于禁止传销经营活动的通知》至 2005 年《禁止传销条例》《直销管理条例》颁布期间，我国全面禁止所有类型的传销活动，并采用刑罚的严厉规制手段；自 2005 年《禁止传销条例》《直销管理条例》颁布实施以来，我国将单层次的不设店铺销售模式界定为"直销"，实行行政许可经营模式，除此以外的其他类型的不设店铺销售的行为规定为传销并予以全面禁止。

在目前的法律框架下，"拉人头""骗取入门费""团队计酬"为传销的三种类型，其中，"团队计酬"式传销与"拉人头""骗取入门费"式传销存在较大的区别。单纯的"团队计酬"式传销活动属于产品销售模式的一种，属于经营式传销，由《禁止传销条例》予以规制，如从事该等传销活动的，应承担相应的行政责任；而"拉人头""骗取入门费"式传销本质在于骗取参加传销人员的财物，属于诈骗活动，此类传销活动，除由《禁止传销条例》规制外，还由《刑法》予以规制。

---

〔1〕 陈兴良：《组织、领导传销活动罪：性质与界限》，载《检察实践》2016 年第 9 期。

第七节 公司法定代表人的主动退出之道
——以深圳地区为例

一 问题的提出

在2023年新修订的《公司法》的法律框架下，虽然在第10条创设了法定代表人辞任制度；但在尚未出台更为明确具体的操作规则的情况下，现有的法定代表人退出的相关判例仍然具有较高的参考价值。

而从责任层面分析，在现行法律框架之下，如公司无论涉及刑事犯罪或者民事诉讼纠纷，作为涉案公司法定代表人的自然人个人均有可能牵涉其中而无法“独善其身”。例如，在刑事法律领域，我国《刑法》第31条规定，单位构成犯罪，应当对其直接负责的主管人员和其他直接责任人员判处刑罚。根据相关的司法文件，直接负责的主管人员，是在单位实施的犯罪中起决定、批准、收益、纵容、指挥等作用的人员，一般是单位的主管负责人，包括法定代表人。因此，如公司涉嫌并构成单位犯罪的，公司的法定代表人往往会牵涉其中。在民事诉讼领域中，根据《最高人民法院关于公布失信被执行人名单信息的若干规定》规定，如公司作为被执行人未履行生效判决文书确定的义务，公司法定代表人个人姓名信息将被一并列入失信被执行人名单信息之中。如此，无疑将对法定代表人个人生活造成影响。

根据前述法律规定分析，担任公司的法定代表人意味着在享有一定管理权力的同时蕴含着法律上的责任及风险。担任公司法定代表人的个人可能基于职业规划原因（例如，从公司离职）或者其他因素（例如，实践中，较为常见的是行为人考虑到自身风险而不愿继续担任公司的挂名法定代表人）而具有从法定代表人岗位上撤换下来的迫切需求。但在现行的法律框架之下，公司法定代表人的变更登记完全依赖于公司决议机关的决议及公司的申请，作为公司的法定代表人并无主动退出的制度设计，如公司法定代表人有意从法定代表人岗位上退出而公司决议机关或公司怠于配合的，担任公司法定代表人的个人似乎将面临"束手无策"的困境局面。

鉴于此，我们特对深圳本地关于公司法定代表人个人主动退出的司法案例进行分析，试图梳理出相关的裁判规则及思路。

二 公司法定代表人主动退出典型案例

经我们对深圳地区的相关案例进行检索分析发现，从笔者所在的深圳地区的司法实务当中来看，人民法院并不"僵化"地适用《公司法》，在处理法定代表人个人要求公司及股东配合办理工商变更登记的案件当中，人民法院会从如下方面进行分析认定。

首先，法院均强调公司的法定代表人需与公司具有"实质性利益关联"，所谓的"实质性利益关联"可表现为存在劳动关系、股权持股关系等，如双方之间已经丧失实质性利益关联的，法院倾向于认为该自然人不宜继续担任公司法定代表人。

其次，法院将董事（长）、法定代表人与公司之间认定为民法上的委托合同关系，在《民法典》中，委托合同关系中委托方与受托方享有法定的任意解除权，如个人明确表示不愿继续担任法定代表人的，其可解除与公司之间的委托关系。

最后，自愿原则作为民法的基本原则，如被挂名人已经明确表示不愿继续担任公司法定代表人的，法院在裁判时予作为考量的因素。

案例 1：范某、深圳爱某眼科医院等请求变更公司登记纠纷案

案号：(2021)粤 03 民初 1560 号

爱某医院为有限责任公司，2017 年 9 月 13 日起，公司法定代表人、执行董事即由范某担任。2018 年 12 月 30 日，范某从爱某医院离职，在离职后，范某通过微信方式向医院发出《法人变更申请》，要求办理公司的法定代表人变更登记手续，但无果。范某遂向法院提起诉讼，其诉讼请求为，请求爱某医院涤除其作为执行董事、法定代表人登记事项，爱某医院的股东履行配合完成变更事项，并要求各被告承担其所遭受的经济损失 2 万元。

深圳市罗湖区人民法院认为，自然人成为公司法定代表人，应当与公司存在实质性利益关联，由并无利益关联的自然人继续担任公司法定代表人违背公司法立法初衷，在范某从爱某医院离职后，双方之间现并无实质性利益关联，且在范某多次要求变更法定代表人申请并作出不愿继续担任爱某医院执行董事、法定代表人情况下，爱某医院仍然未予配合变更，违背民法的自愿原则。该院认为，在公司内部救济机制失灵的情况下，范某请求爱某医院进行工商变更登记且要求股东予以配合具有事实及法律依据。

案例 2：陈某华与深圳市驾某汽车租赁有限公司、惠某商业咨询（深圳）有限公司等请求变更公司登记纠纷案

案号：(2021)粤 03 民终 4984 号

陈某华接受深圳市驾某汽车租赁有限公司指派，至惠某商业咨询（深圳）有限公司等多家关联公司挂名担任法定代表人，双方并于 2018 年 11 月 28 日签订《免责协议》，约定陈某华实际在深圳市驾某汽车租赁有限公司任职，其与惠某商业咨询（深圳）有限公司等多家关联公司并无实质关联，不持有该等公司股权，也不参与该等公司的日常经营管理。在陈某华从所任职的深圳市驾某汽车租赁有限公司离职后，深圳市驾某汽车租赁有限公司及其挂名法定代表人的关联公司未将其法定代表人进行变更登记，陈某华遂起诉至法院。

深圳市中级人民法院在二审判决中认为，在陈某华已经从深圳市驾某汽车租赁有限公司离职且不愿意继续担任关联公司法定代表人的情况下，其与该等公司已经无实质关联性，深圳市驾某汽车租赁有限公司及其关联公司应当依据法律规定和公司章程依法办理相应的变更登记手续，选举产生新的法定代表人、董事长，该院遂改判深圳市驾某汽车租赁有限公司及其关联公司在60日内完成法定代表人变更登记事项。

案例3：陆某喜与深圳市中某某达石油有限公司（以下简称中某公司）、深圳市喜某康投资发展有限公司（以下简称喜某康公司）、中国石某股份有限公司（以下简称中石某公司）请求变更公司登记纠纷案

案号：（2020）粤03民终20507号

中某公司为1999年11月设立的有限责任公司，2012年3月起，中某公司法定代表人、董事长即由陆某喜担任。2019年1月18日，陆某喜向中某公司及其股东喜某康公司和中某公司邮寄辞职信，此后并委托律师寄送关于辞去中某公司董事长职务及请求变更工商登记的《律师函》，但未妥投。

深圳市中级人民法院在该案终审判决中认为，公司与董事、法定代表人之间为委托关系，委托人与受托人均有任意解除合同的权利，自然人担任公司法定代表人应当与公司之间存在实质性利益关联，否则，即违背公司法立法初衷，陆某喜提出辞职申请并表示不愿担任中某公司董事、董事长和法定代表人后，中某公司长期未启动工商变更程序，侵犯陆某喜合法权益，该院遂判决中某公司就法定代表人进行变更登记，另判令中某公司股东履行配合义务。

三 结论及建议

综上所述，《公司法》中关于法定代表人辞任制度尚属新创制度，在该法律制度通过前，深圳地区法院在处理类似的案件时已经进行了有益的探索，审理法院可从《民法典》中找出可供适用的法律依据，具体包括委托合同的任意解除权制度及民法当中自愿的基本原则，该等裁判观点对于我们探讨法定代表人主动退出仍然具有不菲的价值。

基于上述案例,我们提供如下建议:

1. 法定代表人个人已经从公司离职或退股且个人确属无意继续担任公司法定代表人的,应明确告知并要求公司完成法定代表人的变更登记手续;

2. 如公司及相关主体(如股东、董事会成员)怠于配合进行法定代表人工商变更登记手续的,可及时提起诉讼(请求变更公司登记之诉)维护自身合法权益,也避免因公司的行为遭受损失。

第八节 公司解散纠纷实务要点梳理

公司解散是指引起公司人格消灭的法律事实,公司解散纠纷是公司诉讼中常见类型,是请求人民法院司法解散公司的诉讼程序。笔者主要以相关法律规定和深圳中院近五年的裁判案例作为研究对象,对公司解散相关要点进行了总结。本节主要涉及的内容为对公司解散时诉讼当事人、管辖、财产保全以及公司解散实体审查的裁判要点进行了总结和整理。

一 诉讼当事人

(一)原告

原告:持有公司全部股东表决权 10% 以上的股东

此处需要注意的是,持有的股权比例不等于表决权比例,具体要结合公司章程关于表决权有无特殊规定。

根据《公司法》第 182 条规定:“公司经营管理发生严重困难,继续存续会使股东利益受到重大损失,通过其他途径不能解决的,持有公司全部股东表决权百分之十以上的股东,可以请求人民法院解散公司。”

相关问题：非名义股东能否提起解散公司之诉

案号：(2019)粤03民终765号

根据《公司法司法解释三》第24条第3款及《公司法》第32条第2、3款的规定，实际出资人须经过公司其他股东半数以上同意请求公司变更股东并向登记机关办理变更登记，方能变更为股东行使股东权利，未经登记或者变更登记的，不得对抗第三人。虽运某公司已于庭审中确认王某林系为佟某的股权代持人，但佟某并未经公司其他股东半数以上同意请求公司变更股东，其不具有运某公司公司股东身份，非本案适格原告。综上，佟某非本案适格原告，驳回其全部诉讼请求。

(二)被告

被告：以公司作为被告

根据《公司法司法解释二》第4条第1款规定："股东提起解散公司诉讼应当以公司为被告。"

(三)其他诉讼参与人

第三人：应当将公司其他股东列为案件第三人，不得将其他股东列为被告

根据《公司法司法解释二》第4条规定："股东提起解散公司诉讼应当以公司为被告。原告以其他股东为被告一并提起诉讼的，人民法院应当告知原告将其他股东变更为第三人；原告坚持不予变更的，人民法院应当驳回原告对其他股东的起诉。原告提起解散公司诉讼应当告知其他股东，或者由人民法院通知其参加诉讼。其他股东或者有关利害关系人申请以共同原告或者第三人身份参加诉讼的，人民法院应予准许。"

相关问题：没有通知其他股东参与诉讼的后果

案号：(2020)粤03民终18320号

本案为公司解散纠纷，上诉人姜某兵等六人为持有被上诉人18.8%股份的股东，一审时被上诉人未参加庭审，同时，一审法院未通知其他股东参加诉讼，在此情况下，一审法院未能查清案件事实，故一审判决认定事实不清，裁定发回广东省深圳市宝安区人民法院重审。

二 管辖法院

(一)地域管辖

该案件属于公司相关的纠纷,由公司住所地所在法院管辖。

根据《民事诉讼法》第 27 条规定,“因公司设立、确认股东资格、分配利润、解散等纠纷提起的诉讼,由公司住所地人民法院管辖。”《公司法司法解释二》第 24 条第 1 款规定:“解散公司诉讼案件和公司清算案件由公司住所地人民法院管辖。公司住所地是指公司主要办事机构所在地。公司办事机构所在地不明确的,由其注册地人民法院管辖。”

(二)级别管辖

级别管辖与公司登记机关的级别相联系。

根据《公司法司法解释二》第 24 条第 2 款规定:“基层人民法院管辖县、县级市或者区的公司登记机关核准登记公司的解散诉讼案件和公司清算案件;中级人民法院管辖地区、地级市以上的公司登记机关核准登记公司的解散诉讼案件和公司清算案件。”

《深圳市中级人民法院关于受理公司解散和清算案件的裁判指引》第 2 条规定,深圳市市场监督管理局或其分局核准登记的公司的股东提起的解散公司诉讼,由基层人民法院管辖,但股份有限公司、原国家工商行政管理总局和省级工商行政管理机关核准登记的有限责任公司的股东提起的解散公司诉讼,由市中级人民法院管辖。

三 财产保全

解散公司之诉属于变更之诉,不涉及具体的财产金额,关于这类纠纷是否有权提起财产保全,《公司法司法解释二》第 3 条有明确的法律规定,即“股东提起解散公司诉讼时，向人民法院申请财产保全或者证据保全的，在股东提供担保且不影响公司正常经营的情形下，人民法院可予以保全。”

四 实体审理

（一）公司解散的实体审查要件

根据相关法律规定并结合深圳中院的裁判案例，是否满足公司解散条件主要考察以下三个要件：(1)公司经营管理发生严重困难；(2)继续存续会使股东利益受到重大损失；(3)通过其他途径不能解决的。

根据《公司法》第 182 条规定，公司经营管理发生严重困难，继续存续会使股东利益受到重大损失，通过其他途径不能解决的，持有公司全部股东表决权 10% 以上的股东，可以请求人民法院解散公司。

《公司法司法解释二》第 1 条规定：“单独或者合计持有公司全部股东表决权百分之十以上的股东，以下列事由之一提起解散公司诉讼，并符合公司法第一百八十二条规定的，人民法院应予受理：

（一）公司持续两年以上无法召开股东会或者股东大会，公司经营管理发生严重困难的；

（二）股东表决时无法达到法定或者公司章程规定的比例，持续两年以上不能做出有效的股东会或者股东大会决议，公司经营管理发生严重困难的；

（三）公司董事长期冲突，且无法通过股东会或者股东大会解决，公司经营管理发生严重困难的；

（四）经营管理发生其他严重困难，公司继续存续会使股东利益受到重大损失的情形。

股东以知情权、利润分配请求权等权益受到损害，或者公司亏损、财产不足以偿还全部债务，以及公司被吊销企业法人营业执照未进行清算等为由，提起解散公司诉讼的，人民法院不予受理。”

案号：(2021)粤03民终19767号

法院认为，根据双方诉辩意见，本案二审争议焦点为刘某芳请求解散索某某顿公司是否成立。本案系公司解散纠纷，公司解散直接导致公司主体人格灭失，对股东利益、债权人利益和社会责任均产生直接影响，是一种严厉的法律救济措施，因此只有非解散不能衡平利益的情况下方能判决准予公司解散。根据《公司法》及其司法解释规定，股东请求解散公司需符合法定条件，即需符合公司经营管理发生严重困难，继续存续会使股东利益受到重大损失以及通过其他途径不能解决。

案号：(2021)粤03民终10422号

胡某丽没有充分证据证明昊某特公司存在经营管理发生其他严重困难的情形，应承担举证不能的后果。其次，昊某特公司继续存续并不会使股东利益受到重大损失。前已述及，昊某特公司并不存在经营管理发生严重困难情形，在此前提下，公司继续存续是否会使"股东利益受到重大损失"应结合股东利益的救济方式进行综合分析。如果有其他途径对股东的利益予以救济，则不宜通过解散公司的方式进行。胡某丽因昊某特公司分红和公司管理等事项而与肖某产生矛盾，性质上不属于公司解散诉讼的法定事由。在胡某丽未采取其他法律措施维护自己权利的情况下，就本案现有证据而言，尚不足以证实昊某特公司继续存续会使股东利益受到重大损失。从本案诉讼来看，肖某和胡某丽的矛盾的确难以调和，但股东之间的矛盾并非解散公司的法定事由，股东纠纷可采取内部解决方式(如知情权、分红请求权、股权退出机制)来解决。

(二)"公司经营管理发生严重困难"的认定问题

何为"公司经营管理发生严重困难"，在《公司法司法解释二》第1条予以明确。

1. 公司持续两年以上无法召开股东会或者股东大会

结合深圳中院裁判案例可见，"无法召开股东会"指的是客观上没有召开股东会，而且不具备召开的可能性，应当召开而不能召开，故法院着重审查：(1)是否曾召集过股东会而无法召开；(2)公司章程是否对股东会召开进行限制导致无法召开。

案号：(2021)粤03民终34024号

法院认为，周某全主张锦华公司两年未召开股东会，但其未能举证证明其或者赵某群曾召集召开股东会，因此不符合“公司持续两年以上无法召开股东会或者股东大会，公司经营管理发生严重困难”的情形，周某全的证据不足以证明锦某公司权力运行机制和内部管理机制长期矛盾而处于失灵状态，公司的经营并未陷入僵局，周某全主张因各股东之间存在长期矛盾，无法通过股东会解决而主张解散公司，缺乏事实和法律依据，本院不予采纳。

案号：(2020)粤03民终3224号

姚某茵自述自其成为梵某澜公司股东后四年期间未曾召开过股东会，并以此为由主张符合上述规定第1项情形。对此，法院认为，根据《公司法》第40条的规定，有限责任公司不设董事会的，股东会会议由执行董事召集和主持。董事会或者执行董事不能履行或者不履行召集股东会会议职责的，由监事会或者不设监事会的公司的监事召集和主持；监事会或者监事不召集和主持的，代表1/10以上表决权的股东可以自行召集和主持。姚某茵持有11.8%的股权，故有权在执行董事和监事均不召集和主持召开股东会时自行召集和主持召开股东会。姚某茵并未提供任何证据证明其召集过召开股东会。梵某澜公司未到庭答辩，应承担相应不利的法律后果。但结合现有证据来看，并不能认定公司持续两年以上无法召开股东会或者股东大会，亦不能据此认定梵某澜公司经营管理发生严重困难。

2. 持续两年以上不能作出有效的股东会或者股东大会决议

根据该条文表述，不能作出有效股东会或股东大会决议主要结合《公司法》第43条关于重大事项的表决制度以及公司章程对重大事项的表决制度，从公司目前的股权比例、表决权比例、股东人数情况、股东内部矛盾情况方面审查是否能够形成有效股东会或股东大会决议。

案号：(2020)粤03民终12008号

第一，龙某公司的经营管理已经发生严重困难。首先，龙某公司的股东会机制已经失灵。龙某公司章程规定：“一般情况下或修改公司章程，须经全体股东人数半数(含半数)以上,并且代表二分之一以上或三分之二以上表决权的股东同意,股东会决议方为有效。”即股东会作出的决议,除了须经持股80%的大股东刘某华同意之外,还须经另两位小股东于魁某、金某至少一人同意,方为有效。由于公司股东之间,特别是刘某华与于魁某、金某之间矛盾重重,甚至引发一系列诉讼,故从现有证据表明,龙某公司的股东表决时无法达到公司章程规定的持股比例或人数比例,导致持续两年以上不能作出有效的股东会决议,从而形成股东僵局,龙某公司的股东会机制已经失灵。

案号:(2019)粤3民终29159号

上述《公司法司法解释二》第1条第1项规定的“无法召开股东会或者股东大会”指的是,应当召开而不能召开,客观上长期没有召开过股东会不能当然认定为“无法召开。珙某公司股东持股情况为,贺某持股30%、王某校持股40%、郭某刚持股30%。王某校、郭某刚合计持有珙某公司70%的股权,依据珙某公司章程规定,王某校、郭某刚可以提议召开临时股东会,并可就决议事项按照代表2/3以上表决权股东同意的规则形成有效股东会决议。

案号:(2018)粤03民终16354号

本案中,加沃某克公司已经近4年没有召开过股东会,但是仅凭现有证据无法证明加沃某克公司已经发生经营管理困难。张某稳是占公司股份87%的控股股东,即使林某荣与公司、与张某稳之间存在分歧,即使林某荣反对公司的某些决策,张某稳凭借其控股股东的优势地位,仍可以实现推进公司运营之目的。加某泰公司注册地址虽然与加沃某克公司注册地址一样,但是不能证明加沃某克公司就没在经营或经营困难。林某荣股东权益受损,仍可以通过公司法其他法律规定实现权利保护。综上,林某荣要求解散公司的诉讼请求,因不符合法律规定的解散情形,不予支持。

3. 公司董事长期冲突,无法通过股东会或者股东大会解决

董事会、监事会作为公司的治理机构,即便公司董事、监事会内部存在矛盾或无法正常运作,但不作为认定公司经营管理发生严重困难的核心考察因素,最主要还是结合股东会或者股东大会的运作情况。

4. 其他经营管理发生严重困难的情形认定

（1）公司亏损是否作为认定经营管理发生严重困难的依据

《公司法司法解释二》第 1 条明确规定，公司经营亏损不属于法定解散事由，故不能仅以公司亏损作为经营管理发生严重困难的理由。另外，若公司满足解散条件，公司盈利也不是直接阻碍公司解散的障碍。

案号：（2021）粤 03 民终 13250 号

公司经营管理发生严重困难，应当理解为公司在决策、管理层面上的困难导致自治机制失灵，主要指股东会机制失灵，无法就公司的经营管理进行决策，而不包括一般的经营性亏损或其他困难。只要其内部自治机制还未失灵，就应当最大限度地发挥其功能并予以充分尊重。

案号：（2021）粤 03 民终 34024 号

法院认为，公司经营管理是否发生严重困难，应着重于对公司内部治理机构的运行状态进行考察，而公司是否处于亏损状况并非判断公司经营管理发生严重困难的必要条件。根据《公司法》第 182 条和《公司法司法解释二》第 1 条的规定，公司经营亏损不属于法定解散事由。

案号：（2020）粤 03 民终 27715 号

本案中，由于王某飞和薛某蕾各持有九某公司 50% 股权，在王某飞已明确表明与薛某蕾不能就公司经营事项达成一致意见并坚持请求解散公司的情况下，根据《公司法》及公司章程的规定，九某公司已无法达成有效的股东会决议，无法就公司经营管理作出有效决策，股东会机制已失灵，且事实上九某公司已近两年确未曾召开过股东会，故九某公司的公司僵局已形成，根据二审法庭调查的情况可知，该僵局已无其他途径加以解决。因此，按照上述法律及司法解释的规定，王某飞解散公司的诉请应予支持。至于九某公司、薛某蕾所称的公司尚在正常经营且处于盈利状态等情形，均非否定解散公司的法定事由，也非评判是否解散公司的主要标准，法院不予采信。

（2）股东内部矛盾

股东内部长期矛盾是否达成经营管理发生严重困难程度主要结合是否满足

无法召开股东会、形成有效股东会决议的程度,如果仅是股东内部矛盾但仍可以形成有效决议,不足以认定满足公司解散的条件。

案号:(2021)粤03民终13250号

本案中,法院生效判决已认定卡某雅公司于2020年6月3日作出的股东会决议有效,故卡某雅公司不存在股东会机制失灵的情形,即公司的自治机制仍然有效。虽然上诉人与被上诉人邓某华就卡某雅公司经营的问题存在多宗诉讼,卡某雅公司目前没有实际经营,但前述情形均不能认定为公司经营发生严重困难,已陷入僵局状态。故被上诉人邓某华请求解散卡某雅公司依据不足,法院不予支持。一审判决准许卡某雅公司解散适用法律错误,法院予以纠正。

(三)继续存续会使股东利益受到重大损失

1."继续存续会使股东利益受到重大损失"的认定

关于继续存续是否会使股东利益受到重大损失,深圳中院更多主要考察公司的治理机构是否达到公司经营管理严重困难的标准,若达到该程度则倾向认为继续存续会使公司股东利益受到重大损失,若不满足公司经营管理严重困难情形,即便说明公司的经营状态、员工人员情况、股东内部矛盾等理由说明存续会受到损失,法院一般认为不足以证明该要件。

案号:(2020)粤03民终12008号

龙某公司继续存续将会使股东刘某华的利益遭受重大损失。作为持股80%的大股东,刘某华的股东权利以及监事权利无法充分行使,其投资设立公司的目的无法实现,如果该种局面继续存续,特别是在相关诉讼已经终结、相互之间的权利义务已经厘清的情况下,刘某华的合法权益将进一步遭受重大损失。

案号:(2019)粤03民终15595号

从安某泰公司继续存续是否会使股东利益受到重大损失的情况来看。郑某平担任公司的执行董事及法定代表人,周某担任公司监事。但自2016年起安某泰公司已连续4年未召开过股东会,形成有效的股东会决议,且自2018年3月后,周某未再参与公司的经营管理,公司的经营管理完全由郑某平把控,在这种情况下存在郑某平利用其把控公司经营管理的优势地位,损害周某利益的可能性。

安某泰公司若继续存续会使周某的利益受到重大损失。

2.“股东利益”的认定

“股东利益受损”需要考虑全体股东利益，从整体看是否会导致大部分股东利益受损，若是仅损害个别股东或少部分股东，法院倾向通过其他救济途径解决公司问题。

案号：(2019)粤03民终12986号

解散公司所要求的“股东利益受损”应当是指全体股东利益受损而非个别股东。庭审时，深圳慈某公司股东即第三人黄某岳、张某洋、王某、张某华、冯某君、宁波赛某公司、宁波慈某公司，合计持股已达54.07%的股东明确表示不同意解散公司，即继续经营公司并未使公司大部分股东利益受损。王某治、冯某平亦可以通过对内或对外转让股权的方式退出深圳慈某公司，而非解散公司。综上，王某治、冯某平请求解散公司，依据不足，理由不成立，一审法院依法予以驳回。

(四)“穷尽各种救济手段不能解决”的认定

常见的救济手段是提起公司相关的诉讼，股东内部协商，对外转让股权，解散公司作为最终的救济手段，如通过其他方式能够解决争议，法院倾向不解散公司。另外，关于是否穷尽救济手段的认定尺度属于自由裁量权的范围，一般与公司是否出现经营管理严重困难这一要件挂钩。若是公司确出现非常严重的经营管理问题，对该问题的认定会相对宽松。

案号：(2021)粤03民终25999号

法院认为，吴某梅既已入股微某云公司，若认为大股东损害了公司或小股东权益，可通过损害公司利益之诉、损害股东利益之诉、知情权之诉、决议诉讼、股东出资诉讼等方式依法维权，而非直接要求解散公司。吴某梅称微某云公司无资金支撑日常经营、无盈利以及其他股东未实缴出资导致公司无以为继，但与2021年12月27日，微某云公司银行账户余额为882,426.29元的事实不符。另外，吴某梅称微某云公司无实质可销售产品，根据前述规定，非据以解散公司的理由，吴某梅可就上述情况依据相关法律规定的其他救济手段主张其权利。因此公司解散是股东在通过其他途径无法解决公司僵局之后所采取的最后救济途径，现吴某梅提供的证据并不能证明公司经营管理发生严重困难，且其已穷尽各种救济手段而无法解决公司僵局，一审法院对于李某林要求解散公司的诉请予以驳回，法院予以维持。

案号：(2019)粤03民终26224号

本案中，根据另案生效判决，被上诉人应向上诉人返还借款本金14,382,347.41元及相应利息，被上诉人持有上诉人的45%股权，已被人民法院查封且进入强制执行程序，参照前述司法解释规定，双方可以在另案强制执行程序中合法解决被上诉人持有的公司股权退出问题，从而使公司存续，没有必要解散上诉人，故被上诉人请求解散上诉人，条件尚不成就，法院不予支持。

案号：(2019)粤03民终28885号

本案二审期间，邹某和、王某懿亦表示同意自行解散丹某公司。上述情形表明，丹某公司股东刘某魁、邹某和、王某懿对于解散丹某公司的意思表示是一致的，各股东在一审期间均已出庭，且实际可当庭形成解散丹某公司的股东会决议。故丹某公司的解散问题，各股东可以通过其他途径予以解决，刘某魁单方不同意自行解散丹某公司，提出的必须通过司法程序强制解散丹某公司的诉讼请求，有违《公司法》第182条的规定，一审判决对此不予支持是正确的。

五 总结

公司解散直接导致公司主体人格灭失，对股东利益、债权人利益和社会责任均产生直接影响，所以从深圳中院近五年的裁判案例可见，法院对公司解散持非常谨慎的态度，只有公司确存在符合公司经营管理发生严重困难，且继续存续会使股东利益受到重大损失以及通过其他途径不能解决，法院能判决准予公司解散，而公司经营管理发生严重困难是公司解散条件最核心的要件，而股东会的运作状态是认定是否存在公司经营管理发生严重困难的审查重点，应予以重点关注。

第九节　公司自主清算流程及常见风险

经济下行压力之下，越来越多的企业在面临经营困境之下选择自主退出市场，即通过解散清算的方式终止公司。针对此情形，我们特别梳理出公司自主清算的流程及常见法律风险[1]，供各位做企业的朋友参考。

一　公司自主清算流程

我们提醒各位企业家朋友，在公司解散后，应当依法对公司进行清算才可正式完成公司的注销，根据《公司法》的规定，公司的自主清算流程如下。

1. 清算组成立与备案

公司清算组应当由公司董事组成，但如公司章程或者股东会决议另选他人的，则由章程或者股东会决议选定的人组成。（《公司法》第 232 条）

在清算组成立后，应当通过国家企业信用信息公示系统或注销“一网”服务平台在线办理清算组备案手续。

2. 通知债权人并公告

清算组应当在成立之日起 10 日内通知债权人，并在 60 日内在报纸上公告，或者国家企业信用信息公示系统公告。公司债权人应当自接到通知书之日起 30 日内，未接到通知书的自公告之日起 45 日内，向清算组申报债权。（《公司法》第 235 条）

在申报债权期间，清算组不得对债权人进行清偿。

---

〔1〕 因大部分清算的公司均为有限责任公司的组织形式，本节的“公司”均指代有限责任公司。

3. 清算方案制定及确认

在清算组备案后，清算组应当清理公司财产、编制资产负债表和财产清单，并制定清算方案，在清算方案制定后，应当报公司股东会审议通过。（《公司法》第236条）

4. 清理债权债务并处理剩余财产

（1）清算组对于公司现有的债权应当予以收取。

（2）对于公司的债务应当按照清算费用、职工工资、社会保险费用、法定补偿金、劳动关系补偿金、税款、普通债务的顺序进行清偿。

（3）在清偿上述债务后剩余的财产，除非公司章程另有约定，按照出资比例向股东进行分配。如果公司章程对剩余财产的分配有特别约定的，按照特别约定进行分配，通常的表现为"清算优先权"条款，指特定的投资人股东在剩余财产分配过程中享有优先顺位的权利，具体表现为用公司剩余财产优先支付特定投资人股东投资金额，分配完之后的剩余财产再在其他股东之间按照股权比例进行分配。（《公司法》第236条）

5. 清算报告制定及确认

公司清算结束后，应当制作清算报告并报股东会审议确认。（《公司法》第239条）

6. 公告并注销登记

经股东会审议确认的清算报告，公司应当公告并办理税务、开户、工商等注销。（《公司法》第239条）

二 公司自主清算常见风险

1. 公司解散后未清算导致清算义务人需承担赔偿责任

根据《公司法》第223条第3款的规定，公司解散事由出现后，应当及时组成清算组进行清算。如果怠于履行组成清算组进行清算给公司或者债权人造成损失的，清算义务人应承担相应的侵权损害赔偿责任。

（1）清偿赔偿责任

如果怠于组成清算组开始清算导致公司财产贬值、流失、毁损或灭失，或者恶意处置资产给债权人造成损失的，应当对债权人承担损害赔偿责任。（《公司法司法解释二》第18条第1、3款、第19条）

案例：邓某与奥田材料公司侵权责任纠纷案

案号：（2013）深罗法民一初字第612号

债务人某康体公司因欠付债权人奥田材料公司货款被强制执行，但未执行到财产，执行法院于2006年6月2日作出中止执行的裁定。2007年，债务人某康体公司被吊销营业执照，但后续未清算。后经债权人查阅债务人公司资产负债表显示，截至2004年12月31日，债务人某康体公司尚有净资产131万元。债权人奥田材料公司遂起诉债务人公司股东承担损害赔偿责任。法院判决认为，公司清算义务人怠于履行清算义务造成公司131万元财产贬值、灭失，进而损害债权人利益，应向债权人在131万元范围内承担赔偿责任。

（2）清算清偿责任

作为清算义务人如果怠于履行清算义务导致公司主要财产、账册、重要文件等灭失，进而导致无法清算的，或者未经清算即办理注销登记导致公司无法清算的，应当就公司债务承担连带清偿责任。（《公司法司法解释二》第18条第2款、第20条）

2. 未通知债权人导致清算组成员需承担责任

在自主清算过程中，对已知债权人的书面通知是法定必备程序（《公司法》第235条），在实践中，不少公司为了逃避债务而故意不通知已知债权人，导致债权人未能及时申报债权并致债权未获得清偿的情况下公司即已经被注销。

根据《公司法司法解释二》第23条规定，清算组成员从事清算事务，违反法律、行政法规或公司章程给债权人造成损失的，债权人可要求其承担赔偿责任。因此，如果怠于通知已知债权人即办理注销登记，债权人即可要求清算组成员对债权人未获清偿的债权承担赔偿责任，将本属于公司的债务转变为清算组成员个人债务。

案例：何某等人与天昕保健品公司与公司有关的纠纷案

案号：(2012)青羊民初字第2825号

九华医药公司在自主清算过程中未通知已知债权人天昕保健品公司而直接注销公司登记，导致债权人债权未能获得清偿。债权人天昕保健品公司遂起诉清算组成员何某等五人承担赔偿责任。法院最终判令清算组成员对债权人承担清算赔偿责任。

第十节 民营企业常见刑事法律责任风险及防范建议

近日，中共中央、国务院发布的广受关注的《关于促进民营经济发展壮大的意见》认为，民营经济是推进中国式现代化的生力军，是高质量发展的重要基础。针对民营企业的发展，该文件指出，“支持民营企业加强风险防范管理，引导建立覆盖企业战略、规划、投融资、市场运营等各领域的全面风险管理体系，提升质量管理意识和能力”。

民营企业刑事责任风险防范毫无疑问为民营企业风险防范的重要组成部分。为此，我们特对民营企业常见的刑事责任风险进行解读并就民营企业刑事风险防范提出有针对性的建议，以期为民营企业的持续发展提供助益。

一 金融犯罪风险

1. 骗取贷款类犯罪风险

(1)骗取贷款犯罪风险

法律规定：

《刑法》第175条之一规定，以欺骗手段取得银行或者其他金融机构贷款、票据承兑、信用证、保函等，给银行或者其他金融机构造成重大损失的，处 3 年以下有期徒刑或者拘役，并处或者单处罚金；给银行或者其他金融机构造成特别重大损失或者有其他特别严重情节的，处 3 年以上 7 年以下有期徒刑，并处罚金。单位犯前款罪的，对单位判处罚金，并对其直接负责的主管人员和其他直接责任人员，依照前款的规定处罚。

律师解读：

为保护银行等金融机构信贷资金的安全，《刑法》规定骗取贷款罪，根据法律规定，行为人（包括个人和单位在内）以欺骗之手段骗取银行或其他金融机构贷款，并造成银行或其他金融机构重大损失的，则构成骗取贷款罪，条件有二：

第一，行为人以欺骗手段骗取了贷款资金，是指行为人在贷款时采用的是虚构事实、隐瞒真相等手段，掩盖了客观事实，骗取了银行或者其他金融机构的信任，进而导致银行或其他金融机构发放了贷款资金。

第二，导致银行或其他金融机构遭受重大损失的结果。根据《最高人民检察院、公安部关于公安机关管辖的刑事案件立案追诉标准的规定（二）》第 27 条规定，重大损失，是指公安机关立案时逾期未偿还信贷资金达到 20 万元以上金额。值得注意的是，在《刑法修正案（十一）》实施前，该罪的入罪标准为“造成重大损失或者有其他严重情节”，而《刑法修正案（十一）》（2021 年 3 月 1 日施行）对此作出重大调整，将“其他严重情节”这一条件删除，仅保留“造成重大损失”的入罪标准。

风险防范建议：

第一，向银行及其他金融机构贷款无疑为民营企业极为重要的融资方式之一，从民营企业及其经营者角度出发，在办理银行贷款过程中，务必确保贷款资料（特别是企业财务资料）的真实性，避免将虚假资料提交作为贷款申请资料，否则，届时如贷款无法按期偿还并给银行及其他金融机构造成 20 万元以上损失，将面临被刑事追究的法律风险。

第二，我们注意到，很多司法案例反映，相关的涉案企业均试图提交虚假资料是受到银行金融机构工作人员指使及诱导作为其免责的理由，但该等理由往往难以获得裁判机构采纳。因此,即使是银行工作人员同意甚至指导的,融资企业也应避免提交虚假贷款申请资料。

(2)贷款诈骗罪风险

法律规定:

《刑法》第193条规定,“有下列情形之一,以非法占有为目的,诈骗银行或者其他金融机构的贷款,数额较大的,处五年以下有期徒刑或者拘役,并处二万元以上二十万元以下罚金;数额巨大或者有其他严重情节的,处五年以上十年以下有期徒刑,并处五万元以上五十万元以下罚金;数额特别巨大或者有其他特别严重情节的,处十年以上有期徒刑或者无期徒刑,并处五万元以上五十万元以下罚金或者没收财产:

(一)编造引进资金、项目等虚假理由的;

(二)使用虚假的经济合同的;

(三)使用虚假的证明文件的;

(四)使用虚假的产权证明作担保或者超出抵押物价值重复担保的;

(五)以其他方法诈骗贷款的。”

律师解读:

根据《刑法》的上述规定,如行为人在办理贷款时采取诈骗方法并同时具有非法占有之主观目的的,在诈骗数额达到2万元以上标准的(《最高人民检察院、公安部关于公安机关管辖的刑事案件立案追诉标准的规定(二)》第50条规定,诈骗银行或者其他金融机构的贷款数额在2万元以上的,应予立案追诉),即可构成贷款诈骗刑事犯罪。

我们提醒民营企业,贷款诈骗犯罪的构成,有如下值得注意的要点:

第一,贷款诈骗犯罪以“非法占有目的”为必备条件之一,而“非法占有”目的属于行为人主观状态,往往不好把握,实践中,如下为判断行为人是否具有“非法占有”目的的考量因素:(1)明知没有归还能力而大量骗取资金的;(2)非法获取资金后逃跑的;(3)肆意挥霍骗取资金的;(4)使用骗取的资金进行违法犯罪活动的;(5)抽逃、转移资金、隐匿财产,以逃避返还资金的;(6)隐匿、销毁账目,或者搞假破产、假倒闭，以逃避返还资金的；(7)其他非法占有资金、拒不返还的行为。(参见《全国法院审理金融犯罪案件工作座谈会纪要》)

第二，贷款诈骗犯罪的主体为一般主体，即单位并不具备构成贷款诈骗犯罪的主体要件。但在实践中，不少实施贷款诈骗犯罪是以公司、企业名义实施的，在此情况下，实践中，针对单位实施贷款诈骗行为的，司法机关可以合同诈骗罪追究该单位及直接负责的主管人员和直接责任人的刑事责任。此外，根据《全国人民代表大会常务委员会关于〈中华人民共和国刑法〉第三十条的解释》，虽然法律未规定追究单位刑事责任，以单位作为行为主体实施贷款诈骗的，可以对组织、策划、实施贷款诈骗的行为人(例如，公司法定代表人、实际控制人、股东高管和财务主管人员等)以贷款诈骗罪追究刑事责任。

案例：民营企业主谢某某贷款诈骗案[1]

国家审计署发布的《2008年以来已结案的审计署移送的部分典型案件和事项》披露，曾任第十届全国政协委员、全国工商联执委常委的北京燕山某实业集团原法定代表人谢某某在2000年至2004年，通过其控制的多家关联企业，采取"一房多卖"、编造售房合同以及提供虚假财务报表等手段，从中国建设银行北京分行骗取个人住房按揭贷款6.16亿元；通过滚动签发无真实贸易背景的银行承兑汇票后到异地贴现等方式，套取银行资金2.06亿元。其在获取资金后部分用于收藏古董、购买豪宅名车等奢侈消费以及境外赌博之用，部分用于炒股等个人投资活动。针对前述行为，北京市第一中级人民法院于2009年12月以贷款诈骗罪判处谢某某无期徒刑。

风险防范建议：

第一，民营企业在办理贷款时，应确保所提交的贷款申请资料(特别是对贷款审批具有重要影响的资料)的真实性，避免因提交虚假资料而被认定构成贷款欺诈行为。

---

[1] 《审计结果公告·2008年以来已结案的审计署移送的部分典型案件和事项》，载中华人民共和国审计署网2010年6月23日，http://audit.gov.cn/oldweb/n5/n25/c63525/content.html。

第二，在获取贷款后，不得将贷款资金用于违法犯罪活动或肆意挥霍贷款资金。

第三，如确属无法按期偿还贷款，应及时与贷款人就贷款展期、延期还款等进行沟通协商，切勿采取“一跑了之”的方式消极逃避及应对，否则，事后逃跑的行为有可能会被推定为对贷款资金构成“非法占有”之主观目的。

2. 非法集资犯罪

虽然近年来我国反复强调通过正规金融途径解决民营企业（特别是民营中小型企业）的“融资难、融资贵”问题，但民营企业的融资困难始终是无法回避的问题。在正规金融途径无法解决融资困难的情况下，民营企业只得通过其他方式进行融资，例如，以向亲朋好友或社会借贷方式募集企业运营资金，其中，非法集资的风险即为企业集资过程中不可回避的问题。从相关的司法案例来看，非法吸收公众存款罪及集资诈骗罪为企业集资过程中较为容易触发的刑事犯罪风险。例如，从上海二中院发布的《2017—2021 年企业犯罪案件审判白皮书》披露的信息来看，企业犯罪数量最多的罪名是非法吸收公众存款罪，共 216 件，占犯罪总数的 47.9%。

（1）非法吸收公众存款犯罪

法律规定：

《刑法》第 176 条规定，非法吸收公众存款或者变相吸收公众存款，扰乱金融秩序的，处 3 年以下有期徒刑或者拘役，并处或者单处罚金；数额巨大或者有其他严重情节的，处 3 年以上 10 年以下有期徒刑，并处罚金；数额特别巨大或者有其他特别严重情节的，处 10 年以上有期徒刑，并处罚金。

单位犯前款罪的，对单位判处罚金，并对其直接负责的主管人员和其他直接责任人员，依照前款的规定处罚。

有前两款行为，在提起公诉前积极退赃退赔，减少损害结果发生的，可以从轻或者减轻处罚。

律师解读：

《刑法》关于非法吸收公众存款犯罪的规定较为原则，《最高人民法院关于审理非法集资刑事案件具体应用法律若干问题的解释》(2022 年修正)第 1 条详细规定了该罪的四个基本特征，具体为非法性特征，指未经有关部门依法许可或借用合法经营的形式吸收资金；公开性特征，指通过网络、媒体、推介会、传单、手机信息等途径向社会公开宣传；利诱性特征，指承诺在一定期限内以货币、实物、股权等方式还本付息或给付回报；社会性特征，指集资的对象为社会不特定的社会公众。

结合实务经验，我们认为，民营企业在对外募集资金时，应着重注意如下方面：

第一，即使企业募资的项目为真实、合法的，并不能阻却集资行为本身的刑事违法性。在司法实务中，非法吸收公众存款犯罪的认定仅是针对集资行为本身是否满足上述四个特征，至于项目是否真实及合法，并非非法吸收公众存款犯罪的考量因素。例如，在(2016)京 01 刑终 466 号案件中，法院认为，虽然涉案多数投资项目真实存在，甚至在某一时间段内还出现盈利情况，但是这在司法实践中并未成为阻却本罪成立的条件，最终认定行为人构成非法吸收公众存款犯罪。

第二，在实践中，很多集资行为人明知融资模式本身涉嫌非法集资的风险，但自认为可通过外在形式上的设计而规避此风险，例如，以私募基金的名义进行集资，或者以股权投资、合伙人的名义集资。我们提醒民营企业经营者，在非法吸收公众存款刑事案件的认定中，司法机关往往会穿透形式而从实质上作出认定。例如，在(2015)朝刑初字第 3283 号案件中，集资行为人将投资人直接吸收为股东或者设计为“股权投资基金”，使之成为一种股权投资或者债权投资，而后通过“支付股利”或者“基金返利”的名义实现定期返利。法院最终认定构成非法集资行为。

第三，虽然融资方与单个的集资参与人之间签订了真实合法有效的融资合同(例如，《借款合同》)，但单份合同的合法性及有效性并不阻却集资行为本身的刑事违法性，只要满足非法吸收公众存款犯罪的上述四个基本特征，集资行为人即构成非法吸收公众存款犯罪。

风险防范建议：

第一，民营企业在对外募集资金时，特别是以借贷方式募集资金之时，应重点评估并严格控制集资信息的扩散范围及参与人（集资对象）的范围，切勿以公开方式向社会公众进行宣传并向社会不特定对象集资。

第二，在集资前，建议聘请专业机构或法律专业人士进行专门评估及分析，以避免触碰非法吸收公众存款犯罪的风险。

第三，如民营企业不慎触碰非法吸收公众存款犯罪红线，企业应积极配合退赃退赔，尽量降低集资参与人的经济损失，以争取获得从轻或减轻处罚。

（2）集资诈骗犯罪

法律规定：

《刑法》第192条规定，以非法占有为目的，使用诈骗方法非法集资，数额较大的，处3年以上7年以下有期徒刑，并处罚金；数额巨大或者有其他严重情节的，处7年以上有期徒刑或者无期徒刑，并处罚金或者没收财产。

单位犯前款罪的，对单位判处罚金，并对其直接负责的主管人员和其他直接责任人员，依照前款的规定处罚。

律师解读：

集资诈骗犯罪与前述非法吸收公众存款犯罪均属于非法集资行为，集资诈骗罪与非法吸收公众存款罪在客观上均表现为向社会公众非法募集资金的行为，均满足前述非法吸收公众存款犯罪所列的四项特征（非法性、公开性、利诱性、社会性特征），两者区别的关键在于行为人是否具有非法占有之目的。

集资诈骗犯罪以行为人非法占有目的作为条件，具体可表现为：在集资前，行为人即已经产生非法占有目的，并基于该目的实施非法集资行为；或者，行为人一开始并无非法占有之目的，仅是在非法集资过程中产生了非法占有他人资金的主观目的（参见《全国法院审理金融犯罪案件工作座谈会纪要》）。

在论述贷款诈骗罪这一罪名时，本节已经阐述“非法占有目的”的识别标准，在集资诈骗犯罪中，“非法占有目的”的判断标准与之相似，在此不再赘述。

风险防范建议：

第一，民营企业在融资过程中，务必注意控制融资信息的扩散范围及融资对象的范围，避免融资信息向社会公开扩散并避免向社会公众募集资金，严控非法集资的刑事法律风险。

第二，从量刑角度来看，虽然同为非法集资犯罪的下一级概念，集资诈骗犯罪的刑罚重于非法吸收公众存款犯罪，在已经构成非法集资的情况下，在集资后，如无法按期偿还集资款项，应及时与集资参与人进行沟通协商，切勿采取“一跑了之”的方式消极逃避及应对，否则，可能因此会被认定构成“非法占有”之主观目的，导致被以集资诈骗罪追究刑事责任。

第三，根据《最高人民法院关于审理非法集资刑事案件具体应用法律若干问题的解释》第5条规定，集资诈骗的数额以行为人实际骗取的数额计算，案发前已归还的数额应予以扣除。如确属构成集资诈骗行为，企业应积极向集资参与人退还集资款项，有助于降低集资诈骗数额的认定。

（3）组织、领导传销活动犯罪

法律规定：

《刑法》第224条之一规定，组织、领导以推销商品、提供服务等经营活动为名，要求参加者以缴纳费用或者购买商品、服务等方式获得加入资格，并按照一定顺序组成层级，直接或者间接以发展人员的数量作为计酬或者返利依据，引诱、胁迫参加者继续发展他人参加，骗取财物，扰乱经济社会秩序的传销活动的，处5年以下有期徒刑或者拘役，并处罚金；情节严重的，处5年以上有期徒刑，并处罚金。

第231条规定，单位犯本节第221条至第230条规定之罪的，对单位判处罚金，并对其直接负责的主管人员和其他直接责任人员，依照本节各该条的规定处罚。

律师解读：

传销作为一种商品的销售模式最早源于美、欧，20世纪90年代后逐渐传入我国，在传入我国后，衍生出各种变种，其中，部分行为人打着商品销售的旗号行诈骗钱财行为，此即为“拉人头”“收取入门费”的传销模式，也有仍然以“传销”的模式进行真实的产品销售活动,此即为“团队计酬”式的传销。

根据《刑法》前述规定及《最高人民法院、最高人民检察院、公安部关于办理组织领导传销活动刑事案件适用法律若干问题的意见》规定,如推销模式中同时具备“拉人头”及“收取入门费”两项特征的并在参与人数和层级上达到条件的,即可构成传销犯罪,具体如下:

第一,“缴纳入门费”特征,指以推销商品、提供服务等经营活动为名,要求参加者以缴纳费用或购买商品、服务等方式获得加入资格(此为“缴纳入门费”特征)。

第二,“拉人头”特征,指直接或间接以发展人员的数量作为计酬或者返利的依据,引诱、胁迫参加者继续发展他人参加,骗取财物。

第三,组织特征,指对被发展人员按照一定顺序组成层级,组织内部参与传销活动人员在 30 人以上且层级在 3 级以上。

此外,我们特别提醒民营企业注意:

第一,根据《最高人民法院、最高人民检察院、公安部关于办理组织领导传销活动刑事案件适用法律若干问题的意见》规定,“团队计酬”模式的传销虽然不作为犯罪处理,但该种类型的营销模式仍然属于《禁止传销条例》所禁止的行为。“团队计酬”模式的传销特征为,传销活动的组织者或者领导者通过发展人员,要求传销活动的被发展人员发展其他人员加入,形成上下线关系,并以下线的销售业绩为依据计算和给付上线报酬,牟取非法利益的行为。

第二,如虽然形式上采取“团队计酬”模式,但实质是“以发展人员的数量作为计酬或返利依据”的传销活动,仍然可构成组织、领导传销活动犯罪。

风险防范建议:

第一,民营企业在设计产品营销模式时,应确保存在真实的产品或服务的销售活动,且售价与商品或服务相当,避免售价与商品价值明显失当的情形。

第二,企业应注意,即使存在真实的商品或服务销售活动,如上线报酬依赖于下线的销售业绩的,会被认定属于“团队计酬”模式的传销活动,根据相关司法解释规定,虽然不作为犯罪处理,但该模式仍然为《禁止传销条例》所禁止。

案例：钱某、赵某组织领导传销罪

中某某旗公司与浙江公某公司相继注册成立，钱某在经营两家公司期间，伙同被告人赵某等人商定以浙江公某公司销售充电桩、中某某旗公司提供充电桩经营服务为名，通过国家支持、政府背书等虚假宣传，以免费吃饭、组织旅游、听课培训等方式收取费用发展会员，将会员按照一定顺序组成层级，直接或间接以发展会员的数量作为计酬、返利的依据，引诱、鼓励会员继续发展下一级会员。

法院认为，本案当事人以销售、经营商品作为幌子，要求参加者以缴纳费用获得加入资格，并按照一定顺序组成层级，直接或间接以发展人员的数量作为计酬依据，引诱参加者继续发展他人参加，骗取财物，扰乱经济秩序的行为构成组织、领导传销活动罪。

二 虚开发票类犯罪

根据上海市第二中级人民法院发布的《2017—2021 年企业犯罪案件审判白皮书》披露的信息，虚开发票类犯罪（虚开增值税专用发票罪和虚开发票罪）为企业占比第二位的犯罪类型，共 164 件，占犯罪总数的 36.4%。由此可见，虚开发票类犯罪也为企业特别是民营企业极为容易触碰的刑事法律风险，值得引起民营企业及其经营者的关注。

1. 虚开增值税专用发票罪

法律规定：

《刑法》第 205 条规定，虚开增值税专用发票或者虚开用于骗取出口退税、抵扣税款的其他发票的，处 3 年以下有期徒刑或者拘役，并处 2 万元以上 20 万元以下罚金；虚开的税款数额较大或者有其他严重情节的，处 3 年以上 10 年以下有期徒刑，并处 5 万元以上 50 万元以下罚金；虚开的税款数额巨大或者有其他特别严重情节的，处 10 年以上有期徒刑或者无期徒刑，并处 5 万元以上 50 万元以下罚金或者没收财产。

单位犯本条规定之罪的，对单位判处罚金，并对其直接负责的主管人员和其他直接责任人员，处3年以下有期徒刑或者拘役；虚开的税款数额较大或者有其他严重情节的，处3年以上10年以下有期徒刑；虚开的税款数额巨大或者有其他特别严重情节的，处10年以上有期徒刑或者无期徒刑。

虚开增值税专用发票或者虚开用于骗取出口退税、抵扣税款的其他发票，是指有为他人虚开、为自己虚开、让他人为自己虚开、介绍他人虚开行为之一的。

律师解读：

虚开增值税专用发票罪名最早由《全国人民代表大会常务委员会关于惩治虚开、伪造和非法出售增值税专用发票犯罪的决定》作出规定，该决定第1条第1款规定了虚开增值税专用发票犯罪的入罪标准及情节加重的三种情形，其中，入罪标准为"虚开增值税专用发票"，并根据虚开的税款数额或其他情节而规定两种加重量刑的情形。第2款根据虚开所导致的骗取税款的结果而规定了最高为死刑的量刑情节，属于结果加重犯。

在该决定颁布实施后，最高人民法院于1996年10月17日颁布实施的《关于适用〈全国人民代表大会常务委员会关于惩治虚开、伪造和非法出售增值税专用发票犯罪的决定〉的若干问题的解释》进一步明确虚开的三种行为类型，具体如下：

(1)没有货物购销或者没有提供或接受应税劳务而为他人、为自己、让他人为自己、介绍他人开具增值税专用发票；("无中生有"型虚开)

(2)有货物购销或者提供或接受了应税劳务但为他人、为自己、让他人为自己、介绍他人开具数量或者金额不实的增值税专用发票；("以少开多"型虚开)

(3)进行了实际经营活动，但让他人为自己代开增值税专用发票。该解释第2款规定，虚开税款数额1万元以上或者虚开增值税专用发票致使国家税款被骗5000元以上即可定罪处罚。("代开"型虚开)

此后，2018年8月22日颁布实施的《最高人民法院关于虚开增值税专用发票定罪量刑标准有关问题的通知》对本罪的定罪量刑标准做出调整，入罪标准由虚开金额1万元以上上调至5万元以上，情节加重的数额标准也相应上调。

案例：上市公司实际控制人雷某虚开增值税专用发票案

根据上市公司衡阳鸿某科技股份有限公司披露的《关于公司实际控股股东、实际控制人、董事长被立案调查暂无法履职的公告》的信息，上市公司实际控制人雷某涉嫌虚开增值税专用发票罪案于2021年9月24日被移送至湖南省新化县人民检察院。衡南湘某再生资源有限公司（以下简称湘某公司）系衡阳鸿某实业有限公司（以下简称鸿某公司）控股子公司，被告人雷某系湘某公司的实际控制人、受益人，明知湘某公司缺少进项增值税专用发票，湘某公司与湖南华某矿产品有限公司（以下简称华某公司）没有真实货物交易，为骗取抵扣税款，批准、纵容湘某公司以支付开票费的方式，通过介绍人让华某公司为湘某公司虚开增值税专用发票，自2014年3月25日至2015年7月15日，湘某公司向华某公司支付开票费6,039,531.17元，接受华某公司虚开增值税专用发票641份，金额62,890,770.19元，税额10,691,429.91元，上述增值税专用发票已全部抵扣。

法院认定，雷某作为湘某公司的实际控制人，明知湘某公司与华某公司没有真实货物交易，为骗取抵扣税款，批准、纵容湘某公司让华某公司为自己虚开增值税专用发票，数额巨大，应当以单位犯罪的主管人员承担刑事责任，其行为已构成虚开增值税专用发票罪。

风险防范建议：

第一，在我们执业过程中，接触不少民营企业经营者对本罪的入罪标准存在误解，即认为只有受票方实际抵扣并导致国家税款流失才构罪，实际上，我们特别提醒民营企业的经营者注意，虚开增值税专用发票犯罪在刑法上属于“行为犯”而非“结果犯”，仅以“虚开”的数额作为入罪的标准而并不以受票方抵扣骗取国家税款导致税款流失作为入罪标准。

第二，确保增值税专用发票的开具存在真实的交易关系且开票金额与交易金额一致。

2. 虚开发票罪

法律规定：

《刑法》第205条之一规定，虚开本法第205条规定以外的其他发票，情节严重的，处 2 年以下有期徒刑、拘役或者管制，并处罚金；情节特别严重的，处 2 年以上 7 年以下有期徒刑，并处罚金。

单位犯前款罪的，对单位判处罚金，并对其直接负责的主管人员和其他直接责任人员，依照前款的规定处罚。

律师解读：

相比于增值税专用发票等发票所具有的抵扣税款的功能，其他类型的发票并不具备该项功能，根据《发票管理办法》规定，即使是增值税专用发票以外的发票的开具仍然应当遵守法律规定而不得虚开。

风险防范建议：

企业应确保发票的开具存在真实的交易关系且开票金额与交易金额一致。

三 假冒商标类罪及合同诈骗罪

1. 假冒注册商标罪

《中共中央、国务院关于促进民营经济发展壮大的意见》提出强化民营经济发展法治保障的要求中明确提出“加大对侵犯知识产权违法犯罪行为的刑事打击力度”。由此可以看出，为落实该意见的要求，我国未来在知识产权刑事打击力度上将进一步加强，而民营企业对于知识产权刑事法律风险更应提高重视，其中，民营企业不得不加以注意及关注假冒注册商标犯罪。

法律规定：

《刑法》第 213 条规定，未经注册商标所有人许可，在同一种商品、服务上使用与其注册商标相同的商标，情节严重的，处 3 年以下有期徒刑，并处或者单处罚金；情节特别严重的，处 3 年以上 10 年以下有期徒刑，并处罚金。

律师解读：

根据《商标法》的规定，商标是用于区分商品或服务的标志，经商标局核准注册的商标为注册商标，商标注册人享有商标专用权，该等权利以核准注册的商标和核定使用的商品为限。因注册商标的功能在于识别商品或服务的来源，如未经商标注册人许可而在同一种商品或服务上使用与权利人相同的商标，将导致他人将商品或服务误认为商标注册人的商品或服务，进而损害注册权利人的合法利益。

在执业过程中，我们注意到，不少民营企业经营者对商标民事侵权与侵犯注册商标犯罪区分不清，进而导致作出错误的决策，为此，我们在表3中作出说明。

表3　商标民事侵权与侵犯注册商标犯罪的区别

	商标（标志）	商品（或服务）种类	结果	备注
商标注册人	A	B	—	
行为人	A	B	假冒注册商标犯罪及侵犯注册商标专用权	在同一种商品或服务上使用与注册商标相同的商标
行为人	a（指商标标志相似）	B	商标侵权	在同一种商品上使用与注册商标近似的商标
行为人	A/a	b（指商品或服务相似）	商标侵权	在类似商品上使用与注册商标相同或近似的商标

案例：罗某洲、马某华等八人假冒注册商标罪案〔1〕

“AIRPODS”“AIRPODS PRO”商标权人为苹果公司，核定使用商品包括耳机等。被告人罗某洲、马某华等虽然未在生产的蓝牙耳机及包装上印上苹果公司注册商标，但该等耳机经蓝牙链接苹果手机后，均弹窗显示“Airpods”或“Airpods Pro”标识。针对被告人的行为，深圳市中级人民法院认为，假冒注册商标犯罪中

〔1〕 案例来源：最高人民法院发布的《2022年中国法院十大知识产权案件》。

“使用”不限于将商标用于商品、商品包装或容器等有形载体中，只要在商业活动中用于识别商品来源的行为，即属于商标性使用。被告人生产的蓝牙耳机在链接激活过程中，在苹果手机弹窗向消费者展示“Airpods”“Airpods Pro”商标，使得消费者误认为产品是苹果公司制造，构成假冒注册商标罪。

风险防范建议：

第一，企业经营者如在使用非本企业自有商标标识的情况下，应进行商标事先的检索，以确保所使用的标识不侵犯他人的商标专用权，并避免因标识使用的行为而触碰刑事责任法律风险。

第二，从维护企业自身利益出发，对于需在商品或服务上使用的作为区分来源的标志，应及时向商标局申请商标注册，以获得该商标的专用权。

2. 合同诈骗罪

根据上海二中院发布的《2017—2021 年企业犯罪案件审判白皮书》所披露的数据，在该院针对 2017 年至 2021 年所审理的企业犯罪案件当中，合同诈骗罪的案件在数量上居于第三位，仅次于非法吸收公众存款罪及虚开发票类犯罪案件的数量。虽然该等数据仅为该法院所统计的数据，但也从侧面反映出合同诈骗罪是企业经营中极为容易触碰的刑事法律风险。

法律规定：

《刑法》第 224 条规定，有下列情形之一，以非法占有为目的，在签订、履行合同过程中，骗取对方当事人财物，数额较大的，处 3 年以下有期徒刑或者拘役，并处或者单处罚金；数额巨大或者有其他严重情节的，处 3 年以上 10 年以下有期徒刑，并处罚金；数额特别巨大或者有其他特别严重情节的，处 10 年以上有期徒刑或者无期徒刑，并处罚金或者没收财产：(1) 以虚构的单位或者冒用他人名义签订合同的；(2) 以伪造、变造、作废的票据或者其他虚假的产权证明作担保的；(3) 没有实际履行能力，以先履行小额合同或者部分履行合同的方法，诱骗对方当事人继续签订和履行合同的；(4) 收受对方当事人给付的货物、货款、预付款或者担保财产后逃匿的；(5) 以其他方法骗取对方当事人财物的。

第 231 条规定，单位犯本节第 221 条至第 230 条规定之罪的，对单位判处罚金，并对其直接负责的主管人员和其他直接责任人员，依照本节各该条的规定处罚。

律师解读：

合同纠纷还是合同诈骗的区分向来为司法实务中的难点问题，我国多份司法文件屡次强调严格区分合同纠纷及合同诈骗。最高人民法院于2016年11月28日颁布施行的《关于依法妥善处理历史形成的产权案件工作实施意见》第13条即强调严格区分合同纠纷与合同诈骗的界限。最高人民检察院办公厅于2022年5月22日发布的《关于对合同诈骗、侵犯知识产权等经济犯罪案件依法正确适用逮捕措施的通知》亦强调“要严格区分经济犯罪与经济纠纷的界限，尤其要注意区分合同诈骗罪与合同违约、债务纠纷的界限”“不能把履行合同中发生的经济纠纷作为犯罪处理”。司法机关制定的前述文件对合同诈骗与合同纠纷区分反复强调也从侧面反映出正确区分两者的难度。

作为民营企业的经营者，合同订立、履行等为其经营管理活动的重要部分，为了避免经济犯罪的法律风险，更有必要正确掌握合同诈骗犯罪。根据《刑法》的规定，合同诈骗罪的构成应满足如下特征。

第一，行为人具有“非法占有目的”，因动机及目的属于行为人主观因素，往往需要结合行为人客观行为才能进行判断。这也是区分合同纠纷还是合同诈骗犯罪的关键之处，为正确判断行为人是否具有“非法占有”目的，可从如下方面进行考察：行为人在签订合同时是否具备履行合同的能力（例如，有的行为人根本不具备履行能力，也不打算履行合同，但仍然与他人签订合同，在骗取货款后便逃之夭夭，可以判断该行为人具有非法占有之目的），行为人在签订及履行合同过程中有无欺骗行为，考察行为人在签订合同后有无履行合同的实际行动，考察行为人在违约后是否愿意承担违约责任，考察行为人未履行合同的原因是主观原因还是客观因素引起。[1]

第二，行为人在合同订立、履行过程中实施了虚构事实、隐瞒真相，骗取财物

---

〔1〕 参见张军：《刑法分则及配套规定新释新解》（第9版），人民法院出版社2016年版。

的诈骗行为，且数额较大。根据《最高人民检察院、公安部关于公安机关管辖的刑事案件立案追诉标准的规定(二)》第69条规定，以非法占有为目的，在签订、履行合同过程中，骗取对方当事人财物，数额在2万元以上的，应予以立案追诉。

案例：德某资源公司合同诈骗案

德某资源公司在已负债累累，明显不具备还款及履行合同能力的情况下，为持续获取资金，陈某指使、授意公司主要负责人等采取重复编排货物信息、私刻印章等手段共同伪造货权凭证，并欺骗仓储监管公司出具监管仓单；或者通过贿赂相关人员出具虚假仓单、核库确认书等证明文件，并利用上述虚假的仓单或证明文件，以"德某系公司"名义与大量国内外公司签订销售、回购合同；或欺骗其他公司为"德某系公司"提供担保等方式，骗取多家公司资金共计123亿余元。法院审理认为，上述行为明显体现了德某资源公司与陈某的非法占有目的，符合合同诈骗罪的认定。

风险防范建议：

第一，为避免触碰合同诈骗的刑事法律风险，我们建议，民营企业在签订、履行合同过程中应如实披露与合同相关的信息。

第二，在确实无力履行合同的情况下，应保持与相对方积极沟通，就违约责任的承担及合同清理结算进行洽谈协商，切勿采取"拉黑微信"、将对方手机设置为黑名单或拒绝接听，或者采取"一逃了之"的被动应对措施，否则，该等行为可能会导致被认定"非法占有"的主观目的而引致合同诈骗刑事责任风险。

四 结语

相较于国有企业及外资企业，民营企业在刑事法律风险上的重视程度往往稍显不足，且所具备的客观条件也有所欠缺，由此导致民营企业所面临的刑事责任风险往往更为凸出。为此，我们特结合相关的统计数据，从现行《刑法》中择出民营经营中极易触碰的刑事犯罪罪名加以分析解读，并在此基础上提出有针对性的风险防范建议。

此外，我们也注意到，最高人民检察院于2021年下发《关于开展企业合规改革试点工作方案》，根据该方案的规定，为降低刑事案件对企业正常生产经营的影响，在依法作出不批准逮捕、不起诉决定或者根据认罪认罚从宽制度提出轻缓量刑建议等的同时，督促涉案企业作出合规整改，促进企业合规守法经营。目前，最高人民检察院已选择部分地区作为开展企业合规的试点。例如，在最高检公布的2021年典型案例中，某国内水果行业龙头企业，经深圳海关稽核发现其在进口水果过程中，制作虚假合同及发票导致报关价远低于实际成本价，后以涉嫌逃税罪被抓获归案。在深圳市检察院的建议下，开始启动为期一年的进口业务合规整改工作。此后，鉴于该公司积极开展企业合规整改，建立了较为完善的合规管理体系，为进一步支持民营企业复工复产，深圳市检察院于2020年9月9日对该公司及涉案人员作出相对不起诉处理。我们建议，如民营企业涉嫌刑事犯罪案件，应抓紧研究当地检察机关关于企业合规的政策，如所在地区已被选择为试点地区的，可充分利用企业合规制度优势及时提出合规申请，尽量降低刑事案件对企业经营的影响。

第四章 公司投融资要点

第一节 股权融资时公司创始团队不丧失控制权的三种方法

创业企业在发展过程中，不可避免地需要对外进行融资，一般而言，债权融资（例如，银行借贷或民间借贷）和股权融资均为创业企业的常用融资手段，其中，股权融资因无融资成本的优势而获得创业者的青睐。顾名思义，在创业企业以股权融资方式进行融资时，将以出让现有股权（俗称“老股”）或增资扩股的方式进行融资，两种方式均将导致创始团队持股比例的降低，除非通过特殊的机制，一般而言，随着创始团队持股比例的下降，其对公司的控制权将相应下降；但在实践中，不少创始团队在稀释股权的同时具有保持对公司控制权的客观需求。为此，本节特介绍创始团队在进行股权融资时保留对公司控制权的若干方法，供公司创始团队或创业者参考。

一 在股权融资协议中订入特殊条款确保创始团队股权（股份）表决权不因股权比例稀释而降低

为了避免控制权因股权融资而落入他手，创始团队可考虑在融资协议中订入保护创始团队控制权的若干特殊条款，并进而将该等条款规定在公司章程之中。

1. 在股东会中设置特殊表决权结构

（1）如果创业公司为有限责任公司的组织形式，在我国现有法律框架下，《公司法》授权公司章程对股东会决议的表决作出特别规定（《公司法》第65条规定，股东会会议由股东按照出资比例行使表决权；但是，公司章程另有规定的除外）。因此，可以考虑在公司章程中约定不按照出资比例行使表决权的方案。例如，可约定创始团队所持每一股股权拥有10股的表决权，而其他投资人所持股权仅能按照股权比例拥有表决权。经过此等差异表决权的安排，虽然创始团队持股比例因为融资而被不断稀释，但创始团队拥有的股权表决权并不因此降低，对公司的控制权也不降低。还可以考虑设置分类表决权制度，即在章程中规定某些或所有议案应获得创始团队所持表决权通过，或规定创始团队对某些或所有议案拥有一票否决权。

（2）如果公司的组织形式为股份有限公司，2023年修订通过的《公司法》首次规定股份有限公司的"类别股"制度。该法第144条规定，公司可以按照公司章程的规定发行与普通股权利不同的类别股，第1款第2项规定，公司可以按照公司章程的规定发行每一股表决权数多于或者少于普通股的股份。该条第2款规定，公开发行股份的公司不得发行表决权差异安排或者股份转让需经公司同意或转让受限的股份，但公开发行前已经发行的除外。

公司创业团队及创始人可以充分利用新修订的《公司法》的制度优势，将自身所持股份的表决权数量进行扩张，以确保自身在公司发展及上市过程中不因股份比例的稀释而丧失对公司的控制权。

参考案例：

在科创板发行上市时公开的《招股说明书》披露，2019年3月17日，发行人召开2019年第一次临时股东大会，表决通过《关于〈某刻得科技股份有限公司关于设置特别表决权股份的方案〉的议案》，并修改公司章程，设置特别表决权。根据特别表决权设置安排，共同实际控制人季某某、莫某某及华某持有的A类股份每股拥有的表决权数量为其他股东（包括本次公开发行对象）所持有的B类股份每股拥有的表决权的5倍。三人合计持有9768.82万股A类股份，B类股份数量约为2.66亿股,按照章程规定的差异表决权,三人持股的表决权上升至64.71%。季某某、莫某某及华某对公司的经营管理以及对需要股东大会决议的事项具有绝对控制权。

2. 签订一致行动协议/条款

为确保创始团队对公司控制权的稳定性,创始团队也可以考虑与投资方签订《一致行动协议》,约定投资方在股东(大)会上的表决(或特定事项的表决)与创始团队保持一致。通过《一致行动协议》,能够保证创始团队赞同的议案获得通过,或者确保创始团队否决的议案不被通过,从而确保创始团队对公司股东(大)会的控制力。

二 通过搭建有限合伙企业作为融资平台的方式进行融资

在该种方案下,在创业公司层面设立融资平台,一般而言,融资平台大多以有限合伙企业作为组织形式,在融资平台层面,由创始团队或指定的特定主体担任合伙企业的普通合伙人,众多投资者担任有限合伙人。投资者的投资款通过融资平台转入创业公司,实现创业公司的融资目的。通过此种架构融资,根据有限合伙企业的特殊合伙事务执行机制(《合伙企业法》第67条规定,有限合伙企业由普通合伙人执行合伙事务),可以确保作为融资平台的有限合伙企业处于创始团队控制之下,即确保融资平台所持创业公司的股权表决权处于创始团队控制之下;同时,投资者通过间接持有创业公司股权而享有创业公司股份增值权及收益权,兼顾投资者的利益。此外,因投资者仅在融资平台层面享有权益,不论投资人所持融资平台权益是否变动均不影响创业公司股权结构的稳定性。

一般而言,此等融资方式针对的是个人投资人(如公司员工、外部个人投资人等),因无法直接对创业公司行使股东权利,投资者对公司的影响力极弱,专业投资机构一般不接受该等方式。此融资方式的架构见图3。

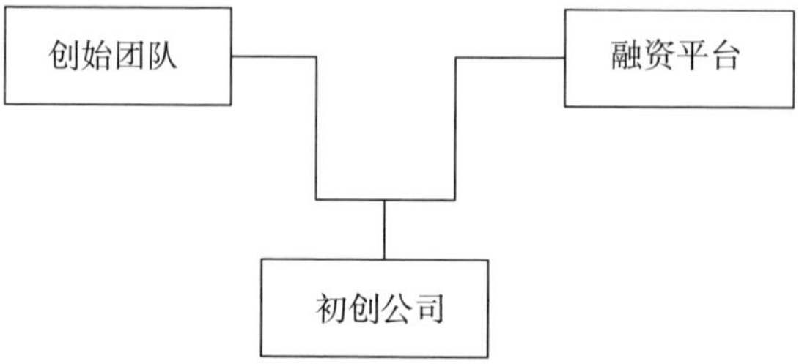

图3 有限合伙企业作为融资平台的融资架构

三 针对特定业务板块专门成立子公司并在子公司层面进行股权融资

初创公司可将特定业务板块从公司中独立出来，专门成立经营该项特定业务的子公司，在子公司层面进行股权融资并推动子公司发展壮大。

通过此种方式融资，在子公司层面稀释股权并不影响创业公司的股权结构的稳定性，确保创始团队仍然对创业公司享有控制权。此融资方式的架构见图4。

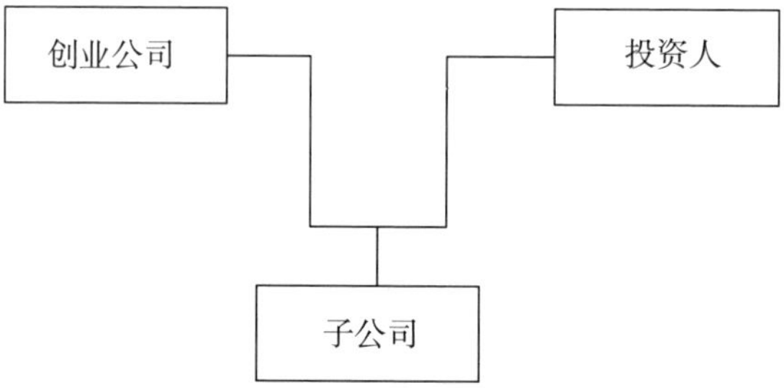

图4 针对特定业务板块成立子公司的融资架构

第二节 私募股权投资人特殊权利条款评析解读

在私募股权投资作为一种舶来品引入我国的同时,在国外适用的若干协议文本也一并被引入我国,其中,在该等协议中往往包含一些有利于投资人的特殊权利条款,该等条款赋予投资人相较于公司创始人股东的某些特殊权利。因该等权利条款系舶来品而并非在我国法律环境下自发生长的产物,因此,就法律实务角度而言,有必要以我国法律制度对该等权利条款进行分析,以探讨我国现有法律对该等条款的评价。为此,我们特选取若干常见的权利条款,结合现有法律规定及相关司法案例进行评析及解读。

一 优先分红权条款

优先分红权是约定投资人相对于其他股东优先享有公司分红的权利。

针对有限责任公司而言,《公司法》第210条规定,公司红利分配优先按照全体股东约定,只有未约定的情况下才适用法定的分配规则,即“按照实缴出资比例分取红利”;针对股份有限责任公司而言,[1]《公司法》第210条规定,股份有限责任公司按照股东持有的股份比例分配税后利润,但股份有限责任公司章程规定不按持股比例分配的除外。因此,无论是有限责任公司还是股份有限责任公司,均授权股东就分红事宜另行作出约定,但需注意的是,两者应满足的条件有所区别,有限责任公司应获得全体股东一致同意才可适用,而股份有限责任公司仅需在公司章程中作出约定即可。

---

〔1〕 因上市公司及非上市公众公司还应受上市公司、非上市公众公司法律框架的规制,限于篇幅原因,本节所指股份有限公司指的是非上市公司及非上市公众公司以外的股份有限公司。

在公司已按照法律规定对分红作出特别约定的情况下，如公司此后在利润分配问题上作出与之相悖的决议，则享有优先分红权的股东可提起决议撤销之诉，请求撤销分红决议。

案例：数安科技公司与贵州电子证书公司决议撤销纠纷案

案号：(2018)黔0115民初1156号

2014年9月19日，投资人数安科技公司从案外人处受让了具有优先分红权的股权，且在股权转让完成后，投资人的优先分红权亦获得公司股东会决议的确认。此外，公司章程规定，公司进行利润分配时股东另有约定的从其约定。

2018年1月25日，公司股东会对公司2016、2017年度利润分配方案议案进行表决，议案内容为公司按照出资比例分配税后利润，除投资人股东以外的其他股东均同意通过该议案，议案获得公司决议通过。

投资人遂以该决议内容侵犯其合法权益为由请求撤销决议。

法院认为，虽然2018年1月25日形成的关于按照出资比例分配税后利润的决议是按公司章程规定的程序表决形成，但内容违反了该章程中关于利润分配的特别约定，且该决议对投资人权益造成不利影响，因此，根据《公司法》(2018年修正)第22条第2款规定，支持投资人关于撤销公司利润分配决议的主张。

二 优先受让权条款

优先受让权或优先购买权，是指股东拟转让公司股权时，投资人股东拥有在同等条件下优先于第三方受让人及其他股东购买拟转让股权的权利。优先购买权条款意在确保投资人股东认可公司前景并有意增加投资的情况下，可通过股权受让的方式增持公司股权。在投资协议中，优先受让权条款常见表述为，如果投资人同意现有股东向第三方(包括未出售股权的其他现有股东)提议出售其全部或部分股权，投资人有权优先于拟受让方向出售股权的股东购买全部或部分该等股权。

针对投资协议中优先购买权条款的法律效力，笔者认为，针对有限责任公司，《公司法》第84条规定了有限责任公司股权转让制度，该条第3款赋予公司章程规定的优先效力，如果投资协议约定投资人享有相较于公司其他股东优先购买权并转化为章程规定的，符合《公司法》的规定，该等规定具有法律约束力。针对股份有限责任公司，《公司法》第157条规定，股份有限公司的股东持有的股份可以向其他股东转让，也可以向股东以外的人转让；公司章程对股份转让有限制的，其转让按照公司章程的规定进行。根据该条规定，股份有限公司的章程也可对股份转让作出限制性规定。

案例1：中国有色工程有限责任公司与北京世纪星河投资管理有限责任公司等请求变更公司登记纠纷案

案号：一审案号为(2021)京04民初442号，二审案号为(2022)京民终67号

公司股东在股份有限责任公司章程中限制股份对外转让(除非目标公司按照约定完成上市，否则未经股东MAIF事先书面同意，其余两名股东不得对外转让股份)且约定股东MAIF对其他股东向关联方以外第三人转让的股份拥有优先购买权。

针对章程规定的优先购买权条款的效力问题，北京市第四中级人民法院在一审民事判决中认为，《公司法》(2018年修正)针对股份有限责任公司的股份转让与有限责任公司相比采取区别对待的态度，关于股份有限责任公司股份仅在第137条作出原则性规定并仅对发起人和公司董事、监事、高级管理人员转让股份施加一定限制；但《公司法》并未明确禁止股份有限责任公司股东通过约定对股份转让加以限制。认定此等限制的效力不能一概而论，应从公司实际情况、限制约定的合理性等角度综合考量。案涉标的公司既非上市公司也不属于非上市公众公司，股东仅有三人，人数较少，决定了公司在性质上兼具资合性及人合性的特征。因此，考虑到标的公司人合性的特征，允许这类公司的股东通过合意达成股份转让限制性条件，尊重公司内部治理意思自治，并不违反法律法规的强制性规定和公共利益。且公司章程作为股东共同意志，对股份转让作出一定的限制，属于公司内部自治的范畴，司法应给予充分的尊重。再者，公司章程对股份转让施

加一定限制意在推动标的公司完成上市，具有合理性。

北京市高级人民法院在民事判决中阐述了类似的观点，其认为，关于股份有限责任公司章程对股份对外转让限制性条件效力问题，标的公司是一家非上市股份有限责任公司且不属于非上市公众公司，其股东仅有三人，应允许这类公司的股东通过合意达成股份转让的限制性条件，尊重公司内部治理意思自治，公司股份对外转让应受公司章程关于股份转让限制性约定的约束。

案例 2：张家港保税区千兴投资贸易有限责任公司、梦兰星河能源股份有限责任公司股东资格确认纠纷案

案号：一审案号为（2019）黑民初 11 号，二审案号为（2020）最高法民终 1224 号

在该案中，股份有限责任公司章程规定“股东向股东之外第三方转让股份的，应事先取得其他股东一致同意。各股东一致同意，其他股东对拟议股份在同等条件下享有优先受让权”。关于股份有限责任公司章程针对股份转让限制性规定的效力问题，当事人梦兰星河能源股份有限责任公司提出，标的公司性质为股份有限责任公司，公司章程关于优先购买权规定构成股份转让的变相禁止不符合股东有限责任公司资合性特征和立法精神而属于无效条款。为此，一审黑龙江省高级人民法院认为，章程对股份转让施加限制性规定，体现股东的共同意志，对公司及股东应当具有约束力，认可章程关于股份转让的限制性条款效力。最高人民法院的二审民事判决同样认可章程对股份转让规定的限制性条款效力。

三 优先认购权条款

优先认购权也称优先要约权（right of first offer），是指如果公司拟新增注册资本，投资者有权按照其所认为适当的比例（全部或部分）认购新增注册资本。该条款背后的商业考量在于，避免投资人的股权比例在公司后续融资时被稀释。在投资协议中，优先认购权条款常见表述为，在公司首次公开募股（IPO）或新三

板挂牌前,如公司增加注册资本或有类似行为,投资人有权以同等条件优先于现有股东和第三人按照其持有的公司股权比例认购新增注册资本。

关于优先认购权条款的法律效力,《公司法》第 227 条规定,有限责任公司增加注册资本时,股东在同等条件下有权优先按照实缴的出资比例认缴出资。但是,全体股东约定不按照出资比例优先认缴出资的除外。股份有限公司为增加注册资本发行新股时,股东不享有优先认购权,公司章程另有规定或者股东会决议决定股东享有优先认购权的除外。根据《公司法》的前述规定,无论有限责任公司还是股份有限公司,均可针对公司新增注册资本的认缴设置特别的约定,具体而言,针对有限责任公司而言,基于公司人合性的特征,法律赋予公司股东对新增资本优先认购的权利,但同时,也认可股东自由意志在该事项上比法律规定拥有的优先效力;针对股份有限公司而言,基于公司资合性的特征,法律明确规定股东不享有对新增资本的优先认购权,但同时允许公司章程对此作出变通性的规定。

案例:胡某与宁波市慈溪进出口股份有限责任公司与公司有关的纠纷案

案号:一审案号为(2009)甬慈商初字第 3114 号,二审案号为(2010)浙甬商终字第 00095 号

在该案中,标的公司宁波市慈溪进出口股份有限责任公司章程规定股东对于公司增资的优先购买权。此后,公司先后三次针对非本公司股东的特定对象非公开发行新股(定向增资)并完成增资手续,公司股东胡某遂以公司定向增资行为侵犯其优先购买权为由提起诉讼,请求确认其对公司新增资本享有优先购买权。对此,一审浙江省慈溪市人民法院认为,案涉增资扩股面向特定的对象,属于定向增资扩股,且均由出席股东大会的股东依法表决通过,程序合法,内容也不违反法律规定,符合章程规定,应依法认定有效。原告虽然为公司股东,但并不属于案涉定向增资扩股的对象范围。尽管公司章程规定公司股东对新股有优先认购权,但章程同时规定股东大会作为公司权力机构,有权对增资或减资等公司重大事项作出决议,因此,关于增资扩股的股东大会决议对全体股东均有约束力。公司股东不能以公司章程规定的优先认购权对抗同样由公司章程规定的最高权力机构作出的合法决议,对于原告对公司三次增资扩股享有优先认购权的主张不予支持。

浙江省宁波市中级人民法院作出的二审民事判决认为，胡某提起本案诉请的前提在于认可增资的股东会决议，而其本人并不属于股东大会决议确定的定向增发对象，在认可股东大会决议的同时不能又以股东享有的优先购买权对抗股东大会决议，并认为，如果胡某不认可股东大会决议，应当在法定时间内提起股东大会决议无效的诉讼，而无法在本案当中寻求救济。

四 领售权条款（drag along）

领售权条款也称拖售权条款，是指投资人要求其他股东以同样的价格和条件与自己一同向第三方出售股份的权利。该等条款背后的商业考量在于，投资人所持有目标公司的股权比例相对较小，往往仅为公司的小股东，在公司经营前景不善的情况下，如果单纯出售自身的股权或股份，因该等股份并不具有公司控股权，受让人受让股份难以获得控制权，难以找到合适的第三方，为确保投资人股权出售的目标能够顺利实现，投资人要求公司控股股东和其他股东在满足一定的条件下与之一同整体出售公司股份，以顺利退出。

关于领售权条款的法律效力，我们作如下分析，《公司法》第 84 条规定，有限责任公司股权对外转让应首先遵守公司章程的规定，只有章程未作规定的情况下，适用法定的转让程序。因此，从条款本身的法律效力角度来看，领售权条款并不违反《公司法》的强制性规定，但需注意将该等条款订入公司章程。因股份有限责任公司属于资合性主体，《公司法》第 157 条规定股份有限责任公司股份自由转让的原则（股份有限公司持有的股份可以向其他股东转让，也可以向股东以外的人转让），领售权条款也不违反《公司法》的强制性规定。

五 随售权条款

随售权条款也叫“同售权”或“共同出售权”条款，是指原股东出售公司股权的情况下，赋予投资人按照与原股东同样的条件向第三方出售全部或部分公司股权的权利，该条款的功能在于，在原股东有意对外转让股份的情况下保障投资人顺利从公司退出。

关于随售权条款在我国法律框架下的效力，我们认为，随售权条款因仅涉及股东之间利益，并不影响公司及公司债权人的利益，也不违反《公司法》关于股权转让的规定。因此，无论是有限责任公司还是股份有限责任公司，投资协议中所约定的随售权条款均属合法有效。

案例：林某与北京北科创新投资中心（有限合伙）股权转让纠纷案

案号：（2019）京03民终6335号

在该案中，投资人北京北科创新投资中心（有限合伙）与公司（性质为股份有限责任公司）及公司股东林某所签订的《增资协议》含有同售权条款，约定如果股东拟向除投资人以外的第三方直接或间接出售持有的公司部分或全部股权，应至少提前30日通过书面形式通知投资人，并获得投资人出具的书面同意方可实施，且投资人可主张将持有的部分或全部股权出售给受让股权的交易方。如果投资人同售的主张不能得到满足，则股东不得向第三方出售持有的公司全部或部分股权。针对股东林某提出的同售权条款因违反法律法规强制性规定而无效的上诉观点，二审民事判决认为，该协议条款约定原股东对外出售股权时，投资人享有同等出售的权利，并不违反《公司法》等相关法律法规对股权转让的强制性规定而无效。

六 回购权条款

回购权条款是指在满足特定的条件下，投资人有权要求公司或股东、实际控制人按照特定的价格收购投资人所持有的公司股权。其是投资人退出的一种机制，一般约定在满足特定条件之下（例如，标的公司未能在指定期限内完成上市或实现特定的业绩目标），投资人有权要求公司或创始人按照约定的价格回购公司的股权，保障投资人顺利退出。

针对股权回购问题，在《九民会议纪要》前，我国各地法院司法裁判意见在对公司回购条款的法律效力认定上并不统一，虽然《九民会议纪要》肯定了公司回购股权条款的效力，但如投资人请求公司回购时公司未完成减资程序，其诉讼请求仍然会被驳回。鉴于此，在《九民会议纪要》颁布后，投资人大多选择以大股东或实际控制人作为回购义务的主体，同时，在投资协议中要求目标公司对大股东或实际控制人的回购义务承担连带责任。

特别注意，根据《最高人民法院关于适用〈中华人民共和国民法典〉有关担保制度的解释》规定，如要公司对股东或实际控制人的回购义务承担担保责任的条款获得法院的支持，仅有公司签署盖章并不够，还应当获得公司的股东会决议文件。

案例：晨晖投资企业与易讯通公司股权转让纠纷案

案号：(2022)京民终403号

在该案中，投资人晨晖投资企业通过新三板协议转让的方式按照每股21元的价格从杜某处受让了新三板挂牌企业易讯通公司200万股股份(其中100万股系杜某指定案外人所持有)，总价4200万元。双方所签订的《股权转让协议》第2条约定赎回权，若易讯通公司自投资完成之日起满48个月未能在国内A股市场上市发行，则受让人有权要求出让人按照规定的赎回价格回购所持的全部或部分股份。后因标的公司未能按期上市，投资人晨晖投资企业行使回购权。

北京市高级人民法院在该案的民事判决中认为，案涉协议中关于股权赎回条件的约定属于双方关于目标公司业绩达成的具有对赌性质的协议，合法有效，并支持晨晖投资企业以4200万元加上以4200万元为基数按照年化10%标准计算的价款赎回股权的诉讼请求。

七 清算优先权条款（liquidation preference）

清算优先权条款是指公司发生清算、清盘或解散事件时，投资人享有相对于其他股东优先分配剩余财产的权利。根据美国风险投资协会（National Venture Capital Association，NVCA）的整理，此类条款可区分为三种类型："非参与性的优先权"，即约定首先支付优先股的原始购买价（加上应计算的股息或其他金额），除此以外的剩余款项分配给其他股东；"参与性优先权"，即约定首先支付优先权人原始购买价（加上宣布和未支付的股息的倍数），此后，剩余财产在所有股东之间按照持股比例进行分配；"优先股参与上限"，即约定首先支付优先权人原始购买价（加上应给付股息的倍数），此后，优先权人按比例参与分配，直到该投资者收到原始购买价的约定倍数为止，剩余金额由其余股东分配。从商业考量上来说，清算优先条款的作用在于，在公司发展前景不佳并需解散清算时，确保投资人在清算时优先收回投资款项及一定的收益。

关于清算优先权条款在我国现有法律框架下的效力，《公司法》第 236 条第 2 款规定了公司清算时财产分配的规则，即公司财产在分别支付清算费用、职工工资、社会保险费用、法定补偿金，缴纳税款，清偿公司债务后的剩余财产，在股东之间进行分配。分配的具体规则为，有限责任公司按照股东的出资比例分配，股份有限责任公司按照股东持有的股份比例分配。而清算优先权条款关于剩余财产分配的规则与《公司法》第 236 条第 2 款规定的财产分配规则并不一致，在此情况下，关于公司章程中清算优先权条款的效力问题有以下两种不同的认定：第一，认定条款有效，理由在于，此类条款仅是在股东内部之间关于剩余财产分配的规则，并不影响除股东以外的其他第三方（如公司员工、国家税收、债权人等）利益，属于章程自治的条款，对公司股东具有约束力，公司股东应当遵守章程的规定；第二，认定条款无效，理由在于，此类条款违背《公司法》第 236 条第 2 款关于公司剩余财产在股东之间分配的规定。[1]

案例：林某与北科中心股权转让纠纷案

案号：(2019)京03民终6335号

在该案中，投资人与校园电影院线公司及公司股东所签订的《增资协议》第15条约定，公司如果因破产或其他原因实施清算，则在分别支付清算费用、职工的工资、社会保险费用和法定补偿金，缴纳所欠税款，清偿公司债务后，对公司的剩余财产进行分配时，公司股东保证投资人优先获得本次增资中对公司的全部实际投资加上该等实际投资对应的已公布分配方案但还未执行的红利中投资方应享有的部分。

针对当事人主张《增资协议》因包含优先清算条款而无效观点，北京市第三中级人民法院认为，根据《公司法》(2018年修正)第186条规定，公司清算时，清算费用、职工的工资、社会保险费用、法定补偿金、所欠税款、公司债务优先于股东分配。案涉《增资协议》清算优先权条款约定公司分别支付清算费用、职工工资、社会保险费用、法定补偿金、所欠税款、清偿债务后，投资人拥有优先于其他股东进行分配的权利，股东内部对于分配顺序进行约定并不违反《公司法》第186条规定，只有违反法律、行政法规效力性强制性规定才导致合同必然无效，清算优先条款约定内容并不违反法律法规的强制性规定。

很显然，北京市第三中级人民法院认为，《公司法》(2018年修正)第186条关于股东内部之间对剩余财产的分配规则并不属于效力性强制性规定，即使清算优先权条款约定的分配规则与之冲突，也并不导致清算优先权条款无效，在此情况下，当事人之间仍然应当按照清算优先权条款分配剩余财产。

以上是结合我国现行法律法规对若干私募股权投资协议中若干投资人特殊权利条款的评析及解读，期望本节对实务界有所裨益。同时，我们也注意到，因《公司法》正处于修改过程中，关于此次《公司法》的修改是否对投资人特殊权利

---

[1] 侯宏利：《私募股权投资中投资人几个特殊权利在中国法下的运用》，载《西南政法大学学报》2013年第2期。

条款的法律评价产生影响，我们将保持进一步的关注。

第三节 契约型私募基金终止后投资者退出若干问题探讨

私募基金为我国金融业的重要组成部分，随着民间财富的积累，大众对于资产的配置越来越多样化，其中，私募基金投资渠道也越来越受到广大投资者的青睐。虽然私募基金在我国的发展已有30余年，但对私募基金的监管与私募基金的发展一度呈现“脱节”的状态。随着《私募投资基金监督管理暂行办法》及基金业协会制定的一系列自律规则的颁布实施，在行政监管层面已建立较为完善的制度体系，但在实践中仍然有不少问题尚待厘清，其中，私募基金投资者的退出无疑为困扰投资者的难题。因契约型私募基金属于非企业型的组织形式，在处理投资者退出问题时，并无法以《公司法》或《合伙企业法》作为处理纠纷的法律依据，因此，更具有探讨的必要。为此，笔者通过对相关判例进行整理分析，试图梳理出契约型基金终止后投资者退出的若干裁判规则并整理成文供实务界人士参考，不足之处还请方家指正。

契约型私募基金〔1〕的运作并不设立企业组织，而是通过基金合同界定各方的权利义务。基金合同一般会约定私募基金终止事宜，基金业协会公布的《契约型私募投资基金合同内容与格式指引》所列举的私募基金合同终止事由包括基金合同期限届满而未延期，份额持有人大会决定终止，私募管理人、托管人职责终止，在6个月内没有新基金管理人、新基金托管人承接。实践中，契约型私募基金常见的终止事由表现为以下两种：第一，基金合同期限届满而未延期；第二，基金

〔1〕 为行文方便，在本节中，私募基金、契约型基金均指代契约型私募投资基金，基金管理人、管理人均指代企业型私募基金管理人。

管理人职责终止并未有新的管理人承接两种情形，其中，通常表现为基金管理人被注销基金管理人资格这一情形。

私募基金如发生上述终止事由，则触发基金合同的清算条件。基金合同均会约定私募基金清算的具体安排，一般包括组建清算小组、基金财产的清算及债权债务的清理、清算报告的编制及确认、基金剩余财产的分配以及基金账户的注销。

虽然基金合同对基金清算作出安排，但在实践中往往会因管理人未履行或“怠于”履行清算义务而导致投资者无法顺利收回剩余财产而引起争议，常见的争议问题表现如下：其一，在私募基金尚未清算的情况下投资者是否有权径行请求返还或支付剩余财产或要求管理人赔偿损失；其二，在未经清算的情况下，如何确定管理人向投资者返还或支付的财产范围。为此，笔者特结合我国现有法律制度及相关判例对上述问题进行整理分析，试图梳理出相关的裁判规则。

一 在私募基金尚未清算的情况下，投资者是否有权径行请求管理人返还或支付剩余财产或赔偿损失

在私募基金终止后，基金清算具有严格的先后履行顺序，首先由基金管理人与托管人组建清算小组，再由清算小组负责资产核对与变现及债权债务的清理；其次进行清算报告的编制及确认程序；最后才是清算财产的支付或分配。启动清算程序的主动权往往在基金管理人手中，实践中，往往出现如下事由导致未能启动清算程序，第一为私募基金管理人“失联”，第二为管理人基于其他原因未能启动清算程序。

在私募基金未清算的情况下，如投资者径行请求分配剩余财产或要求赔偿损失，法院或仲裁机构往往从以下方面判断投资者的请求是否应得到支持。

1. 管理人是否构成“怠于”履行清算义务的认定

诚如前述，基金合同往往约定，一旦触发终止条件，则基金管理人应与托管人组建清算小组并推进清算程序，其中，管理人的义务主要变现为，向托管人出具基金财产清单、资产负债表、利润表供托管人核对，管理人负责将非现金资产进行处

置变现等。

实践中,在管理人“失联”的情况下,基金合同已无法继续履行,认定管理人构成“怠于”履行清算义务自不待言。实务中存有较多争议的是,在管理人未“失联”的情况下,之所以导致无法推进清算程序,往往表现为对已有投资未能顺利处置变现而引起,其原因亦非在管理人自身。在此情况下,法院或仲裁机构往往依赖于通过管理人所采取的措施这一外观表现来判断管理人是否属于“怠于”履行清算义务。

例如,在(2020)鲁 71 民初 81 号案件中,在基金到期终止后,虽然未能完成基金所投项目底层资产的变现并向投资者分配,但管理人在底层资产项目公司出现兑付困难后及时提起诉讼主张权利。为此,法院以基金尚未清算且投资人损失未能确定为由驳回投资人要求返还投资本金、收益的请求。同样地,在(2019)浙 0104 民初 8882 号案件中,针对投资者在基金到期后尚未完成清算的情况下请求返还投资本金、收益的诉请,法院认为,管理人在投资期限届满后也采取包括诉讼在内的措施维权并陆续向投资者分配,投资者损失尚处于不确定状态,以此为由驳回原告的诉讼请求。

相对地,如管理人未采取诉讼或仲裁公力救济手段维权,法院或仲裁机构可能认为管理人并未积极处置底层资产而导致投资者损失。例如,在(2020)京 0117 民初 621 号案件中,基金到期后,在基金交易对手未履行回购义务情形之下,管理人仅发送几次通知而并未采取任何手段收回投资款,法院认定管理人属于未及时采取清算措施的情形,进而判令管理人承担相应的责任。

2. 管理人“怠于”履行清算义务,投资者径行请求管理人支付剩余财产的处理

诚如前述,私募基金清算具有明确的先后履行顺序,只有在清算小组对私募基金对外投资已经变现并对债权债务已经清理完成后,才可确定投资者可收回的投资金额。换言之,清算程序为向投资者分配剩余投资的必要条件,如未经清算,则投资者应获得的剩余投资金额并无法确定,而清算的主要义务人为管理人,如管理人“怠于”履行清算义务,势必导致投资者面临应获得的分配金额无法确定

的困境。

针对管理人“怠于”履行清算义务导致投资者损失而提起诉讼或仲裁的，就理论而言，审理法院或仲裁机构面临如下选择：第一，向投资者进行“释明”，要求其变更诉讼或仲裁请求为要求管理人及托管人履行清算义务；第二，直接越过清算程序判令管理人向投资者支付确定金额的款项。笔者针对前述两种设想的裁判思路分析如下。

针对第一种裁判思路，《民法典》规定的合同违约责任承担方式包括继续履行、赔偿损失等[1]，在管理人“怠于”履行清算义务的情况下，判令管理人继续履行清算义务在理论上似乎并无不可；但如作出此等判决无法解决实践中的一些常见问题，例如管理人“失联”或仍然以各种理由拒绝启动清算程序的，人民法院难以强制执行，亦仍然无法维护投资者的实体权利。针对第二种裁判思路，从结果上来看，如径行判令管理人对投资者承担损失赔偿责任，可强制执行，无疑是对投资者更为有效的保护，避免前述第一种裁判思路的困境。但毕竟私募基金投资并非借贷行为，在基金尚未清算的情况下，法院或仲裁机构如要支持投资者的诉讼请求也仍然面临以下问题：第一，在基金未经清算的情况下径行判令管理人向投资者承担责任是否属于变相的支持“刚性兑付”，作出判决的法律依据以及以公权力代替基金合同自主安排的正当性何在；第二，如何确定应当赔偿或返还的范围。

基于上述分析，第一种裁判思路从形式上看“似乎”更符合基金合同约定，但无助于维护投资者的实体权利；第二种裁判思路从形式上“看似”以公权力取代了契约安排，但从实体上更有利于维护投资者的实体权利，实现“案结事了”的目标，也仍然需避免变相的“刚性兑付”。笔者认为，在现阶段，我国私募基金尚处于发展阶段，法院或仲裁机构在裁判案件时应综合平衡投资者利益保护与基金发展、管理人利益保护。在一般情况下，如无充分证据证明管理人确属“怠于”履行

---

[1] 《民法典》第577条规定，当事人一方不履行合同义务或者履行合同义务不符合约定的，应当承担继续履行、采取补救措施或者赔偿损失等违约责任。

清算义务，即使管理人在清算过程中存在瑕疵履行行为，亦应维护基金合同做出的清算安排及秩序，唯有如此，才能打破“刚性兑付”，促进私募基金行业的健康有序发展。例如，在(2019)浙0104民初8882号案件中，针对投资者在基金合同到期后径行要求管理人返还投资本金、收益及费用的请求，法院认为，基金尚处于清算期间内，在投资者损失尚未确定的情况下诉请返还投资本金、收益、费用欠缺法律依据。此外，在(2019)陕0113民初21720号案件中，法院亦持同样的观点而驳回投资者要求返还本金及利息的请求。但为避免管理人肆意侵害投资者合法权益，如投资者具有充分证据能够认定管理人“怠于”履行清算义务导致投资者无法收回投资款项，则应采纳第二种裁判思路，有力维护投资者的实体权利。

因本节探讨的重点在于投资者退出的问题，本节着重探讨第二种裁判思路，试图从相关判例中梳理出法院的裁判逻辑。诚如前述，因第二种裁判思路以公权力代替基金合同约定的清算安排，势必需要更为充足的依据及说理，经笔者梳理，在实践中法院或仲裁机构的裁判思路可分为如下几种：

(1)将基金清算认定为返还剩余财产的生效条件，基金管理人“怠于”履行清算义务的行为属于为自己的利益阻止生效条件成就的行为，视为条件已经成就，即投资者可依据基金合同要求管理人分配(返还)剩余财产。[1]

在(2014)朝民(商)初字第37576号案件中，针对基金管理人中景博升股权投资基金管理有限公司在《投资管理合同》到期后“失联”的情况，投资人王某提起管理人返还本金及收益的诉讼请求。法院认为，《投资管理合同》约定管理人对投资进行清算并作出清算报告是返还投资资金的前提条件，管理人作为清算义务人在投资管理计划终止后未能在约定时间内履行清算并出具清算报告义务，应属于其自身原因导致返还投资资金条件不成就的行为，依法应视为该条件已成就，管理人应将委托资金返还投资人。在(2018)渝0103民初41号案件中，针对

---

[1] 《民法典》第158条规定：“民事法律行为可以附条件，但是根据其性质不得附条件的除外。附生效条件的民事法律行为，自条件成就时生效。附解除条件的民事法律行为，自条件成就时失效。”第159条规定：“附条件的民事法律行为，当事人为自己的利益不正当地阻止条件成就的，视为条件已经成就；不正当地促成条件成就的，视为条件不成就。”

基金到期后管理人怠于履行清算义务的情形，审理法院认为，关于投资人完成赎回后应当获得的款项金额，本应通过清算后确定，但管理人并未举证证明基金已经清算以及清算后是否仍有剩余财产可供分配，怠于履行清算义务导致投资人赎回金额无法确定，应视为投资人申请赎回基金的条件已经成就。

（2）依据预期违约制度认定管理人向投资者返还剩余财产。《民法典》规定了预期违约制度，在履行期限届满前如行为人明示或以自己的行为表明将不履行合同义务的，守约方有权提前请求其承担违约责任。[1] 在私募基金领域中，管理人清算义务在先而返还剩余财产在后，管理人怠于履行清算义务的行为可视为以自己的行为表明其将不履行返还剩余财产的义务，投资者可据此要求管理人支付或返还剩余财产。

在笔者代理的由深圳国际仲裁院审理的某商事仲裁案件中，因某基金管理人被基金业协会注销私募基金管理人资格而导致基金合同终止，此后，管理人即陷入“失联”状态并未履行基金清算义务，投资人无奈之下，遂提起仲裁径行要求管理人向投资者返还或支付投资本金及利息。仲裁庭认为，管理人以自己的行为表明不履行基金合同关于基金管理人的义务，根据预期违约制度裁决管理人承担违约责任。

二 私募基金未经清算的，向投资者返还或支付剩余财产范围的确定规则

诚如前述，如法院或仲裁机构支持投资人返还投资款请求，势必需确定应返还的范围。因基金毕竟未清算，投资者的剩余财产范围在客观上并未确定，在此情况下，法院或仲裁机构存在如下裁判思路以确定应返还的金额。

1. 依据证据规则推定返还或支付的范围为本金

在（2014）朝民（商）初字第37576号案件中，因管理人怠于履行清算义务导

[1] 《民法典》第578条规定，当事人一方明确表示或者以自己的行为表明不履行合同义务的，对方可以在履行期限届满之前要求其承担违约责任。

致无法确定投资者剩余财产。法院综合考虑举证能力、举证可能性及公平原则推定应返还的范围仅限于投资本金，其逻辑在于，投资人的投资存在盈利及亏损两种结果，在盈利还是亏损真伪不明的情况下，投资人应对盈利这一主张承担举证责任，管理人应对亏损这一主张承担举证责任，在双方均未能对本应承担举证责任事项完成举证的，各自承担举证不能的不利后果，即推定投资者的投资既未盈利也未亏损。

在（2018）渝0103民初41号案件中，法院认为，投资者赎回基金所应获得款项金额本应通过清算程序确定，但管理人"怠于"行使清算义务导致投资者基金赎回的金额无法确定，遂支持投资者要求支付基金款（本金）的诉讼请求。

2. 由裁判机构依据可预见性规则合理认定管理人应返还的范围

在笔者所代理的某商事仲裁案件中，因管理人在基金合同终止后处于"失联"状态，深圳国际仲裁院认定管理人应向投资者承担违约责任，并依据《民法典》第584条规定的可预见性规则支持投资者要求返还本金及同期贷款利息的仲裁请求。

在笔者所接触的由中国国际经济贸易仲裁委员会裁决的某契约型私募基金纠纷案件中，在基金未清算的情况下，仲裁庭根据《民法典》第577条规定并结合合同约定、管理人违约行为及过错、违约行为的后果等因素认定管理人向投资者返还投资本金及同期贷款利息。

在（2020）京0117民初621号案件中，法院认为，从实质上看，不论基金最终清算结果是盈利还是亏损，投资者未能在基金届满后合理的清算期限内收到投资本金，属于必然会发生的可预期损失。

综上所述，在契约型私募基金未经清算的情况下，如投资者径行请求管理人返还剩余财产或赔偿损失，裁判机构势必需在投资者利益、基金行业发展及管理人利益之间权衡。如管理人仅仅是瑕疵履行清算义务并不导致投资者无法收回投资，则法院或仲裁机构不得以公权力代替基金合同的自主安排，投资者仍然应等待基金清算后从基金剩余财产中获得分配。如管理人已经"失联"或确属于"怠于"履行清算义务导致投资者无法按期收回投资款项，则法院或仲裁机构亦会行使公权力突破基金合同自主安排判令管理人向投资者承担相应的责任，从实体上维护投资者的利益，其裁判路径可从附生效条件民事行为制度或预期违约制度找到依据，至于赔偿或返还范围，因客观上尚未清算而无法确定，更多由法院或仲裁机构依据证据规则推定或作出综合认定。

第五章 公司争议解决

第一节　肖像权侵权损害赔偿问题实务探讨

据媒体报道,2019 年 12 月 25 日,由于使用酷似李小龙形象图标长达 15 年,上海真功夫快餐管理有限公司、广州市真功夫餐饮管理有限公司、广州真功夫快餐连锁管理有限公司(以下合称真功夫公司)被李小龙有限责任公司(Bruce Lee Enterprises,LLC)起诉至上海市第二中级人民法院,LLC 提出了 2.1 亿元的高额索赔,该案于 2022 年 8 月 25 日在上海市某人民法院开庭审理。

该案高额的索赔金额无疑引起社会极大的关注。从法律实务的视角来看,虽然《民法典》设专章规定了肖像权制度,其中,第 1019 条更是详细规定了肖像权侵权行为的类型,对此前肖像权侵权行为局限于"未经同意,以营利为目的使用"这一行为类型作出较大修改,有力地促进肖像权保护;但《民法典》关于肖像权侵权责任,特别是损害赔偿责任等问题并未作出专门规定。鉴于此,笔者结合司法案例的相关观点特对肖像权侵权损害赔偿金额及精神损害赔偿认定进行梳理,试图探讨法院在裁判相关案件中的具体规则或考量因素。

一 肖像权侵权损害赔偿金额认定

《民法典》第 1182 条规定,侵害他人人身权益造成财产损失的,按照被侵权人因此受到的损失或者侵权人因此获得的利益赔偿；被侵权人因此受到的损失以及侵权人因此获得的利益难以确定，被侵权人和侵权人就赔偿数额协商不一致，向人民法院提起诉讼的，由人民法院根据实际情况确定赔偿数额。在人身权益侵权案件中，权利人经济损失、侵权人获得利益均较难举证，因此，实践中，在双方无法协商确定的情况下，更多是由审理法院根据“实际情况”酌情认定。因《民法典》的该条规定针对的是一般侵权损害赔偿认定规则，法律规范中“实际情况”的规定极为原则及宽泛，可操作性并不强，因此，针对不同的领域应有更为具体的规则或考量因素。现结合有关司法案例，探讨在肖像权侵权领域中，法院酌情认定损害赔偿金额的具体方法及考量因素。

1. 在代言关系终止后侵权的，参照双方代言费确定

在广州卡佰利化妆品有限公司、戚某肖像权纠纷案中，针对广州卡佰利化妆品有限公司在与戚某所签订的代言合同到期后继续使用戚某肖像的侵权行为，广州市某区人民法院支持了原告参照代言合同的代言费标准计算的20万元的损失赔偿金额。[1]

同样地，在樊某、广东融骏智能科技有限公司肖像权纠纷案中，针对广东融骏智能科技有限公司在双方代言合同到期后继续使用樊某个人肖像的侵权行为，法院参照双方代言费标准计算具体的损失赔偿金额，“以该协议约定的樊某肖像使用费用26万元两年为标准，计算樊某2016年4月18日至2017年9月12日（本案一审法庭辩论终结时）的经济损失为182,712元”。[2]

2. 如双方此前并不存在代言关系的，则根据被侵权人知名度、侵权行为持续时间、侵权程度、损害后果等因素综合认定

在马某与安徽基石公司、信达地产股份有限公司、安徽信达房地产开发有限公司、安徽克顿品牌传播有限公司肖像权纠纷案中，北京市东城区人民法院在认定损失赔偿数额时，结合马某的知名度、侵权行为的持续时间、侵权程度、造成的

---

〔1〕（2018）粤01民终13754号。
〔2〕（2018）粤06民终262号。

损害后果等因素予以酌定,最终支持50万元的赔偿金额。在二审阶段,北京市某中级人民法院认为一审判决酌情确认的赔偿数额基本合理。[1]

经检索,在其他类似的案例中,法院在认定肖像权损害赔偿金额时的考量因素与北京市东城区人民法院在前述判决中所列的参考因素相似。其他可供参考案例情况见表4。

表4 法院对肖像权损害赔偿金额的裁判观点

序号	案号	侵权情节	裁判观点
1	(2016)黑0108民初689号	未经允许擅自将赵某的多幅肖像用作其经营的汽车项目的销售宣传配图	根据博能公司的过错程度、侵权时间、侵权的手段、场合、行为方式及造成的影响等情况,综合酌定5000元的经济损失及精神损害抚慰金
2	(2016)京0105民177号	未经允许,擅自将佟某肖像用在其授权和生产的“舒可心卫生巾”的外包装上做商业宣传	根据佟某的知名度、二被告对佟某肖像的使用方式、使用范围、使用时间,结合二被告的过错程度及当前的市场因素酌情确定。酌情认定,支持8万元
3	(2018)京0105民初20986号	未经允许在微信公众号使用靳某肖像,照片3张,为吉利汽车销售进行广告宣传	综合考虑原告的职业身份、被告的经营性质及被告使用原告肖像的具体情节,对原告此项请求酌情予以判处,支持34,000元
4	(2015)朝民初字第31765号	微信公众号中未经允许,使用了林某照片	根据乌鲁木齐美奥公司使用照片情况及林某的知名度等对林某的该项请求酌情予以判处,赔偿经济损失2万元
5	(2017)粤0305民初3493号	碧桂园房地产开发有限公司未经允许在公众号文章中使用苏某照片,并在文章末尾添加商业广告	结合此文的阅读量大小、刊载时间长短、照片使用数量等因素酌定赔偿经济损失、维权费用等共计3000元

通过对上述判例的分析可以看出,法院在裁判肖像权侵权赔偿案件时关于赔

---

[1] (2017)京02民终1704号。

偿数额的认定有以下规则：(1)如侵权行为人与肖像权人此前存在代言关系，则法院可直接依据双方代言费标准确定赔偿的数额。(2)如双方此前并无代言关系，则人民法院在认定赔偿数额时，考虑的因素包括被侵权人知名度、侵权行为的持续时间、侵权程度、造成的损害、侵权手段、主观过错等，由于判决文书并未公开法官最终确定赔偿金额的心证过程，因此，无法准确确定各项因素对于索赔金额的影响程度。

二 肖像权侵权精神损害赔偿认定

《民法典》第1183条第1款规定，侵害自然人人身权益造成严重精神损害的，被侵权人有权请求精神损害赔偿。

根据《民法典》的上述规定，受害人可以肖像权遭受侵害为由主张精神损害赔偿，但应达到"严重精神损害"的后果，由于精神损害并非财产上的损害，体现的是受害人因人格权利遭受损害所承受的肉体上或心理上的痛苦，非受害人本人无法体会到该等感受是否达到"痛苦"的程度，因此，判断是否达到"严重精神损害"即成为难点。通过对司法判例的梳理，我们可获得法院在肖像权侵权纠纷中评估精神损害的有关因素。

1. 由法官根据侵权行为造成的社会后果并结合生活经验常识进行分析判断，如法官判断肖像权人因侵权行为遭受社会评价贬损后果的，则倾向于认为造成精神损害。例如，在(2015)深福法民一初字第2330号判决中裁判法院认为，鉴于两被告的商业行为虽侵犯了原告的肖像权，但未造成原告的社会评价受损，故对原告未造成一定程度的精神损害，并不予支持原告20万元精神损害的诉讼请求。与之相对，如自然人的肖像被用于整形医院等场合的，社会公众会认为肖像权人存在"整容"的情况，进而影响肖像权人的社会评价，法官偏向于认定该等侵权行为造成严重后果并支持精神损害赔偿。例如，天津市某人民法院在(2016)津01民终5042号判决中认为，天津南开欧菲整形美容医院在微整形注射的广告配图使用温某照片，误导公众温某做过微整形手术，侵犯了温某的名誉权，足以致使温某遭受精神损害，并支持温某精神损害赔偿的诉讼请求。

2. 从侵权行为方式上分析认定，如行为人采用丑化或侮辱方式侵犯肖像权，则法院倾向于认为该等行为给肖像权人造成严重精神损害。例如，北京市某人民法院在（2018）京 0105 民初 48014 号判决中认为，鉴于中山樱雪公司使用范某肖像的行为属于营利性使用范畴，而且利用的方式并非属于丑化或者侮辱的不当使用，其侵权行为主要侵犯的系肖像权中具有财产属性的利益，不致造成范某的严重精神损害，故对要求赔偿精神损害抚慰金的诉讼请求不予支持。在杨某诉西安市新城区幂吻茶饮品店侵害肖像权纠纷案中，法院认为，被告在使用原告肖像过程中并不存在侮辱、诽谤、丑化等行为，原告关于精神损害抚慰金的诉求依据不足。

3. 有的法院从举证责任的角度出发，要求原告提供证据证明遭受精神损害的后果，如无法举证，则予以驳回。例如，杭州某法院在（2019）浙 0192 民初 2991 号民事判决中指出，张某未提供证据证明因考拉公司侵权行为造成其严重精神损害的后果，故对于精神损害抚慰金不予支持。

综上，在肖像权侵权纠纷中，因精神损害赔偿制度的法律规定较为模糊，法院在个案当中的裁判思路也并不统一，是否支持精神损害赔偿更多是由法官在个案当中根据侵权行为方式、侵权后果等因素并结合生活经验常识进行分析判断。

三　结语

综上所述，虽然《民法典》设专章规定了肖像权制度，但就肖像权侵权赔偿责任问题，特别是侵权损害赔偿金额及肖像权精神损害赔偿的问题并未作出专门规定，仍然按照一般侵权责任的规则予以规制。因肖像权作为人格权之独特的类型，无论是在侵权方式还是在侵权责任的承担方面均具有一定的独特性，为此，笔者特结合司法判例对肖像权侵权损害赔偿金额的司法认定及肖像权侵权精神损害责任认定进行梳理。

关于肖像权侵权损害赔偿金额的确定，由于在肖像权侵权案件中，权利人经济损失、侵权人获得利益均较难举证，因此，实践中，在双方无法协商确定的情况下，更多是由审理法院根据“实际情况”酌情认定。如侵权行为人与被侵权人之间存在代言关系，法院会以双方代言费标准确定赔偿金额；而如双方此前并无代言关系，则更多是由法官行使自由裁量权予以确定，根据相关的判决文书，法官考虑的因素主要包括被侵权人知名度、侵权行为的持续时间、侵权程度、造成的损害、侵权手段、主观过错等。

关于肖像权侵权的精神损害赔偿，现有法律规定精神损害赔偿应以达到“严重精神损害”的后果为条件，该规定较为模糊，个案中更多是由法官结合日常生活经验常识进行认定。根据相关判决文书的内容来看，法官可从侵权造成的社会后果、具体的侵权行为方式等方面进行分析判断。

第二节　私募基金违规募集与非法集资的边界

我国针对私募基金虽然已经初步建立了相应的监管体系，但由于法律体系不完善、监管资源有限、行业规范基础薄弱等，私募基金行业也暴露了一些风险及问题，其中，私募基金募集阶段暴露的风险及问题尤为明显。2019 年 11 月，中国人民银行发布的《中国金融稳定报告（2019）》，披露一些私募基金存在的违规募集现象较为突出，其中，甚至有些违规募集行为已涉嫌非法集资，对私募基金市场秩序造成较大冲击。

鉴于此，笔者结合有关的法律规定及司法判例，探讨私募基金违规募集与非法集资的边界，以期对私募基金合规经营有所裨益。

一 非法集资

非法集资并非《刑法》中的用语,而是司法解释中关于非法吸收公众存款罪、集资诈骗罪等7个罪名的罪名体系,关于非法集资的认定,有如下司法解释。

1. 最高人民法院2022年修正的《关于审理非法集资刑事案件具体应用法律若干问题的解释》

该解释第1条第1款规定,“非法集资”是违反国家金融管理法律规定,向社会公众(包括单位和个人)吸收资金的行为,同时明确,成立非法集资需具备非法性、公开性、利诱性、社会性四个特征:

(1)非法性,指的是未经有关部门依法批准或者借用合法经营的形式吸收资金,包括未经有关部门批准吸收资金以及借用合法经营的形式吸收资金两种情形;

(2)公开性,指的是通过媒体、推介会、传单、手机信息等途径向社会公开宣传;

(3)利诱性,指的是集资人承诺在一定期限内以货币、实物、股权等方式还本付息或者给付回报;

(4)社会性,指的是向社会公众即社会不特定对象吸收资金。

同时,该解释明确非法吸收公众存款罪是非法集资犯罪的基础罪名,即“除刑法另有规定的以外,应当认定为刑法第一百七十六条规定的‘非法吸收公众存款或者变相吸收公众存款’”。

该解释第1条第2款将“未向社会公开宣传,在亲友或者单位内部针对特定对象吸收资金的”行为排除在非法集资之外。

2. 最高人民法院、最高人民检察院、公安部于2014年3月25日联合颁布实施的《关于办理非法集资刑事案件适用法律若干问题的意见》

该规范性文件对非法集资“公开性”及“社会性”特征进行了进一步明确:

第 2 条规定，“公开性”包括以各种途径向社会公众传播吸收资金的信息，以及明知吸收资金的信息向社会公众扩散而予以放任等情形。

第 3 条规定，在向亲友或者单位内部人员吸收资金的过程中，明知亲友或者单位内部人员向不特定对象吸收资金而予以放任的，以及以吸收资金为目的，将社会人员吸收为单位内部人员，并向其吸收资金的，属于向社会公众吸收资金，即社会性特征。

3. 最高人民法院、最高人民检察院、公安部于 2019 年 1 月 30 日联合颁布的《关于办理非法集资刑事案件若干问题的意见》

该规范性文件对非法性特征进一步明确，认定非法集资的“非法性”，“应当以国家金融管理法律法规作为依据。对于国家金融管理法律法规仅作原则性规定的，可以根据法律规定的精神并参考中国人民银行、中国银行保险监督管理委员会、中国证券监督管理委员会等行政主管部门依照国家金融管理法律法规制定的部门规章或者国家有关金融管理的规定、办法、实施细则等规范性文件的规定予以认定”。

二 合法的私募基金

《证券投资基金法》及中国证监会出台的《私募投资基金监督管理暂行办法》针对私募基金规定了相应的监管制度，根据我国目前的私募监管规则，成立合法的私募基金应符合特定的条件。

1. 发行主体应进行私募基金管理人登记

《证券投资基金法》第 89 条规定，担任非公开募集基金的基金管理人，应当按照规定向基金行业协会履行登记手续，报送基本情况。第 90 条规定，未经登记，任何单位或者个人不得使用“基金”或者“基金管理”字样或者近似名称进行证券投资活动；但是，法律、行政法规另有规定的除外。

2. 募集对象仅限于合格投资者并限定单只私募基金投资者人数

具体而言，包括以下两个方面：

其一，在募集对象的资格上，《证券投资基金法》第 87 条规定，非公开募集基金应当向合格投资者募集，合格投资者是指达到规定资产规模或者收入水平，并且具备相应的风险识别能力和风险承担能力、其基金份额认购金额不低于规定限额的单位和个人。《私募投资基金监督管理暂行办法》则进一步明确了合格投资者的条件。为确保募集对象为合格投资者，基金业协会制定的《私募投资基金募集行为管理办法》规定了募集机构应遵循特定对象确认及合格投资者确认的必要程序。

其二，在募集对象的数量上，单只私募基金的合格投资者人数不得超过《证券投资基金法》《公司法》《合伙企业法》等法律规定的特定数量。

3. 募集的方式仅限于非公开方式

《证券投资基金法》第 91 条规定，非公开募集基金，不得通过报刊、电台、电视台、互联网等公众传播媒体或者讲座、报告会、分析会等方式向不特定对象宣传推介。《私募投资基金监督管理暂行办法》在前述方式的基础上增加“布告、传单、手机短信、微信、博客和电子邮件等方式”。

4. 募集完毕进行基金备案

《证券投资基金法》第 94 条第 1 款规定，非公开募集基金募集完毕，基金管理人应当向基金行业协会备案。对募集的资金总额或者基金份额持有人的人数达到规定标准的基金，基金行业协会应当向国务院证券监督管理机构报告。

5. 不得保本保收益

《私募投资基金监督管理暂行办法》第 15 条规定，私募基金管理人、私募基金销售机构不得向投资者承诺投资本金不受损失或者承诺最低收益。

三 违规募集与非法集资的边界

1. 登记、备案程序与“非法性”特征

(1) 未履行登记及备案程序是否构成“非法性”特征

非法集资的“非法性”特征，指的是在金融管理法律法规具有关于吸收资金应当获得批准的规定，或在金融管理法律法规仅作原则性规定时，部门规章及规范性文件具有相应规定的情况下，集资人未取得批准即募集资金。

在私募基金监管领域，根据《证券投资基金法》及中国证监会《私募投资基金监督管理暂行办法》相关规定，募集私募基金仅要求进行管理人登记及基金备案，设立私募基金管理机构及发行私募基金并不要求行政审批。因此，即使未履行私募基金管理人登记及进行基金备案程序募集私募基金的，并不得直接以此认定为构成非法集资的“非法性”特征。

(2)履行了登记及备案程序是否即不构成“非法性”特征

非法集资“非法性”特征除包括未经批准吸收资金的情形外，还包括“借用合法形式吸收资金”的情形，即使私募基金募集主体履行了登记及备案程序，即具备合法私募的“外衣”，但也不得以此即认定不构成“非法性”特征。例如，在吕某非法吸收公众存款案[1]中，虽然吕某将北京中金赛富及部分基金在基金业协会进行了私募基金的相关登记备案，但其通过电话推销、个人推介、发放宣传材料等途径向社会公开宣传，承诺还本付息，向社会不特定对象募集资金。法院认为，虽然履行了登记备案程序，但实质上是借私募基金的合法形式非法吸收公众存款，并认定其构成非法吸收公众存款罪。

2. 违规公开募集与“公开性”特征

关于非法集资的“公开性”特征，在《关于审理非法集资刑事案件具体应用法律若干问题的解释》中的定义，指的是通过媒体、推介会、传单、手机信息等途径向社会公开宣传资金募集信息。2014 年发布的《关于办理非法集资刑事案件适用法律若干问题的意见》对“公开性”特征做了进一步明确，包括以各种途径向社会公众传播吸收资金的信息，以及明知吸收资金的信息向社会公众扩散而予以放任等情形。

在私募基金领域，《证券投资基金法》规定，不得通过报刊、电台、电视台、互联网等公众传播媒体或者讲座、报告会、分析会等方式向不特定对象宣传推介。

[1] (2017)京 03 刑终 544 号。

《私募投资基金监督管理暂行办法》第 14 条进一步明确,不得通过报刊、电台、电视、互联网等公众传播媒体或者讲座、报告会、分析会和布告、传单、手机短信、微信、博客和电子邮件等方式,向不特定对象宣传推介。

通过上述概念的比较,非法集资"公开性"特征的范围,不仅包括公开宣传推介集资信息,对于口口相传的方式,如放任向社会扩散的,也在其范围内,其范围明显广于私募基金的公开推介的方式,因此,如公开宣传推介私募基金,自然落入非法集资"公开性"特征范围内。

3. 违规承诺保本保收益与"利诱性"特征

"利诱性"是指集资人承诺在一定期限内以货币、实物、股权等方式还本付息或者给付回报。非法集资的"利诱性"特征包括有偿性和承诺性两个方面内容,其中,有偿性是指非法集资属于有偿集资行为,即集资人除偿还本金以外,还承诺给予一定的回报,回报的形式或名义可以为利息、分红、工资、奖金等。[1]

在私募基金领域,《私募投资基金监督管理暂行办法》第 15 条规定,私募基金管理人、私募基金销售机构不得向投资者承诺投资本金不受损失或者承诺最低收益。在实践中,违反该条款的行为包括两种类型:向投资者保证本金不受损失,保证的范围仅限于本金,例如,由管理人以出具差额补足承诺或订立保底条款的形式约定,如本金损失的,由管理人予以补足;向投资者保证投资最低收益,保证的范围除本金部分外,还包括一定的收益。

笔者认为,如违规募集的行为仅限于保证本金不受损失的,并不存在引诱投资人的利益,不具有"有偿性",不符合非法集资的"利诱性"特征;如承诺最低收益的,所承诺的收益即为对投资人投资的回报,则表明集资行为具有"有偿性",符合"利诱性"的特征。

4. 违规向投资者募集基金与"社会性"特征

非法集资的"社会性"特征是从募集资金的对象上区分的,划分为特定对象

---

〔1〕 参见杜万华主编:《最高人民法院民间借贷司法解释理解与适用》,人民法院出版社 2015 年版,第 110 页。

与不特定对象，集资对象为不特定对象的，符合“社会性”特征，集资对象为特定对象的，则不构成“社会性”特征。针对“社会性”特征，需要考虑以下因素：一是集资参与人的抗风险能力，集资对象是否特定；二是集资行为的社会辐射力，对象是否特定，既要求集资人的主观意图是特定的，通常还要求其具体实施的行为是可控的。[1]

在募集对象的要求上，私募基金领域包括募集对象为合格投资者、单只私募基金合格投资者人数受到限制，其中，合格投资者，是指达到规定资产规模或者收入水平，并且具备相应的风险识别能力和风险承担能力、其基金份额认购金额不低于规定限额的单位和个人，相关监管规则并要求募集机构履行特定程序以确保募集对象为合格投资者。因此，私募基金在募集对象上的违规，主要表现为未履行特定对象确认程序及合格投资者确认程序导致募集对象并非合格投资者，以及单只基金募集人数超过法律规定的上限。

诚如前述，募集对象如为合格投资者，则表明集资对象具备相应的抗风险能力，这为分析判断是否构成“社会性”特征的基础，但并不能局限于此。在分析对象是否特定时，还应考虑募集机构募集行为的社会辐射面因素，即使向合格投资者募集，但如超出法定人数的限制从而导致社会辐射面不可控，同样应当认定为向社会不特定对象进行集资。

案例：张某非法吸收公众存款案

案号：(2017)沪01刑终1025号

法院认为，上诉人募集资金涉及的人数有1000余人，募集资金对象具有不特定性，且在募集对象的选择上具有普遍性，没有因人而异，只要愿意出资都加以接受，上诉人与投资人之间的关系也仅具有利益联系性，明显符合非法吸收公众存款社会性的特性。

通过上述案例可知，集资对象是否为合格投资者无疑为重要的判断标准，但

---

[1] 参见杜万华主编：《最高人民法院民间借贷司法解释理解与适用》，人民法院出版社2015年版，第111页。

该案还从集资对象的选择以及集资主体与投资人关系上分析募集行为的社会辐射面是否可控。

综上所述,构成非法集资类犯罪,需同时具备"非法性"、"公开性"、"利诱性"及"社会性"四个特征,私募基金募集过程中存在的违规行为是否构成非法集资类刑事犯罪,需以非法集资的"非法性"、"公开性"、"利诱性"及"社会性"四个特征进行分析判断。

(1)我国设立私募基金管理机构及发行私募基金不设行政审批,是否经过登记、备案程序与"非法性"特征并不具有直接关联性,不得以是否经过登记、备案程序而认定是否符合非法集资的"非法性"特征。

(2)如违规公开推介私募基金,该等行为本身即符合非法集资的"公开性"特征。

(3)违规保本保收益的,如仅为违规保本的,并不符合"利诱性"特征,如违规保本保收益的,则应认定为符合"利诱性"的特征。

(4)至于违规募集是否构成非法集资的"社会性"特征,应当以募集对象是否属于特定对象作为标准,在私募基金领域,募集的对象是否为合格投资者可作为判断的基础条件,但并不应当局限于此,仍然应当分析募集行为是否导致社会辐射面不可控等因素。

此外,本节需要提醒私募机构注意,虽然私募机构是否履行登记、备案程序与非法集资"非法性"特征并无直接关联性,但是如私募机构违规募集的行为同时满足"公开性"、"利诱性"及"社会性"特征的,并不会因为欠缺"非法性"特征而不构成非法集资。因此,同时满足"公开性""利诱性""社会性"特征的行为实质上属于吸收公众存款的行为,而因其在并未按照《商业银行法》规定获得国务院银行业监督管理机构批准的情况下即从事吸收公众存款业务,符合"非法性"特征,仍然构成非法集资类犯罪。

第三节 民间委托理财纠纷裁判规则分析——以深圳地区为例

最高人民法院于2011年对《民事案件案由规定》修改时将“民间委托理财”单独列为第三级案由，表明在司法实践中因民间委托理财引起的争议案件并不在少数；而截至目前，我国并无专门性的法律规定或司法解释对此作出规定。在司法实践中，无论是因此产生司法裁判“同案不同判”的现象，还是法院通过对于此类案件的审理形成并遵循一定的裁判规则，从而实现“同案同判”的效果？针对该等问题，尚无确定性意见。

为此，笔者以“民间委托理财”作为关键字在“无讼案例”等案例检索平台进行案例检索，通过对深圳地区两级法院的相关判例进行整理及归纳，试图梳理出深圳地区法院对于民间委托理财纠纷的相关裁判规则。

一 概述

民间委托理财是指非金融机构或自然人委托理财，客户将资产交给资产管理公司、投资咨询公司、一般企事业单位等非金融机构或自然人，由非金融机构或自然人作为受托人的委托理财形式。[1] 民间委托理财是与金融委托理财相对的一个概念，仅限于受托人不具备受托管理资质类型的委托理财。

民间委托理财，在法律性质上属于委托合同的一种类型，其除具备委托合同的一般特征外，还具有以下法律特征：第一，受托人具有特定性，仅限于非金融机

---

〔1〕 参见最高人民法院民事案件案由规定课题组编著：《最高人民法院民事案件案由规定理解与适用》(2011年修订版)，人民法院出版社2011年版，第177页。

构的企、事业单位或自然人，如受托人为金融机构的，则其受托理财行为应受到金融监管行业规定的专门规制；第二，委托事项特定，民间委托理财是委托人将其资金、证券等资产委托给受托人，由受托人将该资产投资于期货、证券等交易市场或通过其他金融形式进行管理，所得收益由双方按约定进行分配或由受托人收取代理费。

根据在证券或期货市场出现的投资人名义的不同，民间委托理财可分为委托代理型投资理财和信托投资理财的类型，其中，委托代理型投资理财，由委托人以自己的名义开设资金账户或股票、期货交易账户，受托人使用委托人的账户从事投资经营活动；信托投资理财，由委托人直接将资金、证券等交付给受托人，由受托人以自己的名义从事投资经营活动。[1]

二 民间委托理财与“名为委托理财实为民间借贷”的区分

在审理民间委托理财纠纷案件时，法院需首先对当事人之间权利义务关系准确界定，从而确定待审案件是属于民间委托理财纠纷还是属于其他类型的纠纷。其中，最为常见的是“名为委托理财实为民间借贷”类型案件。因此，在对民间委托理财纠纷的裁判规则进行梳理前，首先梳理法院如何界定案件类型属于民间委托理财还是属于“名为委托理财实为民间借贷”。

在理论及实践中，关于如何区分民间委托理财纠纷与“名为委托理财实为民间借贷”纠纷，存在不同的思路。

第一种思路为最高人民法院以“高民尚”署名在《人民司法》上所发表的《审

〔1〕 参见最高人民法院民事案件案由规定课题组编著：《最高人民法院民事案件案由规定理解与适用》（2011 年修订版），人民法院出版社 2011 年版，第 177 页。

理证券、期货、国债市场中委托理财案件的若干法律问题》一文为代表。[1] 该文根据委托理财合同条款内容对委托理财及“名为委托理财实为民间借贷”作出区分。该文认为，如委托理财合同中存在保证本息固定回报条款的，双方属于民间借贷关系，因为委托人的合同目的在于追求本息固定回报，对受托人资产管理行为及其收益并无预期，与民间借贷关系并无二致，应当以民间借贷关系审理。

另一种思路体现在江苏省高级人民法院所制定并发布的《关于审理委托理财合同纠纷案件若干问题的通知》（已失效）中，该地方性司法文件认定“名为委托理财实为民间借贷”的条件包括两个：其一，从形式上，采用的是信托型委托理财，即“由委托人向受托人交付资金，受托人自行开设证券账户进行证券交易”；其二，从合同内容上，合同内容含有“由受托方向委托方返还本金并支付固定回报，或除支付固定回报外对超额投资收益约定由委托人与受托人按比例分成”的保底条款。

在深圳地区，笔者以“民间委托理财”进行检索，仅查询到一个“名为委托理财实为民间借贷”的案例，案号为（2017）粤0305民初10095号。在该案中，当事人所订立的《投资合作协议》含有“甲方每月指定日期支付乙方本金的1.6%投资收益到乙方指定账号”内容，法院认定属于保证本息固定回报的条款，该协议应该按借款合同处理，认定本案名为委托理财实为借贷。很显然，法院的裁判思路与《审理证券、期货、国债市场中委托理财案件的若干法律问题》一文中关于保证本息固定回报保底条款的处理方法是保持一致的，即认定当事人构成“名为委托理财实为民间借贷”法律关系仅依据合同条款是否具有保证本息固定回报的内容，而并不区分是否构成信托型委托理财还是委托型委托理财。

因案例数量有限，同时，已查询到的案例判决尚属于基层法院所作，无法以该判例的裁判观点即认定深圳地区法院对于区分民间委托理财纠纷和“名为委托理

---

[1] 最高人民法院曾于2001年正式立项起草关于委托理财法律适用问题的司法解释，但因条件不成熟而至今未出台。最高人民法院民事审判第二庭遂署名“高民尚”在《人民司法》上所发表的《审理证券、期货、国债市场中委托理财案件的若干法律问题》一文为“对委托理财案件审判实践中若干重要问题及相关观点进行整理和辨析，并就已基本达成共识的问题综述”，显然在一定程度上代表了最高人民法院民事审判第二庭的倾向性意见。

财实为民间借贷”纠纷形成了明确的裁判规则。

三 民间委托理财合同纠纷裁判规则

(一)民间委托理财合同效力裁判规则

关于民间委托理财合同本身的法律效力问题,虽然最高人民法院 2011 年修改的《民事案件案由规定》新增加“民间委托理财”三级案由,但因我国缺少实体法律的规定,对于非金融机构或自然人是否可从事受托理财业务以及当事人所订立的理财合同法律效力上是否有效仍然有如下不同的观点。

1. 绝对无效说

在 2019 年对《证券法》修订以前,《证券法》均明文规定,“未经国务院证券监督管理机构批准,任何单位和个人不得经营证券业务”。从法律规范角度分析,该条法律规范属于强行性规范中的禁止性规范,即禁止任何单位和个人在未经批准的情况下经营证券业务。

基于上述规定,无效说的观点认为,民间委托理财合同违反《证券法》的效力性强制性规定而无效。不乏地方性司法文件支持该等观点,例如,北京市高级人民法院于 2007 年 4 月所发布的《关于审理金融类委托理财合同纠纷案件若干问题的指导意见(试行)》明确规定,不具备金融类委托理财资质的其他非金融机构作为受托人订立的金融类委托理财合同应当认定无效。

值得注意的是,在 2019 年修订的《证券法》中,将原《证券法》第 122 条“设立证券公司,必须经国务院证券监督管理机构审查批准。未经国务院证券监督管理机构批准,任何单位和个人不得经营证券业务”的规定予以删除,该等立法的变化是否表明,我国立法对于非金融机构接受委托从事理财行为的认可,以及该等立法的变化对于民间委托理财裁判的影响,尚有待于对相关司法裁判案例进一步考察。

2. 区分说

该种观点认为,对于受托人为一般的企事业单位等非金融机构法人的委托理财，“委托理财行为处于无规可循的灰色地带，委托理财活动出现市场监管真空”，人民法院不宜轻易否定该类情形下委托理财合同的效力，而应根据具体情况具体分析；对于自然人作为受托人的，因其不致对金融市场产生不良影响，所签订的委托理财合同应认定有效，但如其接受社会不特定多数人委托从事理财，属于从事集合性受托理财业务，因其不具备资质而应认定合同无效。[1]

经笔者进行案例检索，共查询到4则相关的案例，该等案例反映出，针对民间委托理财，深圳地区法院倾向于采纳区分说的观点，即在一般情况下民间委托理财有效，但应注意，受托人不得在同一时期内共同或者分别接受社会上不特定多数人的委托从事理财业务。

为便于观察，相关司法判例见表5。

表5 法院对受托理财行为效力的裁判观点

序号	案号	裁判观点
1	（2018）粤03民终7659号	涉案托管协议是当事人自愿达成的，其约定的事项也不属于法律、行政法规所禁止的事项……托管协议合法有效
2	（2014）深中法商终字1162号	本案属于自然人之间的民间委托理财，是某的行为并未违反法律法规的强制性规定，韦某主张双方之间的委托与受托行为无效依据不足，不予采信
3	（2017）粤03民终6632号	我国现行法律和行政法规并未禁止非金融机构或自然人接受特定他人的理财委托，同时赵某并无证据证实剑客公司在同一时期内共同或者分别接受社会上不特定多数人的委托从事受托理财业务，特别是进行集合性受托投资管理业务。因此虽然剑客公司的经营范围不含证券业务，但不能认定证券业务无效
4	（2017）粤0306民初3762号	根据合同法的相关规定，原告基于信任关系与被告约定，由原告出资、被告代为实施股票交易的行为，双方构成民间委托理财合同关系，合法权利义务应受法律保护

〔1〕 参见高民尚：《审理证券、期货、国债市场中委托理财案件的若干法律问题》，载《人民司法》2006年第6期。

（二）附保底条款的民间委托理财纠纷裁判规则

1. 保底条款的类型

在《审理证券、期货、国债市场中委托理财案件的若干法律问题》一文中，将委托理财合同中保底条款区分为保证本息固定回报、保证本息最低回报、保证本金不受损失（包括受托人承诺补足部分或全部本金损失的类型）三种类型，实践中“受托人在承诺补足委托资产本金损失之外，对收益损失作出赔偿承诺”亦属于保证本息最低回报类型，以及“受托人承诺补足部分或全部损失”属于保证本金不受损失的类型。

该文依据当事人之缔约目的是否包括获取投资收益而将保底条款区分为两种类型并作出不同的界定：保证本息固定回报的保底条款，当事人对于投资收益并无预期，认定为借贷关系；而在保证本息最低回报及保证本金不受损失类型中，投资收益属于当事人的缔约目的，此两类保底条款界定为委托理财合同关系。

2. 保底条款效力

关于保底条款的法律效力，因缺乏明确的法律规定，在司法实践中，存在不同的裁判观点。

（1）无效说

《审理证券、期货、国债市场中委托理财案件的若干法律问题》一文认为，保证本息最低回报及保证本金不受损失类型的保底条款因与民商法基本原理违背、违背民法公平原则、违反法律禁止性规定、违反市场基本规律而无效。因该等条款为合同的核心条款，保底条款无效导致委托理财合同无效的法律后果。[1]

（2）有效说

有效说的观点认为，只有明确违反法律、行政法规效力性强制性规定才导致合同无效，而我国目前并无关于民间委托理财保底条款无效的法律、行政法规的

---

[1] 自《证券法》颁布实施以来，我国历次修订的《证券法》均明文禁止证券公司对客户证券买卖的收益或赔偿证券买卖的亏损作出承诺。此处所谓“违反法律禁止性规定”，指的是尽管在主体方面，其他非证券公司的投资机构或者自然人不宜完全适用相关法律和部门规章，但根据法律解释“举重明轻”的原则，法律对特殊主体的特别规定对于一般主体亦应具有借鉴和引导作用。

强制性规定,保底条款应属于当事人意思自治的范畴,法院不得认定无效。

3. 裁判规则分析

经笔者以“民间委托理财”作为关键字进行案例检索,查询到9个相关案例,当事人均采用的是保证本金不受损失类型的保底条款,通过对案例的整理,可梳理出如下裁判规则:

其一,除(2017)粤03民终12196号案件及(2018)粤0305民初10174号案件中对保底条款效力予以认可,其他案件均将保底条款认定为无效条款。值得注意的是,虽然法院在(2017)粤03民终12196号案件中认可保底条款的法律效力,但在该案的再审程序中,法院对当事人订立的保底条款效力认定做了纠正。在再审裁定书中,法院认为“该约定内容具有保底条款性质,虽属当事人真实意思表示,但违背股票市场基本规律,应认定无效”。

其二,法院认定保底条款无效的理由具有高度一致性,主要为该等条款将投资风险转嫁给受托人,违背基本经济规律,违背资本市场(金融市场)基本规则,违背民法公平原则。

其三,在认定保底条款无效后,除(2017)粤03民终10224号案件中认定保底条款部分无效的法律后果外,大部分案件认定保底条款无效导致合同整体无效的法律后果。

其四,责任承担上,在认定保底条款无效导致合同无效情况下,法院按照双方当事人的过错程度对亏损进行分担,其中,当事人对投资交易账户的控制程度为法院认定亏损分担的重要因素。例如,在(2018)粤03民终14568号、(2019)粤03民终5346号案件中,因受托人对股票交易账户拥有完全下单操作权,而认定受托人承担主要过错责任;在(2019)粤03民终13205号案件中,因委托人对于账户亦具有一定的控制权,法院酌定委托人应自行承担一定责任。

为便于观察,笔者摘录了相关判例的裁判观点,见表6。

表 6　法院对保底条款合同效力的裁判观点

序号	案号	保底条款类型	裁判观点	责任分担及理由
1	（2018）粤03民终14568号	保证本金不受损失	该约定免除了谢某作为委托人应承担的投资风险，具有保底条款的性质，虽属当事人意思自治范畴，但违背了基本的经济规律和资本市场规则，且有违民法的公平原则，一审法院认定保底条款无效和《委托资产管理协议书》无效并无不当	合同整体无效：受托人对于账户拥有完全下单操作权，对于股票交易起主导作用，承担主要过错责任，法院酌定受托人对损失承担80%责任，委托人承担20%责任
2	（2017）粤03民终12196号	保证本金不受损失	并未违反法律、行政法规的强制性规定，加之委托人专业理财知识匮乏以及受托人独享投资决策权，根据权责一致原则，受托人负有较大责任，故对该民间委托理财合同中保底条款的特殊风险安排，不应认定为无效	—
3	（2019）粤03民终13205号	保证本金不受损失	1. 与委托代理法律关系的基本原则相悖，也违背了金融市场的基本规律及交易规则； 2. 我国法律明确规定证券从业人员不得直接或以化名、借他人名义持有、买卖股票，甄某明知任某系证券从业人员但仍将其股票账户交给其操控从事股票交易，双方的行为因违反国家法律的强制性规定而无效	整体无效：综合考虑案件事实、两上诉人身份、甄某对涉案账户亦有一定操控能力等因素的基础上，酌定甄某（委托人）自行承担30%责任、任某和曹某（受托人）各承担35%的责任
4	（2013）深中法民终字第1110号	保证本金不受损失	显失公平，违反了民事法律的公平原则……关于张某不承担亏损的约定部分无效	部分无效：亏损由双方参照盈利比例分担

续表

序号	案号	保底条款类型	裁判观点	责任分担及理由
5	（2019）粤03民终5346号	保证本金不受损失	保底条款将投资风险完全分配给受托人，严重违背市场经济基本规律和资本市场规则，也有违民法之公平原则。因此，一审法院认定《合作协议书》《合作协议书2》《承诺书》中保底条款无效，并无不当	合同无效：刘某是账户实际操作的一方，专业性高于吴某，对亏损应负主要责任，吴某应承担次要责任，酌定受托人承担70%损失，委托人承担30%损失
6	（2018）粤03民终14063号	保本	有违投资风险与收益相一致的市场规律，应认定为无效	合同整体无效：因合同无效，张某慧因该合同取得的财产及30万元本金及利息，应予返还
7	（2017）粤03民终10224号	保证本金不受损失	与委托代理法律关系的基本原则相悖，也违背了金融市场的基本规律及交易规则	保底条款部分无效：双方当事人对于合同无效均有过错，过错大小相当，且双方约定利润平分，故确定损失亦由双方平均分担
8	（2018）粤03民终2040号	保证本金不发生亏损	既与委托代理法律关系的责任承担的基本原则相悖，违背了民法的公平原则，也违背了基本的经济规律和资本市场规则，应认定为无效条款	合同整体无效：为防止民间委托理财订立保底条款，促使委托理财行为更加规范化，一审法院认定受托人对损失承担70%责任，委托人承担30%责任

续表

序号	案号	保底条款类型	裁判观点	责任分担及理由
9	(2018)粤0305民初10174号	保证本金安全	原、被告签订的《股票操盘委托协议书》系双方当事人的真实意思表示,属于自然人之间的委托理财合同,内容未违反法律、行政法规的强制性规定,合法有效	—

(三)当事人在亏损发生后作出补偿承诺效力裁判规则

笔者发现,除事先约定受托人的保底责任外,也有的当事人在亏损发生后作出亏损承担承诺(承诺的具体表现形式包括借条、欠条、承诺函等),但因其未履行承诺而引起诉讼,该等承诺的效力仍然是双方所争议的焦点问题。

在深圳地区,笔者查询到6则类似的案例,针对此类补偿承诺,法院倾向于认为,事后出具的承诺形成了新的法律关系,除非当事人撤销该份承诺,否则应按照承诺向对方承担还款责任。值得注意的是,在(2019)粤03民终14140号案件中,法院认定当事人在亏损发生后所出具的承诺函中保底条款无效,因为该承诺函仅是对双方事先口头约定内容的事后确认,而非当事人在亏损发生后所作出的新的意思表示,也就表明,该承诺函仍然属于事前所约定的保底条款,并不属于事后出具的承诺,因此,从严格意义上来说,该案并不应归入本部分所讨论的范畴内。如将该案例排除在外,则从现有判例来看,针对民间委托理财亏损发生后当事人承诺承担亏损的,法院往往认可该份承诺的效力,而不适用“保底条款”的裁判规则。

为便于观察,笔者摘录了相关判例的裁判观点,见表7。

表7　法院对补充承诺行为效力的裁判观点

序号	案号	承诺类型	裁判观点
1	(2019)粤03民终5540号	承诺返还投资款项	本人出具的《股票合作投资退出承诺协议》是当事人的真实意思表示,合法有效

续表

序号	案号	承诺类型	裁判观点
2	(2019)粤03民终14140号	亏损由受托人承担	按涉案承诺函中确认的各方此前口头协议内容,超过2000万元本金部分的收益由甄某与任某、宋某、刘某按四六比例分配,亏损则由任某、宋某、刘某三人平均负担,该保底内容违背金融市场的基本规律,将证券投资风险完全分配给受托人,严重背离民法的公平原则
3	(2019)粤03民终2126号	在李某的损失发生后,冯某承诺补偿	双方当事人就补偿金额的意思表示一致,双方达成的合意具有法律效力
4	(2018)粤0306民初12846号	吴某向赖某出具的七份欠条承担亏损	吴某自愿向两原告承担亏损2000万元,并作出还款承诺。吴某未按约定支付亏损金额,应承担相应的违约责任
5	(2017)粤0306民初21262号	出具欠条承担亏损	在被告向原告出具欠条后,双方之间形成新的债权债务关系。该欠条是被告真实意思表示
6	(2019)粤0305民初22018号	受托人出具欠条承担亏损	在被告向原告出具欠条后,双方之间形成新的债权债务关系

综上所述,虽然我国对于民间委托理财纠纷的审理尚未制定专门的司法解释;但就深圳地区的司法实践而言,法院对于民间委托理财纠纷的审理已形成如下相对统一的裁判规则,可供相关从业人员参考:第一,就民间委托理财合同效力而言,除非受托人接受不特定对象委托从事受托理财业务,一般情况下,非金融机构接受特定对象委托从事理财所订立的合同并不认定为无效合同。第二,对含有保证本金不受损失类型保底条款的民间委托理财合同,深圳地区两级法院倾向于认定为无效条款,因该等条款为委托理财合同的核心条款,法院倾向于认定因保底条款无效而导致合同无效。在认定合同无效基础上,法院根据当事人的过错程度酌定双方责任,其中,对交易账户的控制程度为法院酌情认定亏损分担比例的重要考量因素。第三,因在深圳地区暂未检索到保证本息最低回报保底条款的案例,关于该等保底条款的效力认定及其法律后果,尚有待于未来进一步观察。第

四,受托人在亏损发生后向委托人出具补足本金或承担亏损承诺的,法院倾向于认定该等承诺为当事人的真实意思表示,承诺人应按照承诺履行还款义务。

至于法院对于含有本息固定回报条款的委托理财是否按照借贷合同认定,因所检索到的案例有限,暂无法得出明确的意见,尚有待于未来进一步观察。

第六章

公司法及民法热点问题

第一节　从企业经营视角看《民法典》若干制度

2021 年 1 月 1 日，作为“新时代我国社会主义法治建设的重大成果”的《民法典》正式实施。《民法典》的实施对社会生活的各个方面均将产生深远的影响，企业作为社会经济活动的重要参与主体，学习并应用《民法典》对于防范企业经营风险无疑具有至关重要的作用，鉴于此，笔者特对《民法典》中与企业经营密切相关的若干制度进行解读并提出应对建议，以期对企业的经营活动有所助益。

一　公司担保及债务加入

《民法典》第 61 条第 1 款规定，依照法律或者法人章程的规定，代表法人从事民事活动的负责人，为法人的法定代表人。

解读：

根据相关司法解释，如法定代表人在未获得公司法规定的决议批准的情况下擅自对外签订担保合同，如相对人为善意，则公司应承担担保责任，如相对人非善意，则公司不承担担保责任。除非在特殊情况下[1]，认定相对人善意或非善意的标准在于，相对人是否能够证明已对决议进行合理审查，如证明已审查决议文件，则为善意，否则即为非善意。

如以公司名义签订债务加入文件，参照上述标准处理。

建议：

如担保人或债务加入人为公司这一组织形式，仅有公司法定代表人签字及盖章在形式上并不完备，还应要求拟担保或债务加入的公司提供相应的决议文件。

二　提供格式条款一方的法定义务

《民法典》第496条规定，格式条款是当事人为了重复使用而预先拟定，并在订立合同时未与对方协商的条款。

采用格式条款订立合同的，提供格式条款的一方应当遵循公平原则确定当事人之间的权利和义务，并采取合理的方式提示对方注意免除或者减轻其责任等与对方有重大利害关系的条款，按照对方的要求，对该条款予以说明。提供格式条款的一方未履行提示或者说明义务，致使对方没有注意或者理解与其有重大利害关系条款的，对方可以主张该条款不成为合同的内容。

解读：

为降低磋商的成本，提高交易效率，很多企业均会采用预先拟定的含有格式条款的合同与相对方签订合同，对于合同中与对方具有重大利害关系的条款，可通过字体加黑、标粗的方式提示对方注意条款内容，如订约对方对条款有疑义的，应对条款向对方进行说明，否则，对方可主张该条款不属于合同内容。

---

〔1〕 在如下特殊情况下，针对担保人为非上市公司的，即使无法提供公司决议文件，也可要求其承担担保责任：金融机构开立保函或担保公司提供担保；公司为其全资子公司经营活动提供担保，担保合同经单独或合计持有2/3以上对担保事项有表决权股东的签字同意。

建议：

对于互联网企业，特别是电商企业而言，大多通过电子合同的形式与消费者签订合同，该等电子合同均由企业预先制定并重复使用，企业应特别注意审查合同内容，对其中与对方具有重大利害关系的格式条款应注意采用加黑、标粗等方式提醒对方注意。

三 情势变更原则

《民法典》第533条规定，合同成立后，合同的基础条件发生了当事人在订立合同时无法预见的、不属于商业风险的重大变化，继续履行合同对于当事人一方明显不公平的，受不利影响的当事人可以与对方重新协商；在合理期限内协商不成的，当事人可以请求人民法院或者仲裁机构变更或者解除合同。

人民法院或者仲裁机构应当结合案件的实际情况，根据公平原则变更或者解除合同。

解读：

合同严守为合同履行的一项基本原则，该原则要求合同当事人全面履行合同约定的各项义务，不得擅自变更或解除合同；但是，合同成立后，如果发生客观的情况导致当事人继续履行合同将明显不公平的结果，在无法协商解决的情况下，当事人可起诉或提起仲裁请求变更甚至解除合同。

建议：

企业在日常经营中，如确实遇到满足法定条件的客观环境的变化，可及时提起诉讼或仲裁请求变更或者解除合同，避免产生额外的经济负担。

四 推定保证方式的重大变更

《民法典》第686条规定，保证的方式包括一般保证和连带责任保证。

当事人在保证合同中对保证方式没有约定或者约定不明确的，按照一般保证承担保证责任。

解读：

一般保证与连带责任保证的一项重大区别在于，在一般的情况下，一般保证的保证人享有先诉抗辩权[1]，而连带责任保证人无此权利，因此，保证方式无论是对于保证人还是债权人均影响重大。在《民法典》施行后，如当事人在合同中未明确约定的，则保证人只需承担一般保证责任。

建议：

企业在经营过程中，如以债权人角色与保证人签订保证合同的，务必注意在合同中明确约定担保人承担保证责任的方式，避免因未约定或约定不明而遭受额外的经济损失。

五　合同解除制度的变更

《民法典》第 564 条第 2 款规定，法律没有规定或者当事人没有约定解除权行使期限，自解除权人知道或者应当知道解除事由之日起一年内不行使，或者经对方催告后在合理期限内不行使的，该权利消灭。

《民法典》第 580 条第 2 款规定，有前款规定的除外情形之一，致使不能实现合同目的的，人民法院或者仲裁机构可以根据当事人的请求终止合同权利义务关系，但是不影响违约责任的承担。

解读：

《民法典》的上述规定对合同解除制度作了重大调整：在法律未作特殊规定及当事人未约定的情况下，规定了一年的解除权的行使期限；允许合同违约方在满足法定条件下通过起诉或提起仲裁终止合同权利义务。

---

〔1〕 通俗地讲，所谓先诉抗辩权，指的是在主合同纠纷未经审判或仲裁并就债务人财产强制执行仍不能履行债务前，保证人可拒绝向债权人承担保证责任的法定权利。

建议：

1. 合同履行过程中，如相对方违约而企业无意继续与之交易的，应及时发出解除通知，有意继续与对方进行交易的，应及时催告对方履约。

2. 如企业为违约方的，在满足法定条件下，可及时提起诉讼或仲裁终止合同权利义务关系，避免因纠纷久拖不决而产生额外的经济成本。

六 个人信息保护的加强

《民法典》第 1035 条规定，处理个人信息的，应当遵循合法、正当、必要原则，不得过度处理，并符合下列条件：

(1) 征得该自然人或者其监护人同意，但是法律、行政法规另有规定的除外；

(2) 公开处理信息的规则；

(3) 明示处理信息的目的、方式和范围；

(4) 不违反法律、行政法规的规定和双方的约定。

个人信息的处理包括个人信息的收集、存储、使用、加工、传输、提供、公开等。

解读：

虽然我国此前颁布实施的《全国人民代表大会常务委员会关于加强网络信息保护的决定》《网络安全法》《消费者权益保护法》等已对个人信息处理作出规定，但前述规定所适用的范围均有局限，《民法典》的规定适用于所有主体。在《民法典》时代，企业应严格遵守上述规定，避免个人信息处理不合规而承担侵权责任。

建议：

对于直接面向终端客户的企业而言，在经营活动中不可避免地需要处理大量的个人信息，可结合本企业的具体业务情况制定个人信息处理的专门制度。

七 用工管理中，可向员工索赔

《民法典》第1191条第1款规定,用人单位的工作人员因执行工作任务造成他人损害的,由用人单位承担侵权责任。用人单位承担侵权责任后,可以向有故意或者重大过失的工作人员追偿。

解读:

《民法典》赋予用人单位在承担侵权责任后的追偿权,在工作人员因故意或重大过失造成用人单位向他人承担侵权责任的,用人单位可向员工追偿。

建议:

企业应加强法律宣传,督促员工勤勉尽责地履行职责,避免给企业带来经济损失。

八 高利放贷的禁止

《民法典》第680条第1款规定,禁止高利放贷,借款的利率不得违反国家有关规定。

解读:

《民法典》首次明确禁止违反国家有关借款利率的规定放贷,根据相关司法解释规定,在民间借贷中,借贷双方约定的利率不得超过全国银行间同业拆借中心发布的一年期贷款市场报价利率的四倍,否则,超出的部分将不受法律保护。

建议:

1. 在民间借贷中,企业应注意约定的借贷利率不得超过法律规定的上限。

2. 除借贷利率外,企业及企业家还应注意避免借贷所涉的刑事责任风险,根据《关于办理非法放贷刑事案件若干问题的意见》(法发〔2019〕24号)规定,未经监管部门批准,或者超越经营范围,以营利为目的,经常性地向社会不特定对象发放贷款，[1]扰乱金融市场秩序，情节严重的，以非法经营罪定罪处罚。企业及企业家在出借资金时，应注意控制出借资金的对象及控制出借资金的次数，避免触犯上述规定而招致刑事责任风险。

九 肖像权侵权制度变更

《民法典》第1019条规定，任何组织或者个人不得以丑化、污损，或者利用信息技术手段伪造等方式侵害他人的肖像权。未经肖像权人同意，不得制作、使用、公开肖像权人的肖像，但是法律另有规定的除外。

未经肖像权人同意，肖像作品权利人不得以发表、复制、发行、出租、展览等方式使用或者公开肖像权人的肖像。

解读：

《民法典》实施前，公民肖像权侵权认定强调“以营利为目的”的主观动机。《民法典》的上述规定，对肖像权侵权制度做了重大修改，不以行为人主观动机作为条件，同时规定“制作”“使用”“公开”的行为都属于侵权行为的类型。

建议：

无论是否以营利为目的，在需要制作、使用、公开他人肖像时，企业需事先获得肖像权人的同意。

十 新增保理合同

《民法典》第761条规定，保理合同是应收账款债权人将现有的或者将有的应收账款转让给保理人，保理人提供资金融通、应收账款管理或者催收、应收账款债

---

〔1〕 该文件中“经常性地向社会不特定对象发放贷款”，是指2年内向不特定多人（包括单位和个人）以借款或其他名义出借资金10次以上。

务人付款担保等服务的合同。

解读：

《民法典》第761条至第769条专门规定“保理合同”的相关内容。我国保理业务包括银行保理业务和商业保理业务两种类型，对于从事市场经营活动的企业而言，将应收账款用于保理融资，可起到加快货款收回、优化财务报表的作用。

建议：

在实践中，不乏当事人为了获得融资而伪造基础交易合同的情形，如基础交易真实性存在瑕疵，则可能导致保理合同无效及融资款项被收回的后果。在银行保理融资中，如当事人虚构基础交易关系骗取银行保理融资款项，根据相关学者的统计，法院将对行为人判处合同诈骗罪或贷款诈骗罪[1]。因此，企业以应收账款开展保理融资的，应注意确保基础交易关系的真实性。

因《民法典》的内容极为丰富，限于篇幅原因，本节仅择取《民法典》中部分与企业经营活动极为密切的相关制度进行分析及探讨，期望本节内容为企业经营活动起到切实作用。

第二节　我国建立公司法人人格反向否认制度研究

一　问题的提出

2005年修订的《公司法》第20条在我国首次建立了公司法人人格否认制度（下称传统公司人格否认制度），有效规制股东滥用公司法人人格及股东有限责任的行为，保护公司债权人的利益。而对于股东滥用公司法人人格侵害股东自身

[1] 郭文政：《骗取银行保理融资款项构成合同诈骗——以中国裁判文书网公布的生效裁判文书为样本》，载《法制博览》2020年第32期。

债权人利益的情形，例如，股东与公司人格混同的情形以及股东利用公司逃避债务的情形，遭受侵害的债权人能否参照同样的原理要求公司对股东债务承担责任，即反向否认公司的法人人格，如果可以，法律依据是什么。对于此问题，根据我国现有的司法判例分析，法院在具体适用中尚有不同的观点。

在(2010)沈民二终字264号案件中，针对所存在的母子公司之间人格混同的情形，法院通过对《公司法》第20条第1款作扩张解释，以其作为法律依据，适用反向刺破公司面纱法理〔1〕，判令子公司对母公司的债务承担连带责任。而在(2015)渝民初字第03194号案件中，针对原告要求公司对股东债务承担责任的诉讼请求，法院以目前没有相关法律直接规定为由予以驳回。

同样地，在豪迪房地产公司与雷某委托合同及撤销权纠纷案中，针对相同的案件事实，一审法院及二审法院也分别表达了不同的观点：一审法院认为，股东无偿将个人财产转移给豪迪房地产公司而将债务留给自己的行为，导致公司与股东构成财产的混同及公司法人人格的形骸化，损害债权人利益，判令公司对股东雷某的个人债务共同承担责任。一审法院以民法的公平原则、诚实信用原则以及《公司法》的法人财产独立原则作为裁判的法律依据。〔2〕而二审法院认为，原判否定豪迪房地产公司独立人格的证据不足，并认为，豪迪房地产公司接受股东财产的行为并不导致其应当为股东债务承担共同责任，改判豪迪房地产公司无须为股东债务承担连带责任〔3〕。

上述判例反映出，我国法院对于个案当中适用公司法人人格反向否认法理持不同的态度，具体表现为：其一，是否采纳该法理的态度不一。例如，(2010)沈民二终字264号案件审理法院在个案当中大胆地适用了公司法人人格反向否认的法理，判令公司对股东债务承担责任；而更多的法院对此仍然采取较为谨慎的态度，法院在(2009)民二终字第97号案件中态度可作为代表。其二，在采纳该法理

---

〔1〕 参见陈林、贾宏斌：《反向刺破公司面纱——公司法人格否认规则的扩张适用》，载《人民司法》2010年第14期。

〔2〕 梁某、豪迪房地产公司与雷鸣某委托合同及撤销权纠纷上诉案，(2009)民二终字第97号。

〔3〕 梁某、豪迪房地产公司与雷鸣某委托合同及撤销权纠纷上诉案，(2009)民二终字第97号。

进行裁判的案例中，法院对于如何适用该法理亦有不同观点，即在适用该法理的法律依据上有不同的观点。例如，在（2010）沈民二终字264号案件中，法院对《公司法》第20条第1款进行扩张解释，将该款规定作为规制股东滥用公司法人独立人格侵害股东债权人利益的情形的法律依据；而在（2008）鄂民二初字第9号民事判决中，法院则是将民商法的公平原则、诚实信用原则、法人财产独立原则作为个案裁判的法律依据。其三，在不采纳公司法人人格反向否认法理的案例中，所陈述的理由也不一样，例如，在（2015）渝民初字第03194号判决中，法院直接以我国未建立公司法人人格反向否认制度为由驳回原告要求公司为股东债务承担责任的诉请；而在（2009）民二终字第97号判决中，法院只是认为公司接受股东财产的行为并不导致其应当为股东债务承担连带责任，改判驳回原告要求公司为股东债务承担责任的诉讼请求，但法院并未对公司法人人格反向否认进行评述。

上述个案反映出，针对股东滥用公司法人独立人格侵害股东债权人利益的情形，司法实践观点不一，而该等观点的不统一，既与法律的确定性及可预测性的价值目标相冲突，也不利于防止司法审判人员滥用自由裁量权，维护司法的公正性。基于此，本节试图通过法律解释方法以及比较法方法，对公司法人人格反向否认进行分析研究，并探讨在我国建立该项制度的必要性及具体路径。

二 国外公司法人人格反向否认制度

公司法人人格反向否认制度最早是以判例形式确立的。因此，在探讨我国建立公司法人人格反向否认制度时，有必要对该制度的产生及演变过程作初步了解，同时，还应对其他有关国家对该制度借鉴的经验有所了解。

（一）美国反向刺破公司面纱制度

美国最早是在美国诉密尔沃基冰柜运输公司案（U. S. v. Milwaukee Refrigerator Transit Co.）中适用反向法人人格否认法理，美国法官桑伯恩认为，否认公司法人资格的条件为“公司的法人特性被作为损害公共利益、使非法行为合法化、保护欺诈或为犯罪抗辩的工具”[1]。此后，美国逐渐形成了“内部人反向刺破”与“外部人反向刺破”的两种“反向刺破公司面纱”的判例类型。

1. 内部人反向刺破

“内部人反向刺破”，指的是股东主动要求否定公司法人人格，例如，在Cargill, Inc. v. Hedge 案中，作为股东的 Hedge 一家主动要求否定公司独立人格，以确认公司名下的农场属于家庭农场，从而享受明尼苏达州支持家庭农场免于执行拍卖这一有利的公共政策，避免在公司名下的农场被执行拍卖，该案中法院适用了“反向揭开原则”以保护该家庭。[2] 但关于内部人反向刺破原则，也有法院质疑，暂未能形成一致性的意见。

2. 外部人反向刺破

“外部人反向刺破”，指的是提起反向刺破诉请的为股东的债权人，在特殊情况下，债权人要求公司为股东债务承担责任。

美国法院早期对此均采取较为保守的态度，例如，在 Kingston Dry Dock Co. v. Lake Champlain Transportation Co. 案中，法院认为子公司没有以任何方式介入母公司的事务[3]。从法院判决理由来看，法院认定反向刺破的条件在于，子公司对母公司进行了反向控制，而这在实践中基本没有可能存在。

自 20 世纪 80 年代开始，“反向刺破公司面纱”原则的适用逐渐增多。例如，在 LFC marketing Group, Inc. v. Loomis 案中，一审法院认为 LFC marketing Group, Inc. 只是被告威廉的“另一个自我”，并支持原告反向刺破公司面纱的诉请。该案最终的裁判理由认为，如特定的事实表明存在“另一个自我”关系，并要求忽视法人人格拟制以促成公正时，采取反向刺破是公正的。[4]

---

[1] 参见朱慈蕴：《公司法人格否认法理研究》，法律出版社 1998 年版，第 81 页。

[2] 参见［美］罗伯特·W. 汉密尔顿：《美国公司法》，齐东祥组织翻译，法律出版社 2008 年版，第 119 页。

[3] 参见廖凡：《美国反向刺破公司面纱的理论和实践——基于案例的考察》，载《北大法律评论》编审委员会编：《北大法律评论》（第 8 卷·第 2 辑），2007 年。

[4] 参见廖凡：《美国反向刺破公司面纱的理论和实践——基于案例的考察》，载《北大法律评论》编审委员会编：《北大法律评论》（第 8 卷·第 2 辑），2007 年。

上述判例反映出，美国的反向刺破公司面纱制度，也并未形成具体明确的判断标准，更多的是依赖于法官在个案当中根据利益衡量作出认定。在上述反向刺破案件中，大致可归纳出法院进行反向刺破的考量因素：在形式上，需要反向刺破的对象构成"另一个自我"，即公司与股东人格上混同，而识别标准上，并不以股权控制关系为必备的要件，例如在 LFC marketing Group, Inc. v. Loomis 案中，公司和股东虽然并无股权控制关系，但法院仍然反向刺破；在实质上，法院需要根据案件衡量，如果未进行反向刺破，将导致放行欺诈、不公的不利后果。

（二）日本公司法人格反向否认制度

日本并未建立专门的公司人格否认的具体制度，"二战"后，部分日本学者撰文介绍美国的"揭开公司面纱理论"，并引起日本学界的讨论。1969 年 2 月 27 日，在一个判例中，日本最高裁判所第一小法庭根据日本民法"禁止权利滥用"原则对传统的公司法人格否认的法理予以确认，裁判指出，使用公司法人格否认的条件，其一是法人格被滥用；其二是法人格的存在只不过是完全的形骸。[1] 此后，司法判例所认可的公司法法人格否认的法理案件类型中，也包括公司法人人格反向否认的类型，例如，针对负有禁业竞业义务等法律或合同上义务，通过设立公司以规避义务的，权利人可以请求公司承担责任，实现将股东所负的义务归属于公司的效果。[2]

（三）德国公司股东"反向直索"责任

在德国，理论界及实务中将公司人格否认称为股东"直索"责任。德国公司人格否认制度是在判例中发展起来的，该等案例所适用的法律依据为德国民法的"禁止权利滥用"原则[3]。

此后，公司法对于公司法人人格否认作了明确的规定，德国《股份法》第 117 条规定，利用自己对公司的影响损害公司或其股东利益的人，对由此产生的损害向公司承担赔偿责任。如果股东除了因公司受损而遭受损害之外尚有其他损害，

---

[1] 参见水木晴美：《日本法公司法人格否认制度的探讨》，载《理论界》2012 年第 7 期。

[2] 参见水木晴美：《日本法公司法人格否认制度的探讨》，载《理论界》2012 年第 7 期。

[3] 参见金剑锋：《公司诉讼的理论与实务问题研究》，人民法院出版社 2008 年版，第 553 页。

也应对此予以赔偿。[1] 而至于“反向直索”，即在特定条件下公司对股东债务负责，由于与资本维持原则相违背，德国法院普遍持谨慎的态度，例如，“联邦法院表示‘反向的责任直索’如今为人广泛拒绝”[2]。

（四）小结

通过上述从比较法视角的分析可以看出，对于反向否认公司法人人格，存在两种不同的态度：美国、日本两国赞同在个案当中适用公司法人人格的反向否认。限于法律传统的不同，适用方法并不相同。美国作为判例法国家，由主审法官根据个案适用，条件包括：形式上，公司与股东存在混同，即公司构成“另一个自我”；实质上，导致放行欺诈、不公的后果。而日本针对股东滥用公司法人人格逃避法律或合同义务的行为，法官更多是把民法中“禁止权利滥用”原则作为个案当中适用反向否认公司法人人格法理的依据。而在德国，对于突破公司法人资格原则的反向否认公司法人人格法理持较为谨慎的态度，其并未建立公司法人人格反向否认的制度，在实践中对于公司法人人格反向否认法理也基本持否定的态度。

综上所述，公司法人人格反向否认制度作为一项通过判例法建立及发展起来的制度，在适用上具有补充性及模糊性，因此，不得轻易适用。在论证我国的公司法人资格反向否认制度时，应注意只有在情况特殊而其他现有法律救济手段无法对股东债权人权利予以救济的情况下予以适用。

三 我国建立公司法人人格反向否认制度分析

（一）建立公司法人人格反向否认制度必要性分析

针对公司法人人格反向否认制度，我国理论界有不同的观点。例如，有的学

---

〔1〕 参见《德国商事公司法》，胡晓静、杨代雄译，法律出版社2013年版。
〔2〕 《德国商事公司法》，胡晓静、杨代雄译，法律出版社2013年版。

者认为,从某种程度上来说,该制度是对传统公司法的彻底颠覆。[1] 也有的学者从现实角度出发,认为反向法人人格否认制度有其独立存在的价值,针对股东向公司转移财产逃避股东债务的情形,传统的公司人格否认制度无力作出回应,其他有关制度也无法直接达到维护股东债权人合法权益的目的。[2]

笔者认为,在探讨建立公司法人人格反向否认制度时,既要确保该项制度具有法理上的依据,也要从现实角度探讨建立该项制度背后的实际需求及紧迫性。

1. 法理分析

公司法人人格反向否认制度的建立,具有以下法理基础:首先,公平原则。公平正义是法律最为核心的价值目标,正如传统的公司法人人格否认制度价值目标是实现公平正义一样,公司法人人格反向否认制度的价值目标也在于,针对实践中遭受扭曲的公平正义,通过个案的矫正以恢复公平正义。例如,法院在(2008)鄂民二初字第9号民事判决中所陈述的,股东雷某的行为违背了民法中的公平原则,并判令公司对股东债务承担连带责任,在个案当中实现公平正义。其次,诚实信用原则。根据学者的观点,诚实信用原则不仅局限于市场交易双方当事人利益之间的衡量,还包括当事人与社会之间的利益关系的平衡。[3] 在当事人与社会之间的利益关系中,要求当事人以符合社会经济目的方式行使自己的权利,不得损害第三人和社会的利益。[4]

公司独立人格制度是公司法的基本制度,该制度确立了股东与公司人格各自独立的基本精神,除包括股东原则上不对公司债务承担连带责任,还包括不以公司财产对股东债务承担连带责任的内容。在股东滥用公司法人独立人格的情况下,所发生的经济关系的相对方分别为股东与公司,作为公司一方,其并未遵守诚实信用的基本原则,其与股东发生经济关系并不符合社会经济目的,损害了股东

---

〔1〕 参见施天涛:《公司法论》,法律出版社2006年版,第42页。
〔2〕 参见金剑锋:《公司诉讼的理论与实务问题研究》,人民法院出版社2008年版,第568页。
〔3〕 参见梁慧星:《民法解释学》,法律出版社2009年版,第306页。
〔4〕 参见徐国栋:《民法基本原则解释》,中国政法大学出版社1992年版,第78页。转引自梁慧星:《民法解释学》,法律出版社2009年版,第306页。

债权人的利益，有违诚实信用的基本原则。

2. 建立公司法人人格反向否认制度的现实需要

股东滥用公司法人人格损害股东债权人利益的情形主要包括，股东与公司混同的情形及股东利用公司逃避义务的情形。笔者认为，针对前述的股东滥用行为，我国现有法律框架所提供的救济途径确有各自的弊端，无法直接有效维护股东债权人的合法权益。

(1) 债权人撤销权之诉

对于股东向公司无偿或低价转让资产逃避义务的情形，债权人撤销权之诉确有一定的价值。但不可否认，该制度仍有如下弊端：其一，在股东恶意转移财产的情况下，债务人需首先提起撤销权之诉，通过生效判决撤销债务人财产转移的行为，将有关财产恢复至债务人名下；但此时，有关财产仍处于债务人名下，债权人并无法直接对该等财产主张权利，如需对该等财产提起强制执行，股东债权人需另行对债务人提起诉讼。在我国现有的司法实践中，即使撤销权诉讼能够获得法院支持，两个诉讼程序也已经耗费了较长时间。其二，股东可通过一些途径规避债权人撤销权之诉的规制。例如，在股东通过向子公司进行投资的场景下，很难被认定为非法转移财产，债权人难以主张撤销该投资行为。[1] 至于股东与公司混同及股东其他利用公司逃避义务的情形，例如，通过设立公司逃避竞业限制业务，则债权人撤销权之诉并无法进行有效的规制。

(2) 代位权之诉

《民法典》第535条所规定的代位权诉讼制度亦难以直接解决股东恶意向子公司转移财产逃避履行债务的情形，理由在于，代位权之诉成立的要件之一在于债务人对次债务人(子公司)存在到期债权，但在低价转移财产的情况下，难以认定该债务人对子公司存在到期债权，代位权之诉难以成立。至于股东与公司混同及股东利用公司逃避义务情形的，代位权诉讼亦无法进行有效的规制。

---

〔1〕 参见杜麒麟：《反向揭开公司面纱的价值及制度构建》，载《郑州大学学报(哲学社会科学版)》2016年第1期。

(3)股权强制执行

针对股东向公司无偿或低价转让财产以逃避债务的,债权人可以对股东名下的股权提起强制执行,但仍然存在如下弊端:其一,股东持有子公司的股权的价值并不等于子公司资产的价值,也不等于从股东处接收资产的价值;其二,如子公司在接收资产后,再行低价处置资产,或恶意新增负债的,将导致股东所持股权价值贬值,而债权人对此并无有效措施进行干预。至于其他类型的股东滥用行为,股权强制执行亦无法进行有效的规制。

基于上述分析,针对股东滥用公司法人人格侵害股东债权人利益的情形,我国现有的法律制度,暂时无法进行有效的规制,以实现对债权人利益的救济,因此,有必要建立一项新的法律制度对此进行规制。

(二)我国公司法人人格反向否认制度构成要件探讨

基于前述,针对股东滥用公司法人人格侵害股东债权人利益的情形,我国现有的法律框架并无法有效进行规制;而在司法审判实务中,针对该种情形,法院在裁判上存在冲突,对于我国司法审判所追求的"同案同判"目标将产生不利的影响。因此,建立法人人格反向否认制度在我国已具有现实的迫切性。

为此,本节试图分析我国公司法法人格反向否认制度的构成要件。

1.主体要件

公司法人人格反向否认的主体包括权利主体及责任主体两个方面,权利主体指的是有权提起反向否认诉讼的主体范围,责任主体指的是承担反向否认的责任主体范围。

(1)权利主体

在美国,反向刺破公司面纱分为"内部反向刺破"及"外部反向刺破"两种类型,相对地,有权提起反向否认之诉的主体,既包括公司与公司股东,也包括股东债权人。至于我国在建立该项制度时是否应当借鉴美国的该项经验,做出此类区分,笔者认为,我国所构建的法人反向否认制度应仅限于由实施滥用公司法人人格行为股东的债权人作为提起诉讼的主体,而不应效仿美国的实践赋予公司或公司股东提起诉讼否认公司法人人格,理由如下:首先,设立公司是股东自愿实施的行为，其理应承受公司独立法人人格所带来的义务及责任，这也符合民事活动诚信原则的要求；其次，从比较法视野来看，虽然美国已有内部反向否认法人人格的相关判例，例如 Cargill，Inc. v. Hedge 一案，法院适用了反向否认原则保护股东一家享受家庭财产免于执行拍卖这一公共政策，但该原则并未被普遍接受，有的法院对此提出疑问，总体来说，这个原则的效力是受到怀疑的〔1〕。因此，在内部反向法人人格否认尚未获得理论及实务普遍支持的情况下，径行引进该制度尚不具备成熟的理论基础。

（2）责任主体

关于责任主体的范围，在我国尚有不同的观点，有观点认为应当限定在一人公司、准一人公司和家庭公司〔2〕，或“一人公司”“准一人公司”。笔者认为，我国反向否认法人人格制度所适用的对象应适用于所有类型公司，而不应局限于一人公司，理由如下：首先，《公司法》第 20 条规定了我国传统公司人格否认制度，该条位于《公司法》总则部分，并未对适用对象作出限制性规定，而是适用于所有类型的公司。此外，虽然第 62 条针对一人公司的人格否认设置了特殊的举证程序，但并不表明一人公司的法人人格否认制度与其他类型公司的法人人格否认制度的内容存在区别，《公司法》针对一人公司的法人人格在构成要件及责任承担上并未作出特别的规定。同样地，公司法人人格反向否认制度所适用的对象亦应与之保持一致，而不应有差别。其次，除一人公司以外的其他类型的公司，仍然存在股东滥用独立法人人格的行为，针对其他类型的公司，仍然有适用反向法人人格否认的需要。在我国现有司法实践中，涉及公司人格反向否认的案例也并不仅局限于一人公司即可证明此观点。

2. 行为要件

关于公司法人人格反向否认制度规制的股东滥用行为的类型，有如下几种观点：第一种观点认为，仅适用于股东与公司混同的滥用行为，例如，“法人人格的逆

---

〔1〕 参见［美］罗伯特·W. 汉密尔顿：《美国公司法》，法律出版社 2008 年版，第 119 页。

〔2〕 参见叶颖、彭思远：《我国“反向刺破公司面纱”制度思考》，载《乐山师范学院学报》2017 年第 8 期。

向否认在行为方式上,主要规制混同。学理上,混同可分为人格混同和财产混同"[1]。第二种观点认为,包括人格混同及股东利用公司逃避义务的行为,例如,"在司法实践中,股东滥用公司法人格通常表现为利用公司法人资格规避合同义务的行为、利用公司法人资格规避法律义务的行为和公司与股东人格和财产发生混同等情形"[2]。第三种观点认为,除包括传统的股东滥用法人资格行为类型外[3],还应包括利用公司法人资格逃避义务的行为,包括逃避合同义务及规避法律[4]。

笔者赞同第二种观点,第一种观点并无法解决股东利用公司逃避义务的情形,例如,为逃避债务将优质资产转移至公司,或者利用公司以逃避竞业限制业务的行为,而将该等行为纳入反向人格否认制度规制范围内亦具有比较法上的经验。关于第三种观点,其中,传统的公司法人资格否认制度规制的行为类型中,例如公司设立资本显著不足、过度控制公司的行为并不会对股东债权人合法利益造成损害,无须通过反向法人资格否认制度予以规制。至于第二种观点,第一,公司法人人格反向否认应规制股东与公司人格混同的滥用行为。在人格混同的情形下,依据传统公司人格否认制度规定,股东应对公司债务向公司债权人承担连带清偿责任,导致股东财产亦被纳入公司债务的责任财产范围内。如不将该等滥用行为纳入公司法人人格反向否认制度规制范围内,势必导致股东财产因对公司债务承担连带责任而减少,进而导致对股东之债权人的责任财产范围减少,变相导致公司债权人债权优先于股东债权人债权,有违公平原则。此外,在人格混同的情形下,从实际操作角度考虑,在司法实务中,亦无法明确区分股东财产范围与公司财产范围的边界,如此,将导致股东债权人生效判决无法得到执行,因此,将股

---

〔1〕 张行:《法人人格的"逆向否认"》,载《人民司法》2014 年第 17 期。

〔2〕 张腾龙:《公司法人格否认制度扩张适用的法律问题探究》,载《经济视野》2016 年第 16 期。

〔3〕 关于传统的股东滥用法人资格行为类型,《公司法》第 20 条第 3 款并未详细列举,根据最高人民法院于 2019 年 11 月 8 日印发的《九民会议纪要》,"《公司法》第 20 条第 3 款规定的滥用行为,实践中常见的情形有人格混同、过度支配与控制、资本显著不足等"。

〔4〕 参见陈林、贾宏斌:《反向刺破公司面纱——公司法人格否认规则的扩张适用》,载《人民司法》2010 年第 14 期。

东与公司财产一并考虑也有利于生效判决的执行。第二，关于股东利用公司逃避义务的行为。我国已有的司法判例显示，该等类型的滥用行为已成为当前我国司法机关处理的主要行为。因此，有必要将该等行为纳入公司人格反向否认制度规制范围内。

3. 结果要件

诚如前述，公司法人独立人格作为现代公司法的一项基本制度，除非持续维持其独立人格将带来显失公平的结果，否则，不得轻易否定公司的独立法人资格，因此，在探讨建立公司人格反向否认制度时，应通过结果要件的从严规定，将不应否认法人人格的情形排除在外。笔者认为，我国公司人格反向否认制度的结果要件的内容可借鉴传统的公司人格否认制度的内容，应明确规定股东滥用公司独立人格要达到严重损害股东债权人利益的程度，而至于"严重损害"的判断标准，可待司法实践丰富后进一步明确。

4. 因果关系要件

因果关系要件，指的是股东的滥用行为与股东债权人遭受"严重损害"之间存在法律上的因果关系。

（三）被反向否认人格公司的责任承担方式及范围

在阐述了公司人格反向否认的要件后，则需探讨被反向否认人格公司所应承担责任方式及范围。目前有如下几种观点：第一种观点认为，公司应对股东债务承担连带责任。理由为，公司人格反向否认制度本身就在于否认公司人格，让其对股东债务承担责任[1]，如果不让公司对股东债务承担连带责任，起不到威慑的作用[2]。第二种观点认为，公司应当对股东债务承担补充连带责任。具体方式为，先由股东作为主责任人承担责任，不足以清偿的，则由公司承担补充清偿责任[3]。第三种观点认为，原则上公司以其受益的财产为限承担责任，理由为，如要求被否认法人资格的公司承担无限连带责任，将对公司其他股东、外部债权人、

〔1〕 参见魏晨璐：《外部反向刺破公司面纱法律制度研究》，辽宁大学 2017 年硕士学位论文。
〔2〕 参见史广宏：《我国反向刺破公司面纱法律问题研究》，安徽财经大学 2018 年硕士学位论文。
〔3〕 参见陈岳荣：《论反向法人人格否认制度》，载《法制与经济》2019 年第 5 期。

管理者和员工造成二次伤害,显失公允,人为地将风险全部转嫁给公司其他股东及外部债权人,并有可能导致行为股东与债权人恶意勾结,以虚构债务方式通过反向否认制度掏空公司资产的道德风险[1]。

笔者认为,以上方案均有值得商榷之处:第一种观点一概要求公司对股东债务承担无限连带责任欠妥,例如,在股东利用公司法人人格低价转移财产逃避债务的情况,如要求公司承担连带责任,会导致公司获益与承担的责任并不匹配,有违公平原则;而且,如此规定将导致股东债权人利益优先于公司其他股东及外部债权人利益,对于公司其他股东及外部债权人显然有失公允。第二种观点认为,公司承担的责任为补充连带责任,但公司的责任范围仍然是以公司财产为限,无法避免第一种观点所存在的问题。第三种观点虽然考虑到了被否认法人人格公司的其他股东及外部债权人利益,但在股东与公司混同的情况下,并无法区分公司受益财产的范围,在此等情形下,该方案将无法有效实施。

基于上述,在被否认法人主体资格公司责任承担方式及范围上,应当根据股东的不同滥用行为类型进行区分:

(1)在股东利用公司逃避义务的情况下,例如,低价转移资产逃避债务的,应以公司获得不正当受益的财产范围为限承担责任。首先,如此规定与目前所实行的《最高人民法院关于审理与企业改制相关的民事纠纷案件若干问题的规定》第7条关于财产接收一方承担责任范围的规定保持一致,与司法审判人员现有的经验及预期保持一致;其次,从利益权衡角度出发,被否认法人人格公司所应承担责任范围,应综合权衡股东债权人利益、被否认法人人格公司其他股东及该公司债权人权益等多方主体的利益。如被否认法人人格公司以受益财产范围为限承担责任,因该受益本属于公司不正当超额获益的财产,以该部分受益财产偿付股东债务,属于对不正当获益行为的矫正,并不损害公司现有利益相关主体(公司其他股东、债权人)的利益;如以被否认主体资格公司所有财产对股东债务偿债,将导致公司不属于不正当获益的财产用于偿付股东债务,相应地,导致被否认法人人

---

[1] 参见张行:《法人人格的“逆向否认”》,载《人民司法》2014年第17期。

格公司其他股东及债权人合法既有利益遭受损失，不符合公平的法律原则。

（2）在股东与公司人格混同即公司法人人格形骸化的情况下，公司应对股东债务承担连带责任。首先，在此情况下，无法区分股东责任财产及公司责任财产的具体范围，公司承担连带责任有利于判决的执行。其次，从利益权衡角度出发，公司其他股东对于造成人格混同亦具有过错，甚至从中获利，例如，部分公司使用股东个人银行账户收付款以逃避纳税义务，其他股东亦属于间接获益主体，因此，对于公司其他股东而言，公司承担连带责任亦符合风险与利益相一致的原则。就公司债权人利益而言，在此情况下，其根据《公司法》第20条要求股东对公司债务承担连带责任进行救济，并不对其利益产生显著不利影响。最后，从社会效果出发，如此规定亦能够督促公司其他股东正确、积极行使股东权利，以保证公司法人人格的独立，而不是消极、被动地行使股东权利。

（四）关于建立法人人格反向否认制度路径设计

在探讨我国建立法人人格反向否认制度的具体路径时，有如下几种观点：第一种观点，通过对《公司法》第20条第1款进行扩张法律解释，将实践中存在的确需反向否认公司法人人格的情形纳入该条规制范围内。例如，应将股东滥用公司法人独立人格导致的利益不当输送的其他情形囊括进《公司法》第20条第1款范围内，为反向刺破公司面纱提供法律依据〔1〕。第二种观点，以立法的方法创设该项制度，在《公司法》第20条的基础上增设公司法人人格反向否认条款〔2〕。第三种观点，以制定司法解释的形式对传统公司人格否认制度的扩张适用制度作出规定〔3〕。

关于第一种观点，虽然在个案当中法官通过对法律的解读实现矫正的正义，维护股东债权人的利益，但弊端也很明显：首先，从法律解释角度分析，扩张解释并非

---

〔1〕 参见陈林、贾宏斌：《反向刺破公司面纱——公司法人格否认规则的扩张适用》，载《人民司法》2010年第14期。

〔2〕 参见陈岳荣：《论反向法人人格否认制度》，载《法制与经济》2019年第5期。

〔3〕 参见张腾龙：《公司法人格否认制度扩张适用的法律问题探究》，载《经济视野》2016年第16期。

对法条的任意扩张，扩张解释的文义仍然应当在法条可能文义范围内[1]。由此观之，不管是《公司法》第20条第1款还是第3款，均只规定股东不能利用法人独立人格侵害公司债权人的利益的禁止性规定及有关的责任承担方式，并未包括侵害股东债权人利益的内容，可见该条立法文意并不包括对股东债权人利益的保护。此外，《公司法》第1条所确立的立法宗旨在于“保护公司、股东和债权人的合法权益”，此处之债权人应当为公司的债权人[2]，而并不包括股东的债权人，也可知现行《公司法》第20条之文义本意并不包括对股东债权人利益的保护。其次，我国并非判例法国家，法官在个案当中的解读无法对其他法官形成有拘束力的规则。最后，法官在个案当中的解读并无法完整地建立制度的具体内容，例如，构成要件、法律责任范围等，如任由法官解读适用，将导致司法适用中的混乱局面。

关于第二种观点，虽然能够增加法律的确定性及可预测性，但目前法人人格反向否认的有关理论研究尚处于起步阶段，尚不具备成熟的理论基础。从比较法视野来看，美国虽然形成“反向刺破公司面纱”判例，但仍然未形成统一的规则，而其他成文法国家，如日本，也未以明确的法律规定创设法人人格反向否认制度。因此，在目前阶段，尚不具有充足的可供借鉴的立法经验。

本节赞同第三种观点，在理论研究尚不完全成熟而司法实务又具有迫切需求的背景下，通过最高人民法院制定司法解释的方式对《公司法》进行漏洞补充，规定我国法人人格反向否认的构成要件及法律后果，理由如下：首先，法律漏洞，指的是现行法体系上存在影响法律功能，且违反立法意图的不完备性[3]。本节认为，股东滥用公司法人人格侵害股东债权人利益的情形，属于我国《公司法》之法律漏洞。在进行漏洞补充之前，需先对公司法人人格反向否认是否属于法律漏洞进行认定。法律漏洞可按照以下过程进行认定，先评估某生活事实属于法律所调整的范围，再以现行法律对该生活事实进行检查，判断现行法是否对该生活事实

---

[1] 参见梁慧星：《民法解释学》，法律出版社2009年版，第224～225页。

[2] 参见全国人民代表大会法制工作委员会编：《中华人民共和国公司法释义》最新修正版，法律出版社2013年版。

[3] 参见梁慧星：《民法解释学》，法律出版社2009年版，第253页。

作了规定，或规定不妥当，或两个以上规定之间存在相互矛盾，如此，可认定构成法律漏洞[1]。正如前述，股东滥用公司法人人格侵犯债权人利益的情形，属于法律所应规制的范围，同时，我国《公司法》第20条仅对股东滥用公司法人资格侵害公司债权人利益的情况作出规定，而并未规定股东滥用公司法人资格侵害股东债权人利益的事实。由此观之，股东滥用公司法人资格侵害股东债权人利益的情形属于我国《公司法》上之法律漏洞。其次，通过制定司法解释进行法律漏洞补充具有现实可行性。在我国，从司法解释的性质来看，法律已经赋予其准立法的地位[2]。

综上所述，针对股东滥用公司法人人格侵害股东债权人利益的情形，属于法律漏洞，由最高人民法院通过制定司法解释的方式进行漏洞补充具有迫切需要，也具有现实的可行性。

本节分析论证了我国建立公司法人人格反向否认制度的必要性、可行性，并探讨建立该制度的具体路径。本节认为，对于股东滥用公司法人人格侵害股东债权人利益的情况，我国治理缺乏明确的法律依据。为此，可借鉴其他国家的有关经验，建立我国的公司法人人格反向否认制度，并进一步分析论证该项制度的具体内容，包括构成要件、责任承担方式及责任范围。在具体路径上，本节认为，要在结合目前的理论研究及实务经验基础上，选择符合我国实际的路径，即通过最高人民法院颁布司法解释的方式对《公司法》进行漏洞补充而建立该项制度。

---

[1] 梁慧星：《民法解释学》，法律出版社2009年版，第265～266页。

[2] 参见梁慧星：《裁判的方法》，法律出版社2003年版，第67页。转引自《〈中华人民共和国民法总则〉条文理解与适用》，人民法院出版社2017年版，第167～168页。

第七章

公司与债权

第一节 企业应收账款催收的若干策略

每逢岁末年终,应收账款的催收一直都是困扰广大企业经营者的“老大难”的问题。对于企业经营者而言,如要顺利催收应收账款,仅有管理方面的知识尚显不足,还需在法律知识方面“补短板”。鉴于此,笔者结合多年的法律执业经验,将常见的应收账款催收策略及方案进行梳理,供企业参考并借鉴。

一 在债务人怠于向其债务人(次债务人)主张权利的情况下,可绕开债务人直接向次债务人催收

1. 法律规定

《民法典》第535条规定,因债务人怠于行使其债权或者与该债权有关的从权利,影响债权人的到期债权实现的,债权人可以向人民法院请求以自己的名义代位行使债务人对相对人的权利,但是该权利专属于债务人自身的除外。

代位权的行使范围以债权人的到期债权为限。债权人行使代位权的必要费用,由债务人负担。

相对人对债务人的抗辩,可以向债权人主张。

2. 律师解读

在企业的日常经营中，不乏需利用债权人代位权制度催收应收账款，一般而言，可能基于如下情况适用该法律制度：其一，债务人已经“跑路”“失联”，债务人尚有对次债务人享有到期债权；其二，债务人为逃避债务而故意不向次债务人催收。

案例：深圳市中深建公司行使代位权案

案号：（2021）豫0311民初1495号

中烟洛阳卷烟厂将某工程发包给中建五局，中建五局随后将部分专业工程分包给深圳市中深建公司，在总包工程及分包工程均验收合格并投入使用的情况下，作为承包方的中建五局并未向发包方中烟洛阳卷烟厂催收工程款。同时，中建五局也未向专业分包的承包人深圳市中深建公司支付专业工程的施工工程款。在此情况下，作为专业工程的承包人深圳市中深建公司直接起诉工程发包人中烟洛阳卷烟厂要求其偿付工程款。

法院认为：涉案工程已经经过竣工验收合格并已投入使用，中烟洛阳卷烟厂应当按照合同约定支付工程款，中建五局也应当向深圳市中深建公司履行支付工程款的义务。中建五局不履行其对深圳市中深建公司的到期债务，又不以诉讼方式或者仲裁方式向中烟洛阳卷烟厂主张其享有的到期债权，致使深圳市中深建公司的到期债权未能实现，深圳市中深建公司有权向中烟洛阳卷烟厂主张代位权，实现债权。

3. 律师建议

在通常情况下，企业应当向欠款的债务人催收应收账款，也即遵守“合同相对性”原则，但在“例外”情况下，为实质保障债权人债权的实现，法律制度亦允许向债务人之外的主体催收应收账款。企业经营者，掌握该项法律制度无疑具有实际参考价值。

二 债务人恶意转移财产等逃避债务，可起诉撤销债务人行为

1. 法律规定

《民法典》第538条规定，债务人以放弃其债权、放弃债权担保、无偿转让财产等方式无偿处分财产权益，或者恶意延长其到期债权的履行期限，影响债权人的债权实现的，债权人可以请求人民法院撤销债务人的行为。

《民法典》第539条规定，债务人以明显不合理的低价转让财产、以明显不合理的高价受让他人财产或者为他人的债务提供担保，影响债权人的债权实现，债务人的相对人知道或者应当知道该情形的，债权人可以请求人民法院撤销债务人的行为。

2. 律师解读

《民法典》的上述条文规定了债权人撤销权制度，针对债务人恶意减少可供偿债的财产或增加财产负担逃避债务的行为，债权人撤销权制度赋予债权人撤销债务人行为的权利，将责任财产复归至债务人名下用于偿还债务。

案例：民生信托公司请求撤销质押登记案

案号：(2020)最高法民终261号

债务人恒康公司及其实际控制人欠付民生信托公司到期债务尚未偿还，债务金额包括27,718万元本金及利息等。2017年12月25日，民生信托公司向一审法院针对恒康公司提起强制执行申请。民生信托公司发现，恒康公司在2018年1月30日将恒康公司名下西部资源公司4500万股无限售流通股质押给牛某华，并于次日办理质押登记。因恒康公司名下的西部资源公司股权已被办理质押登记导致执行法院无法对恒康公司名下的该项财产进行强制执行。后经法院查实，恒康公司将4500万股股份质押给牛某华并未获得相应的对价。民生信托公司遂向法院提起诉讼，请求撤销恒康公司与牛某华之间所签订的《股权质押合同》并解除质押登记。

一审法院认为：债务人恒康公司将持有的西部资源公司4500万股股份质押给牛某华并未获得的相应对价的行为，实质上限制了质押股权的正常流转和处置，客观上妨碍了民生信托公司债权人权利的正常行使和实现，造成债权的损害，相关债权人有权主张撤销。

二审法院认为：债权人撤销权制度立法目的在于，通过特别允许债权人干涉债务人对其财产的自由处分，使债务人的责任财产维持在适当状态，以保障债权的实现。因此，只要债务人的行为导致其责任财产不当减少，妨害债权人实现债权，即可成为撤销权行使对象。恒康公司在牛某华未依约提供借款的情况下怠于行使请求解除股权质押的权利，妨碍民生信托公司债权的实现，一审法院判决撤销《股权质押合同》正确。

3. 律师建议

债务人逃避履行债务的手段多种多样，从债权人角度来看，只有掌握更为丰富的法律知识，了解相关的法律制度，才能有效维权。在发现债务人存在恶意转移财产逃避债务的行为时，果断提起撤销权之诉无疑为有效的策略。

三 追加债务人公司股东（关联公司）作为共同被告

1. 法律规定

《公司法》第20条规定，公司股东滥用公司法人独立地位和股东有限责任，逃避债务，严重损害公司债权人利益的，应当对公司债务承担连带责任。

2. 律师解读

公司人格独立及股东有限责任为《公司法》的基本原则，但如股东滥用公司独立人格及股东有限责任侵害公司债权人利益，此时，公司独立法人人格已然形骸化，表现为股东人格与公司人格混同，《公司法》第20条规定的制度亦突破股东有限责任而规定股东对公司债务承担连带责任。而在司法实践中，如关联公司与债务人之间人格混同，侵害债权人利益的，相关司法判例亦判决关联公司对负债公司承担连带责任。

案例:川交机械公司、瑞路公司对川交工贸公司的债务承担连带清偿责任案

案号:(2011)苏商终字第0107号

债务人川交工贸公司拖欠债权人徐工机械公司货款未付,债务人川交工贸公司与川交机械公司、瑞路公司均为王某礼控制之下的关联公司。三家公司在经理、财务负责人、出纳会计及工商手续经办人上的任职人员相同,而在管理人员方面亦存在交叉任职的情形。三家公司登记的业务重叠或重合,三家公司共同结算账户,对外宣传上也并未严格区分。在财务上,三家公司共用结算账户,在财务付款方面并未严格区分。债权人徐工机械公司遂起诉要求债务人关联公司川交机械公司、瑞路公司承担连带偿还责任。

法院认为:川交工贸公司与川交机械公司、瑞路公司人格混同,导致各自财产无法区分,已经丧失独立人格。严重损害债权人利益,行为的本质与危害后果与《公司法》第20条第3款规定情形相当,参照《公司法》第20条第3款规定判令债务人关联公司川交机械公司、瑞路公司对川交工贸公司的债务承担连带清偿责任。

3. 律师建议

对于民营中小型企业而言,股东与公司人格混同的情况并不少见,如股东长期利用其个人卡收付本应由公司收付的款项,极易被认定为股东与公司人格混同,进而否定公司独立法人人格。从债权人角度出发,在日常经营中,应留意交易对方是否存在人格混同的外在表现,并注意保存相关证据。

此外,虽然《公司法》第20条仅规定股东对公司债务承担连带责任,但在司法实践中,如关联公司之间人格混同而损害债权人利益的,法院亦可判令关联公司对债务人公司债务承担连带责任。从债权人催收应收账款角度出发,亦应留意保存相关的证据。

四 债务人为个体工商户的，在满足条件下，可要求家庭成员共同偿还债务

1. 法律规定

《民法典》第 56 条第 1 款规定，个体工商户的债务，个人经营的，以个人财产承担；家庭经营的，以家庭财产承担；无法区分的，以家庭财产承担。

2. 律师解读

在企业的经营活动中，不乏交易对手是个体工商户的情形，《民法典》的上述规定明确了个体工商户的债务承担规则，为避免遗漏债务承担主体而导致应收账款无法得到清偿，企业应准确识别个体工商户经营主体，如无法区分的，应以家庭成员为共同被告。

案例：陈某共同被告案

案号：（2020）最高法知民终 219 号

金湖县某稻麦种植家庭农场为个体工商户，徐某梅、陈某超均为家庭农场登记的经营者。陈某并未被登记为经营者，但与徐某梅、陈某超为共同家庭成员，实际参与家庭农场的经营。因家庭农场销售侵犯大华种业公司植物型品种权的种子而被控侵权，在提起诉讼时，大华种业公司将家庭农场、徐某梅、陈某超及陈某作为共同被告要求其承担连带偿还责任。

法院认为：家庭农场为个体工商户，经营者以家庭农场名义对外经营，徐某梅、陈某超为登记的经营者（家庭成员），陈某虽然没有被登记为家庭农场经营者，但其与徐某梅、陈某超系共同家庭成员且实际参与了家庭农场经营，根据《民法典》的规定，个体工商户的债务，家庭经营或无法区分的，以家庭财产承担，因此，大华种业公司将陈某作为共同被告符合法律规定。

3. 律师建议

在笔者的执业过程中，曾遇到多起债务人为个体工商户的情况，在准确判断个体工商户为家庭经营的情况下果断建议当事人申请追加其他家庭成员作为共

同被告，并取得良好的效果。因此，对于企业经营者而言，如交易对方为个体工商户的，应注意判断该个体工商户属于个人经营还是家庭经营，如为家庭经营的，应保留其他家庭成员参与经营活动的相关证据，例如，其他家庭成员签字的单据、微信沟通记录等。

五 在满足法定情形下，即使尚未到期的应收账款也可催收

1. 法律规定

《民法典》第578条规定，当事人一方明确表示或者以自己的行为表明不履行合同义务的，对方可以在履行期限届满前请求其承担违约责任。

2. 律师解读

在企业的经营实践中，不乏部分应收账款约定了还款期限，在期限尚未届至时，属于未到期债务，对于债务人而言，享有期限利益。在通常情况下，并无法要求债务人履行未到期的债务，但在满足法律规定情形下，法律亦支持债权人要求债务人履行未到期的债务，此即《民法典》规定的预期违约制度。

案例：工行湘西营业部提前收回贷款案

案号：(2003)湘民二初字第9号

2001年9月13日，湘泉集团公司向工行湘西营业部借款1290万元，期限自2001年9月13日起至2002年9月12日止。此后，湘泉集团公司又陆续与工行湘西营业部发生多笔借款，合计签订17份借款合同，金额合计为24,450万元，期限均为1年，在该等借款合同到期后，湘泉集团公司与工行湘西营业部签订借款展期合同，展期1年。

在借款展期后，借款人湘泉集团公司通过股份转让和资产置换将名下有效资产转移或置换为不良、不实资产。

2003年5月30日，在展期合同约定的还款期限未届满时，工行湘西营业部诉至二审法院，请求湘泉集团公司偿还2001年9月13日出借的欠款1290万元以及

后续出借的24,450万元。

法院认为：借款人在还款期限届满前将巨额有效资产转移或置换成不良、不实资产，最终导致的后果是银行大部分贷款被悬空，严重威胁到银行借款合同目的的实现，构成预期违约，因此，银行可以就此提前收回贷款。

3. 律师建议

对于尚未到期的应收账款，企业的经营者也应保持密切的关注，在实践中，欠款的债务人明确表示不还款的情形极为少见，更应关注债务人外在行为表现，如能通过其外在行为表现判断出其存在转移资产等行为以逃避债务的，则应及时采取法律手段催收应收账款。

六 结语

在目前的法律制度之下，债务人如有意逃避履行债务的，可采取的手段多种多样并且无须承担高额的成本。相对地，从债权人角度来看，无论是举证、起诉还是强制执行，均需承担更为高昂的成本及风险，这也是为何应收账款催收一直是困扰广大企业经营者的难题。鉴于此，笔者特结合执业经验对常见的应收账款催收诉讼策略作出梳理，并附上具有实际参考价值的法院裁判案例，期望所列各项策略对企业应收账款催收具有实际价值。

第二节　民营企业应收账款法律风险管理

随着经济下行压力的加大，经济运行中"三角债"问题越发凸显，在此背景下，在微观层面，民营企业应收账款无疑压力倍增。民营企业应收账款的管理属于多维度复杂的课题，涉及企业运营、财务会计及法律等多领域的专业知识，其中,法律知识无疑为应收账款管理中不可或缺的重要一环。为促进民营企业应收账款的管理,降低民营企业应收账款管理的法律风险,我们特结合相关法律法规及实务经验,对民营企业应收账款管理中涉及的法律风险进行梳理并提出有针对性的风险防范建议。

一 民营企业应收账款管理的法律风险及防范建议

(一)概述

应收账款属于会计领域的概念而非民法中的法律概念,《民法典》虽然在多处使用了应收账款的表述,但并未明确其定义。在行政规章层面,中国人民银行及原中国银行业监督管理委员会在各自发布的部门规章中对"应收账款"分别作出界定,具体见表8。

表8 应收账款的定义

《动产和权利担保统一登记办法》(中国人民银行)	《商业银行保理业务管理暂行办法》(原中国银行业监督管理委员会)
第3条第1款规定,本办法所称应收账款是指应收账款债权人因提供一定的货物、服务或设施而获得的要求应收账款债务人付款的权利以及依法享有的其他付款请求权,包括现有的以及将有的金钱债权,但不包括因票据或其他有价证券而产生的付款请求权,以及法律、行政法规禁止转让的付款请求权。该条第二款对实践中常见的应收账款权利类型进行列举,第(五)项作为兜底条款规定"其他以合同为基础的具有金钱给付内容的债权"	第8条规定,本办法所称应收账款,是指企业因提供商品、服务或者出租资产而形成金钱债权及其产生的收益,但不包括因票据或其他有价证券而产生的付款请求权

从上述定义的比较中可以看出,针对质权登记,《动产和权利担保统一登记办法》所规定的应收账款不仅包括现有的金钱债权还包括将有的金钱债权;而在商业保理领域,《商业银行保理业务管理暂行办法》所规定的应收账款仅局限于现

有的金钱债权。因本节主要分析民营企业应收账款管理的法律风险，为免歧义，本节所使用的应收账款概念仅局限于现有的金钱债权，即企业因提供商品、服务或者出租资产而形成金钱债权。因此，本节所讨论的应收账款具有如下特征：第一，在民法领域，债权产生的基础原因可分为合同、侵权行为、不当得利、无因管理或法律规定等，但就应收账款债权而言，属于合同之债；第二，债权可分为多种类型，本节所讨论的应收账款之债仅局限于金钱给付之债。

（二）事前管理：应收账款形成前法律风险管理

1. 事前加强审核，以排除风险

在交易合同签订前，应加强对交易对方信用状况的审查，可通过执行信息公开网 zxgk. court. gov. cn、中国裁判文书网（court. gov. cn）等公开查询渠道对交易对手的信用信息进行必要的查询，其中，应当特别关注如下信息：

（1）关注对方是否存在正处于被执行的诉讼案件以及是否被列入失信被执行人名单，如果已被列入，则应谨慎甚至放弃与之签订交易合同进行交易；

（2）关注对方是否涉及以被告身份参与的大额诉讼案件，如果涉及，应谨慎评估该等诉讼案件的影响并考虑是否与之继续进行交易，或者要求对方提供担保后再行进行交易。

2. 签订书面合同，防止基础法律关系不被确认

根据前述界定，应收账款的形成往往依赖于基础的交易合同，如发生争议诉至法院（或仲裁）的，则根据“谁主张，谁举证”的证据规则，应收账款债权人首先应当对形成应收账款的基础交易（合同）关系提供证据予以证明。如无法提供与债务人之间存在的交易合同关系，则其诉讼主张将面临不被支持（败诉）的法律风险。

针对此风险，我们提供如下风险防范建议：

（1）在交易前，应与相对方签订正式的书面合同并留存合同文书原件载体。虽然现行相关法律关于合同订立的形式并未限定为书面形式，也允许当事人以“口头形式”或“其他形式”（主要表现为以实际行为订立的事实合同关系）订立合

同建立交易关系;[1]但从诉讼实务的角度来看,口头形式或者其他形式在举证上的难度远远高于书面形式,如未能完成举证,将面临败诉的风险。

(2)如确未签订书面合同,则应提供更为充分的证据证明双方之间存在形成应收账款的合同关系。根据前述,现行《民法典》框架之下,法律允许当事人以口头形式达成合同关系,也允许当事人以事实行为的形式订立事实合同关系。如果应收账款的形成确实未依赖书面合同,则当事人也可以提供证据证明存在口头合同关系或者事实合同关系,例如,可提供第三方的证人证言证明存在口头合同,己方也可以提供产品或服务的相关行为证据证明存在事实合同关系。

(三)事中管理:交易过程中法律风险管理

在交易合同或者交易关系建立后,企业除要求对方按照合同进度付款之外,也应关注对方信用状况及履约能力的变化并采取相应的法律措施。

1. 如对方履约能力恶化的,可依法行使不安抗辩权,避免继续履约导致未来无法收回的应收账款金额进一步增大。《民法典》第527条及第528条规定,在交易过程中,如对方存在经营状况严重恶化、转移资产、抽逃资金以逃避债务、丧失商业信誉,或者存在有丧失或者可能丧失履行债务能力的其他情形的,应当先履行债务的当事人可中止履行合同并及时通知对方,如对方未能提供担保的,可及时解除合同,以避免继续履行合同而导致无法收回的应收账款金额进一步增加。

2. 即使未届还款期限的应收账款,如满足法定条件,可要求债务人提前偿还欠款。《民法典》第578条规定了预期违约法律制度,在应收账款管理领域,企业可充分利用该项法律制度以提高应收账款的回款率。根据《民法典》第578条之规定,虽然还款期限尚未到期,如应收账款的欠款方明确表示未来将不还款或者以其自己的行为表明未来将不还款的,债权人可提前要求其偿还欠款而无须被动

---

[1] 《民法典》第469条第1款规定:"当事人订立合同,可以采用书面形式、口头形式或者其他形式。"

的等到还款期限届满才提出主张。例如，在实践中，针对应收账款欠款人与债权人所达成的分期还款协议或安排的，如欠款人未能偿还前面已到期的欠款的，则针对剩余未到期的欠款，债权人无须被动等待履行期的到来而可以依据预期违约法律制度主张要求债务人偿还全部欠款。

（四）事后管理：注意诉讼时效及应收账款催收中法律风险

1. 诉讼时效风险及防范

诉讼时效制度是民法一项基本制度，指权利人在法定期间内不行使权利即丧失人民法院依法保护其民事权利的后果，具体言之，根据我国现行《民法典》第188条规定，向人民法院请求保护民事权利的诉讼时效期间为3年，法律另有规定的，依照其规定。诉讼时效期间自权利人知道或者应当知道权利受到损害以及义务人之日起计算。该法第192条第1款规定，诉讼时效期间届满的，义务人可以提出不履行义务的抗辩，此即时效抗辩权。

本节所讨论的应收账款债权，属于因合同所引起的债权请求权，除非处于特殊的领域适用法律的特别规定，一般而言，应收账款债权人应注意在3年诉讼时效期间内及时向债务人主张权利以起到诉讼时效中断的后果[1]，否则，如超过诉讼时效，将面临债务人以时效期间届满而合法主张不予履行债务的抗辩，如其抗辩成立，应收账款债权人将面临无法通过公力救济渠道实现债权的风险。（见表9）

表9　在诉时时效方面，应收账款的法律风险

未超过诉讼时效的应收账款	已经超过诉讼时效的应收账款
主张权利：中断时效	采取补救措施

[1] 根据《民法典》第195条，诉讼时效中断的，则从中断、有关程序终结时起，诉讼时效期间重新计算。根据相关司法解释，在新的诉讼时效期间内，如再次出现中断事由，可以起到诉讼时效再次中断的效果。

续表

未超过诉讼时效的应收账款	已经超过诉讼时效的应收账款
向对方当事人送达主张权利的文书，例如，可通过邮寄、邮件、短信或微信等方式向对方发送催款函； 如对方当事人下落不明的，可在国家级或者对方所在地的省级有影响力的媒体上刊登主张权利的公告，例如，在新闻报纸上刊登催告债务履行的公告； 向人民法院提起诉讼； 向人民调解委员会以及其他依法有权解决相关民事纠纷的国家机关、事业单位、社会团体等社会组织提出保护民事权利的请求； 向公安机关、人民检察院、人民法院报案或者控告	可与债务人就原欠款债务达成新的还款协议； 可向债务人发出催收欠款的催款单等法律文件，[1] 如债务人在该文件上签署确认，也可视为债务人对原债务的重新确认，其放弃诉讼时效期间利益

2. 应收账款催收当中的法律风险管理

(1) 自力救济：企业自主催收债权及应注意的法律风险

《民法典》第 1177 条首次规定了自助行为制度，根据该条规定，合法权益受到侵害，情况紧迫且不能及时获得国家机关保护，不立即采取措施将使其合法权益受到难以弥补的损害的，受害人可以在保护自己合法权益的必要范围内采取扣留侵权人的财物等合理措施；但是，应当立即请求有关国家机构处理。受害人采取的措施不当造成他人损害的，应当承担侵权责任。

根据《民法典》前述规定，自助行为的适用条件为：须有不法侵害状态存在，须为保护自己的合法权利，需情况紧迫而来不及请求有关国家机关的援助，不得超过必要限度，需为法律或公序良俗所许可。

此外，《民法典》的该条规定仅仅将自助行为作为民事主体维护权利的暂时

[1] 值得注意的是，如债权人所发送的函件并非催款文件，而是对账单、欠款单、确认书、询证函等单纯确认债务的文件的，则难以据此认为债务人放弃诉讼时效利益，无法阻却债务人在诉讼当中提出超过诉讼时效的抗辩。为此，我们建议，债权人可在所发出的对账单、欠款单、询证函等文件中除载明确认债务金额的内容，还应添加催收债务的内容，如债务人予以确认的，则将视为债务人已经放弃诉讼时效期间利益的抗辩。

性措施，在实施自助行为后，民事主体应当立即采取公力救济手段维护自身合法权益。

具体到应收账款债权领域，应收账款债权人在满足前述法定条件之下，为维护自身债权利益，可采取扣留债务人财物等合理措施；但应注意确保其所采取的措施在必要的限度以内。

我们提醒企业，如以扣留财物等自助行为催收并实现债权，应特别注意在《民法典》规定的条件及范围内，否则，将可能导致面临如下方面的法律风险。（见表10）

表10 不同法律责任

民事侵权责任	行政处罚责任	刑事责任
如采取的措施不当造成他人损害的，则需对人身伤害、财产损害承担侵权损害民事赔偿责任	《治安管理处罚法》第40条第3项，非法限制他人人身自由、非法侵入他人住宅或者非法搜查他人身体的，处10日以上15日以下拘留，并处500元以上1000元以下罚款；情节较轻的，处5日以上10日以下拘留，并处200元以上500元以下罚款	寻衅滋事犯罪风险：《最高人民法院、最高人民检察院关于办理寻衅滋事刑事案件适用法律若干问题的解释》第1条第3款规定，行为人因婚恋、家庭、邻里、债务等纠纷，实施殴打、辱骂、恐吓他人或者损毁、占用他人财物等行为的，一般不认定为“寻衅滋事”，但经有关部门批评制止或者处理处罚后，继续实施前列行为，破坏社会秩序的除外
	《治安管理处罚法》第26条第3项，强拿硬要或者任意损毁、占用公私财物的，处5日以上10日以下拘留，可以并处500元以下罚款；情节较重的，处10日以上15日以下拘留，可以并处1000元以下罚款	非法拘禁犯罪风险：《刑法》第238条第1款及第3款，非法拘禁他人或者以其他方法非法剥夺他人人身自由的，处3年以下有期徒刑、拘役、管制或者剥夺政治权利。具有殴打、侮辱情节的，从重处罚。为索取债务非法扣押、拘禁他人的，依照前两款的规定处罚

续表

民事侵权责任	行政处罚责任	刑事责任
		破坏生产经营犯罪风险:《刑法》第278条,由于泄愤报复或者其他个人目的,毁坏机器设备、残害耕畜或者以其他方法破坏生产经营的,处3年以下有期徒刑、拘役或者管制;情节严重的,处3年以上7年以下有期徒刑〔1〕

(2)公力救济:及时起诉确保应收账款债权的实现

根据我们的执业经验来看,不少企业在发现应收账款无法收回时,不是第一时间提起诉讼并申请保全,而是被动地等待其他债权人对债务人起诉后才提起诉讼。殊不知,这种被动的思维恰好导致己方错失收回账款的最佳时机。根据《最高人民法院关于正确处理轮候查封效力相关问题的通知》规定,“轮候查封具有确保轮候查封债权人能够取得首封债权人从查封物变价款受偿后剩余部分的作用”,首轮查封债权人可优先享有查封物变价款的效力,可优先从查封物变价款中获得受偿。因此,在发现应收账款无法自主收回的情况下,我们建议企业第一时间提起诉讼并申请对债务人名下资产采取查封、扣押、冻结的保全措施。

此外,制定并执行正确的诉讼策略也有助于提高应收账款债权获得清偿的可能性。例如,如债务人公司股东与公司存在人格混同的,可一同将债务人公司的股东列为共同被告并请求其对债务承担连带责任。又如,也可充分利用债权人的撤销权、债权人代位权等制度提起诉讼维护自身合法债权的实现。

---

〔1〕 参考案例:在朱某等破坏生产经营案中,朱某从易某(工程转包方)处承接了某公司位于某县工业园区的厂房钢结构建设项目,在项目完工后,经多次催要,尚有110多万元工程款未结清。朱某为追讨剩余工程款遂邀集多人一起来到欠款公司的生产现场催讨债务,为迫使公司偿还债务,朱某等人爬上厂房顶棚扬言拆除厂房顶棚,随后将顶棚中央位置的两块钢材板拆开,后因突下暴雨导致欠款公司正在生产的原材料受损及停产,经鉴定,该公司遭受损失为6.7万余元。该案审理法院经审理后认为,被告人朱某、康某、符某、张某为追讨工程款,以拆厂房顶棚施压的方式破坏生产经营,造成他人财产损失67,758元,四被告人的行为构成破坏生产经营罪。

三 结语

在当前背景下,“降本增效”已然成为广大民营企业从行业“内卷”当中突围的不二选择,在这当中,加强应收账款的管理无疑是企业实现“降本”的重要课题。本节从法律视角切入企业应收账款的管理,结合现行法律法规的相关规定详细梳理企业应收账款管理当中所面临的风险,具体而言,民营企业在应收账款管理当中,在事前、事中及事后三个阶段均面临法律上的风险并可采取相应的举措做好风险防范,具体而言,在应收账款形成前,应注意对交易对手信用及履约能力的检索及评估,并与之签订书面合同以避免基础交易法律关系不被确认,在交易过程中,应注意保持对交易对手信用状况及履约能力的持续评估及监督,避免因其信用状况恶化而导致己方应收账款金额的增大,在应收账款形成后,应注意及时主张权利避免超过诉讼时效而导致己方债权无法收回,此外,如企业以“自助行为”收回债权的,应注意法律所规定的条件,此外,还应特别注意自主催收过程中可能因行为不当而招致面临行政处罚甚至刑事责任的法律风险,如以诉讼、仲裁的公力救济方式收回应收账款,应注意把握起诉的及时性及采取正确的诉讼策略。期望本节内容对陷入应收账款管理困境之中的民营企业有所裨益。

第三节　从公报案例看第三人侵害债权的救济

债权遭受第三人侵害,是否可要求第三人承担损害赔偿责任,向来为理论界争论的热点问题,迄今未获一致见解。

从实务层面来看,实践中,债权人的债权因债务人以外的第三人侵害而无法得到清偿的情况并不鲜见。从维护债权人利益角度来看,在民法现有制度中,债权人代位权及撤销权制度能够突破债的相对性,在一定程度上防止第三方与债务人恶意串通侵害债权,但该等制度均存在一定的不足之处,例如,就债权人撤销权制度而言,仅可撤销债务人处分财产的行为并将财产回归至债务人名下用于偿还债务,在受让财产的第三人已将财产进行再次处分(例如,出售或设置抵押等)的情况下,债权人债权仍然面临无法得到清偿的障碍;就债权人代位权制度而言,针对的是债务人怠于行使债权或从权利而导致债权人利益受损的情形,并无法规制第三人恶意侵害债权的情形。因此,债权人从侵权法的途径寻求救济就具有现实的需要。再者,《民法典》第 1164 条将我国侵权责任制度保护的对象界定为“民事权益”,并未将债权排除在外,现有法律框架又为债权人以侵权责任制度寻求救济提供了法律上的可能,鉴于此,笔者特选取一则公报案例进行解读,并以其他司法案例为辅助对第三人侵害债权规则进行分析。

1. 案例:中小企业担保公司诉长城资产公司吉林分公司等公司债权人利益责任纠纷案

案号:(2017)最高法民终 181 号

1997 年至 2001 年,华星公司以保证人身份形成对工行吉林分行的连带保证债务。2005 年 7 月 31 日,贷款行工行吉林分行将贷款债权转让给东方资产公司长春办事处。

2009 年 1 月 15 日,经国务院国资委批复同意,华星公司将所持华微公司 2000 万国有法人股无偿划转给中小企业担保公司并在证券结算公司上海分公司办理完毕过户登记手续。

2009 年 5 月 20 日,东方资产公司长春办事处将承接的贷款债权转让给吉林省国资公司,吉林省国资公司又将债权转让给了长城资产公司吉林分公司。

2011 年 3 月,长城资产公司吉林分公司以华星公司和中小企业担保公司为被告提起债权人撤销权之诉,请求撤销华星公司与中小企业担保公司之间的股权转让协议,此后,长城资产公司吉林分公司又于 2015 年 1 月 28 日申请撤回起诉并获准。

2011 年 12 月 11 日,华星公司因资不抵债申请破产,在破产清算中,公司财产尚不足以清偿第一顺位的劳动债权,尚有缺口 7193.68 万元。2013 年 5 月 13 日,华星公司经吉林省工商行政管理局核准注销。

2015 年 1 月 29 日，长城资产公司吉林分公司提起诉讼，第一项请求为，判令中小企业担保公司在无偿接收的 2000 万股股权受益范围内对华星公司债务承担连带责任。

2. 裁判观点

一审法院判决认为，华星公司在承担保证责任期间将持有的 2000 万股法人股无偿转让给中小企业担保公司，事实上造成了华星公司对债权人进行担保的法人财产的减少，该无偿转让行为侵犯了债权人的利益，客观上造成了金融债权的落空。根据《民法通则》（已失效，下文不再说明）第 106 条“公民、法人由于过错侵害国家的、集体的财产，侵害他人财产、人身的，应当承担民事责任”的规定，中小企业担保公司在无偿接收华星公司持有的华微公司 2000 万股股权受益范围内与华星公司就债务对长城资产公司吉林分公司承担连带责任。

一般而言，债权发生在特定的当事人之间，缺乏公示性，第三人往往无法预见，通常不属于侵权法的保护范围，当然，侵权责任法亦未将债权排除在保护范围之外。故债权保护主要通过合同法等法律制度救济，如认定合同当事人以外的第三人承担侵权赔偿责任，应当从严把握。回归到本案：

首先，二审法院基于如下理由认定中小企业担保公司应当承担侵权赔偿责任：

第一，中小企业担保公司配合华星公司无偿划转资产逃废债务违反法律和规范性文件，违背公序良俗，具有侵犯他人财产权的主观过错。其认定中小企业担保公司主观过错的理由包括：（1）根据《企业国有产权无偿划转管理暂行办法》第 6 条、第 7 条规定，企业国有产权无偿划转应当编写包含“被划转企业的财务状况及或有负债”的可行性报告，并由划转双方分别在报告基础上按照内部决策程序进行审议并形成书面决议，第 8 条规定划转方应当就无偿划转通知债权人。法院据此认定，中小企业担保公司在华星公司向政府部门申报无偿划转时即“知道或者应当预见”华星公司资不抵债的情况。（2）中小企业担保公司未能提供证据证明从华星公司处取得股权财产支付了合理对价。

第二,中小企业担保公司实施的无偿划转法人股权行为直接损害了华星公司债权人财产利益。股权无偿划转与接收客观上导致华星公司偿债能力降低,与案涉担保债权不能实现具有直接因果关系,长城资产公司吉林分公司通过不良资产转让形式继受取得的担保债权无法依据合同之债途径突破合同相对性向当事人以外的中小企业担保公司主张权利。

据此,根据本案实际情况,适用侵权责任法作为保护财产权益的补充手段,是必要的,否则,享有合法财产权益的债权人难以通过法定途径获得救济,有违公平正义。依据《民法通则》第 106 条规定,法院认定中小企业担保公司应当承担民事责任。

其次,关于中小企业担保公司责任形式及内容。法院认为,中小企业担保公司作为国有出资设立的企业接受案涉股权行为,是在政府主管部门指导和批准下完成的,股权接收行为存有一定的被动性,不具有与华星公司意思联络共同侵犯他人财产权益的主观故意,难以认定中小企业担保公司与华星公司构成共同侵权,原审判决认定中小企业担保公司承担连带清偿责任依据不足。法院综合考虑受害人过错以及中小企业担保公司接收股权具有一定被动性因素,酌定中小企业担保公司在无偿接收案涉股权 80%(1600 万股股权受益)的范围内承担相应的赔偿责任。

3. 解读与评析

正因我国迄今并未明确建立第三人侵害债权的规则,法院的上述公报案例不论是从裁判理由还是从裁判结果上均对司法实务提供了重要的参考。况且,经笔者使用“第三人侵害债权”作为关键字在案例检索平台进行检索,除极个别的法院仍然将债权排除在侵权法保护范围之外[例如,在(2019)浙 1021 民初 304 号—310 号判决书中,法院认为因债权不具有公示性和对抗效力,债务人以外的第三人侵害债权,致使债务人无法履行,债权人只能请求债务人承担违约责任,而不得请求第三人承担侵权责任],大部分法院认可债权属于侵权法保护范围。为此,笔者特以该公报案例为索引,从第三人侵害债权责任构成要件及责任承担两个方面进行分析及解读。

一 第三人侵害债权责任构成要件

关于第三人侵害债权责任构成要件，法院在公报案例中，无论是从裁判理由还是从法律适用来看，均是将第三人侵害债权作为过错侵权责任看待，即认定实施侵害债权的第三人具有主观过错、实施侵害债权的侵权行为、债权不能得到清偿以及债权不能得到清偿与侵权行为具有因果关系。值得注意的是，该案是《民法典》颁布实施前的判决，在《民法典》颁布实施后，在最高人民法院民法典贯彻实施工作领导小组所编写的《中华人民共和国民法典侵权责任编理解与适用》一书中，也同样认可债权通过侵权法制度获得保护，该书认可的第三人侵害债权的构成要件包括：债权合法有效存在、行为人明知该债权存在、行为人实施了相应的侵害债权行为，该行为造成了债权部分或者全部不能实现的后果。

为便于观察，特结合现有的司法案例对第三人侵害债权的部分构成要件作进一步分析，可发现法院在个案当中适用第三人侵害债权更为具体的条件。

第一，经查询相关判例可以看出，第三人侵害债权规则的适用，除应满足前述要件外，法院一般认为，应当以适用债务不履行规则作为适用第三人侵害债权规则的前提条件。正如《中华人民共和国民法典侵权责任编理解与适用》一书中认为的，“对于能够通过债务不履行规则解决的问题，应在准确界定相应法律关系的前提下，首先适用债务不履行的规则，避免将第三人侵害债权的规则泛化”，通过司法实务案例的分析，也可以看出法院在审理第三人侵害债权案件中同样认为债权人应首先对债务人主张债权请求权，只有在通过债权请求权救济途径仍然无法获得清偿的情况下，方可向第三人提出侵权损害赔偿之诉。例如，在（2021）黑01民终2143号民事判决中，针对合同债权人径行对第三人提起的侵权之诉，法院在二审判决中认为，对于第三人侵害债权，应首先适用债务不履行规则，避免将第三人侵害债权的规则泛化，冲击正常的交易秩序乃至社会秩序。本案中，姜某的债权受到侵犯，首先应按债权请求权的法律规定主张权利。在（2020）皖0811民初

1394号民事判决中,法院认为,当债权人权利救济途径已经穷尽的情况下,对损害债权第三人的侵权诉讼才可获得支持。

第二,第三人侵害债权适用过错归责原则,损害债权的第三人应为"故意"的主观状态,而该要件也为司法审查的重点。侵权制度的建立无疑应当在权利保护与行为自由之间实现平衡,正因为债权不具有公开性的特征,在第三人侵害债权的场合下,如果将过失也作为归责原则,将极大地限制社会成员的自由,妨碍市场竞争及经济发展,因此,将第三人侵害债权的归责原则限定为"故意"是较为妥当及合理的。从所检索的案例来看,法院在审理第三人侵害债权诉讼时,在第三人主观故意的认定上适用较为严格的标准。

结合现有判例,从举证责任分配及举证程序角度分析,法院在第三人过错的认定上存在如下思路:其一,在资产转移类侵权行为中,第三人应当对从债务人处取得资产的原因及合法依据进行举证,如果无法完成举证的,则法院倾向于认定第三人存在过错。其二,在第三人从债务人处以有偿方式受让资产的情形下,如果第三人未能提供价款支付记录/凭证的,法院倾向于认定第三人与债务人之间存在恶意串通的行为,进而认定第三人存在过错,例如,在公报案例中,最高人民法院认定中小企业担保公司存在主观过错的理由之一即为"中小企业担保公司未能提供证据证明其取得股权财产支付了合理对价"。如果债务人与第三人资产转让定价不合理或存在明显低价情形,法院并不据此直接推定第三人存在过错,而需要债权人进一步对第三人明知且恶意的主观过错进行举证。

为便于观察,法院在判例中的裁判观点见表11:

表 11　法院对第三人过错认定的裁判观点

未认定第三人主观过错的案例	认定第三人存在主观过错的案例
法院观点：在第三人侵害债权之诉中，应重点考察第三人与债务人是否恶意串通，是否故意实施旨在侵害债权人债权的行为，仅以明显不合理价格进行交易的行为，尚不足以认定第三人在主观上存在侵害债权的故意［案号：(2015)榕民初字第67号］	法院观点：债务人与第三人进行房产交易，但双方均未能提供实际支付交易价款的证明，且债权人债权经过多年仍然未获得实现，法院认定两被告恶意串通，损害原告合法权益［案号：(2018)粤0106民初29394号］
法院观点：过失并不足以构成第三人侵害债权的过错标准，第三人是否应承担侵害他人债权的责任，应考虑行为人的故意和恶意［案号：(2016)粤03民终10481号］	法院观点：两上诉人存在虚构债务转移涉案土地使用权的行为，该行为导致被上诉人的可得财产权益受到侵害。原审以两上诉人共同侵害被上诉人的财产权益判令共同赔偿上诉人的损失，并无不当［案号：(2020)鲁03民终1493号］
法院观点：除非第三人明知债权存在且恶意积极侵害债权，否则，不得主张第三人承担侵权责任。即便认为第三人与债务人之间资产转让价格存在不合理低价可能性，债权人也应当进一步举证该不合理低价系恶意串通损害债权［案号：(2017)赣民终531号］	法院观点：何某在明知债权人债权尚未获得清偿的情况下，却利用控制的公司在没有合法依据的情况下将债务人2亿多元资金转移至龙鼎公司名下，显然是为了逃避债务，故足以认定侵权人存在主观恶意，存在过错［案号：(2020)浙04民终3008号］
	法院观点：从债权侵权举证责任上，第三人侵害债权通常是通过与债务人相互串通，以转移、隐匿债务人财产的方式进行，从转移、隐匿外观行为之内在原因这一角度看，第三人作为财产客观上的受益方，相较于债权人，对受益的原因应当有更全面的理解和把握，因此，从举证能力方面及从法院查明并还原事实的角度看，应将第三人占有债务人财产之原因这一事实的举证责任分配给第三人和债务人，在其未能举证的情况下，认定第三人与债务人间存在恶意串通这一事实，便符合高度盖然性原则。应当认定俞某明知黄某对林某享有合法债权，与林某恶意串通，并收取了原本属于林某的资金，减损了林某本可用以清偿债务的责任财产，且未举证证明收取原因及合理性，导致债权人黄某的债权清偿利益受到实质性损害，其主观上具有过错

第三，关于侵害债权的违法侵权行为形态，《中华人民共和国民法典侵权责任编理解与适用》一书中将侵权行为界定为“通常为妨碍债权实行的行为”，王泽鉴先生在《侵害他人债权之侵权责任》一文中列举的主要侵害态样包括：侵害给付标的物致债务人给付不能或给付迟延，侵害债务人人身致债务人给付不能或给付迟延，引诱债务人违约，侵害债权归属等情形。从法院现有判例来看，所认可的侵权行为均表现为第三人与债务人恶意串通转移资产逃避债务的行为，至于其他形态的侵权行为，还有待于对未来司法案例的进一步观察。

二 第三人侵害债权责任承担

关于第三人侵害债权所应承担的责任范围及责任形式，在公报案例中，两审法院作出截然不同的判决，一审法院判令作为侵权行为人的中小企业担保公司在无偿接收的资产价值范围内与债务人承担连带偿还责任，二审法院认为，中小企业担保公司与债务人并不构成共同侵权，判令承担连带责任缺乏法律依据，最终判令中小企业担保公司承担相应的赔偿责任。值得注意的是，二审法院在该案判决中并未明确排除债务人作为侵害债权的责任主体，其仅说明“难以认定华星公司与中小企业担保公司属于共同侵权”，如果按照此逻辑推论，债权人也可以债务人损害债权而要求其承担侵权责任。

此后，在最高人民法院民法典贯彻实施工作领导小组主编的《中华人民共和国民法典侵权责任编理解与适用》一书中，对于债务人是否可成为侵害债权责任主体问题，表达了与公报案例截然不同的观点，认为债务人“作为债权关系中的特定人，其侵害债权是通过债务不履行制度来实现对债务保护的目的，不适用侵权责任条款，否则就会严重混淆违约和侵权责任的界限”，明确排除了债务人的侵权责任，如此，第三人与债务人之间即不可能承担连带责任，只能是侵害债权的第三人单独承担侵权损害赔偿责任。

经对已经检索到的司法案例分析，尚未发现判令债务人就侵害债权承担侵权责任的相关判决，也表明法院倾向于将债务人排除在侵害债权的责任主体之外，侵害债权的第三人单独对侵害行为承担赔偿责任。

通过对公报案例及相关的司法案例进行分析及解读，笔者认为，在债权遭受第三人恶意侵害而致无法得到清偿的情况下，债权人以侵权制度对该第三人提出损害赔偿的主张并无法律上的障碍。

第四节 民间借贷常见法律风险及防范建议

无论是企业经营还是个人日常生活，均会具有通过民间借贷进行融资的需求，同样地，对于拥有资金一方的主体（包括企业及个人）而言，除了将资金用于银行储蓄、股市投资等外，将资金用于放贷也是资产保值增值的一种重要渠道。通常而言，人们往往将民间借贷作为一种经济现象进行观察，从民间借贷市场规模、市场利率等角度进行分析并试图以此观察经济运行的状态。就法律实务角度而言，民间借贷的法律风险也是参与市场经济的主体所不得不关注的问题。

民间借贷合同作为借款合同中的一种类型，应具备《民法典》规定的借款合同的基本特征，即贷款人向借款人出借货币资金，由借款人到期返还借款资金并支付利息（《民法典》第 667 条）。民间借贷合同相较于其他类型的借款合同（例如，银行金融机构放贷所签订的借款合同），特殊性在于，借贷双方主体局限于“自然人、法人和非法人组织”[1]。正因为民间借贷是发生于非专业金融机构之间的资金融通行为，当事人无论是对于金融法律法规的掌握还是风险防范意识均无法与专业的金融机构相提并论，也正因如此，参与民间借贷的当事人面临法律上的风险。为此，根据法律规定并结合相关司法判例揭示民间借贷常见法律风

[1] 《最高人民法院关于审理民间借贷案件适用法律若干问题的规定》第 1 条第 1 款规定，本规定所称的民间借贷，是指自然人、法人和非法人组织之间进行资金融通的行为。

险,并结合法律实务经验给出有针对性的风险防范建议。

一 民间借贷常见民事及刑事法律风险

(一)民间借贷常见民事法律风险

1. 借贷关系不被司法认定的风险

结合《民法典》所规定的借款合同的基本特征可知,在民间借贷关系中,当事人之间应当存在"还本付息"的借贷法律关系。《最高人民法院关于审理民间借贷案件适用法律若干问题的规定》第 2 条第 1 款即要求提起民间借贷诉讼的出借人提供借据、收据、欠条等债权凭证以及其他能够证明借贷法律关系存在的证据。

在实践中,出借方主张借款方偿还借款本金及利息的,首先即面临对双方之间法律关系进行举证的难题,如果无法证明双方之间构成借贷关系,其所提起的民间借贷诉讼案件即面临"败诉"的法律风险。例如,在张某诉王某民间借贷纠纷案中,原告张某对王某提起民间借贷诉讼,除提供 80 万元转账凭证外仅提供了一条并不含有借款字眼的手机短信,在被告王某辩称双方之间为合作关系而非借贷关系的情况下,法院认为,"虽然王某承认收到 80 万元,但对款项的性质,在张某没有充分证据的情况下,不宜定性为民间借贷性质",并最终判决驳回原告张某的诉讼请求。[1]

2. 当事人之间属于民间借贷还是其他法律关系"含混不清"

(1)借贷关系还是合伙关系含混不清

此种类型的风险常见于朋友之间,由一方出资或双方共同出资经营某事业或投资某项目,在投资亏损的情况下,一方以民间借贷为由要求他方偿还出资本息或固定回报(收益)。根据《民法典》第 967 条规定,合伙合同为合伙人之间为了共同的事业目的所订立的共享利益、共担风险的协议。合伙关系的特征在于"共

---

〔1〕 参见最高人民法院民事审判庭第一庭编:《民事审判指导与参考》总第 66 辑(2016 年第 2 辑),人民法院出版社 2016 年版。

享利益、共担风险”。而民间借贷的特征在于“还本付息”，如在合作或合伙协议中并未明确规定“还本付息”的，则出资人需与其他主体共同承担投资亏损或损失。

(2)借贷还是赠与“真伪难辨”

此等风险常见于情侣之间发生的大额资金往来的情况。在双方分手后，一方以“民间借贷”为由起诉要求收款方偿还借款本息。收款方常常以“赠与”作为抗辩的理由。如审理法院认定双方构成“赠与”法律关系的，则出借人即面临款项难以追回的法律风险。例如，在张某某诉李某某民间借贷纠纷案中，原告张某某基于通过POS机刷卡为李某某购买家具消费15,800元及微信支付4800元，以借贷为由提起民事诉讼，被告李某某抗辩该等款项系张某某在双方恋爱期间的自愿赠与行为。法院经调查后发现，不排除双方存在谈恋爱的可能，并认为张某某提供的证据不足以证明双方借贷关系成立，判决驳回其要求李某某返还款项的诉讼请求。[1]

(3)借贷还是买卖合同不易区分

借贷关系与买卖合同关系看似存在较为明显的区别而容易区分，但实践中也存在较难以区分的情形。比较常见的情形是循环贸易式融资，当事人为了规避早期企业之间拆借资金被认定无效的规定，往往假借货物买卖合同的外观，采取“高买低卖”的形式签订货物买卖合同，本质上在于通过货物贸易的外观行融资的目的。例如，在福建省厦门市中级人民法院作出的(2011)厦民初字第71号民事判决中，当事人通过签订循环代理采购协议，以高买低卖的方式实现借款目的，法院认定各方当事人之间属于假买卖、真借贷，应按借贷关系定性。在河南省高级人民法院作出的(2019)豫民再800号民事判决中，法院认定，当事人相互之间签订多份没有真实货物交易的买卖合同，外观上是以闭环式的循环贸易方式进行交易，实质上却是以这种形式掩盖企业间的真实融资。该合同关系既不属于典型的买卖合同法律关系，也不属于典型的借款合同法律关系，应定性为循环贸易式融

---

〔1〕 案例来源：《恋人变邻居：赠与还是借款，看法院怎么判》，载江苏法院网2022年6月10日。

资法律关系。

3. 民间借贷合同无效风险

《最高人民法院关于审理民间借贷案件适用法律若干问题的规定》第13条规定了民间借贷合同无效的6种情形,其中较为常见的几种情形如下。

(1)以套取的金融机构贷款进行转贷的

关于出借资金来源于银行贷款资金,2015年《最高人民法院关于审理民间借贷案件适用法律若干问题的规定》第14条第1项规定,只有满足"套取金融机构信贷资金又高利转贷给借款人,且借款人事先知道或者应当知道的"才导致借贷合同无效,该条所规定的条件不仅包括出借方资金来源,还包括转贷利率、借款人主观状态;而2020年对该条进行修改,规定"套取金融机构贷款转贷"的民间借贷合同一律无效,只保留资金来源这一条件,所适用的范围明显放宽。例如,在赵某诉余某借款合同纠纷案中,因原告赵某出借的213,372元资金系来源于其向金融机构的贷款228,000元,审理法院认定借贷合同无效,并判令借款人仅需向出借人返还借款本金,至于原告请求被告偿还228,000元及后续银行所有费用、垫付还款的诉请,法院判决予以驳回。[1]

(2)未依法取得放贷资格的出借人,以营利为目的向社会不特定对象提供借款的("职业放贷")

《九民会议纪要》第53条明确了"职业放贷人"的概念,指未依法取得放贷资格的以民间借贷为业的法人,以及以民间借贷为业的非法人组织或者自然人。同一出借人在一定期间内多次反复从事有偿民间借贷行为的,一般可以认定为"职业放贷人"。因职业放贷行为扰乱经济、金融和社会秩序,职业放贷形成的借款合同,不受法律保护。例如,在广西壮族自治区高级人民法院公布的《广西法院民商事再审典型案例》所摘录的谢某与甘某、韦某民间借贷纠纷案中,谢某追讨借款66万元,法院经查询确认谢某为职业放贷人后,依法认定出借人谢某与借款人甘某、韦某及担保人黄某所形成的借贷关系无效,判令借款人仅需返还借款本金及

---

〔1〕《从银行借出的钱能否借给他人》,载《人民法院报》2021年5月28日,第3版。

资金占用费。

(3)出借人事先知道或者应当知道借款人借款用于违法犯罪活动仍然提供借款的

例如,在(1992)宝法民字第1308号民事判决中,出借人明知借款人为了进行非法买卖卷烟活动仍然向其提供借款,因借款人未按期归还,出借人诉至法院。法院认为,原告明知被告借款是为了双方进行非法的香烟买卖活动才向被告出借钱款,这种非法借贷关系不受法律保护,对于出借人请求借款人返还借款的诉讼请求不予支持。实践中,较为常见的还有为他人参与赌博提供借款的情形,如经法院认定出借人的借款债权系出借赌资形成,法院亦不予保护。例如,在(2011)浙甬商终字第10号民事判决中,针对出借人陈某在澳门特区赌博期间向周某出借筹码118万元形成的债权,法院认为,陈某的债权系出借赌资形成,依法不应受法律保护,并判决驳回陈某要求周某返还118万元借款本息的诉讼请求。

(4)违背公序良俗的

当事人双方以借贷为名,实际企图以金钱维系不正当"婚外情"关系,所签订的借条或类似协议均属于违背公序良俗,不受法律保护。例如,在张某青与张某确认合同无效纠纷案中,张某青与张某订立《双方协议》约定,张某青出借100万元给张某,用于购买房产,张某以所购房产作为抵押,并承诺终身不嫁人,一生做张某青的情人,如果违反协议,则返还借款。张某青如约向张某出借款项。此后,张某青诉至法院,请求确认《双方协议》无效并判令张某归还借款。该案终审法院认定,张某青所诉债权不宜列入合法民事权益保护范围,以所诉权益不属于法院的受案范围为由裁定驳回原告张某青的起诉。[1]

(二)民间借贷常见刑事法律风险

1. 民间借贷与高利转贷罪

如出借人出借资金源于金融机构贷款,所签订的民间借贷合同属于无效合同

---

〔1〕 参见最高人民法院民事审判第一庭编著:《民间借贷纠纷审判案例指导》,人民法院出版社2015年版。

前已述及，除此以外，如套取银行贷款的出借人在民间借贷中的利率高于贷款利率的，在一定条件下还可能涉嫌高利转贷的刑事犯罪，此项刑事法律风险不得不引起出借人的重视。

《刑法》第175条规定，以转贷牟利为目的，套取金融机构信贷资金高利转贷他人，违法所得数额较大的，处三年以下有期徒刑或者拘役，并处违法所得一倍以上五倍以下罚金；数额巨大的，处三年以上七年以下有期徒刑，并处违法所得一倍以上五倍以下罚金。单位犯前款罪的，对单位判处罚金，并对其直接负责的主管人员和其他直接责任人员，处三年以下有期徒刑或者拘役。《最高人民检察院、公安部关于公安机关管辖的刑事案件立案追诉标准的规定(二)》规定，违法所得数额在50万元以上的，应予立案追诉。例如，在韦某某高利转贷案中，韦某从银行贷款后以月息3%转借给他人，扣除银行贷款利息后，其实际高利转贷获利58万余元。法院认为，行为人以转贷牟利为目的，套取金融机构信贷资金高利转贷他人，违法所得数额较大，构成高利转贷罪。[1]

2. 民间借贷与非法吸收公众存款罪

《刑法》第176条规定了非法吸收公众存款或者变相吸收公众存款犯罪的罪名，《最高人民法院关于审理非法集资刑事案件具体应用法律若干问题的解释》则进一步明确了该罪名的特征，包括非法性、公开性、利诱性及社会性。民间借贷中往往约定还本付息，其中，利息即为借款人向出借人承诺给予的回报，满足“利诱性”的特征，在借款人同时存在向社会公开宣传及向社会不特定对象借贷的情况下，极为容易触发非法吸收公众存款的罪名。例如，在周某、上官某非法吸收公众存款案中，周某、上官某未经相关机构批准，自行或者通过他人介绍，承诺高额利息回报，以公司资金周转名义向社会不特定对象潘某等33人通过借条形式吸收存款共计4976.85万元。法院认定，行为人的前述行为已构成非法吸收公众存款罪。[2]

---

〔1〕《柳州市公安局三名支队“领导”获刑》，载《人民法院报》2020年5月8日，第3版。

〔2〕案例来源：绍兴市中级人民法院公布的8起民间借贷违法犯罪典型案例(2020年)。

此外，特别需要注意的是，根据《最高人民法院关于审理非法集资刑事案件具体应用法律若干问题的解释》第 1 条第 2 款规定，如借款人是针对单位内部员工或自己亲友进行借款集资的，并不构成非法集资；但如在向亲友或单位内部人员吸收资金过程中，明知亲友或单位内部人员向不特定对象吸收资金而予以放任的，仍然属于向社会公众吸收资金的行为，即满足“社会性”的特征，因此，在向亲友或单位内部人员借款融资时，借款人不得不对出借人的资金来源审慎调查并评估。

3. 民间借贷与集资诈骗罪

无论是前述非法吸收公众存款犯罪还是集资诈骗犯罪均属于非法集资的范畴，其外观表现亦往往是借款人通过与众多的出借人签订借贷合同或类似合同的形式进行集资活动。除非法吸收公众存款犯罪外，借款人如向多人借款的，也不得不关注集资诈骗罪的法律风险。

《刑法》第 192 条规定，以非法占有为目的，使用诈骗方法非法集资，数额较大的，处三年以上七年以下有期徒刑，并处罚金；数额巨大或者有其他严重情节的，处七年以上有期徒刑或者无期徒刑，并处罚金或者没收财产。单位犯前款罪的，对单位判处罚金，并对其直接负责的主管人员和其他直接责任人员，依照前款的规定处罚。例如，在浙江东阳吴某集资诈骗案中，经法院查明，行为人以民间借贷的形式以高息为诱饵，以投资、资金周转等为名从林某等 11 人处（下家百余人）集资 7.7 亿多元，法院判决认定，被告人吴某以非法占有为目的，隐瞒事实真相，虚构资金用途，以高额投资回报为诱饵，集资诈骗人民币 38,426.5 万元，判决吴某构成集资诈骗罪。

4. 民间借贷与非法经营罪

根据前述内容可知，在民间借贷中，出借人资金源于金融机构贷款的，所签订的民间借贷合同不仅会被认定无效，在满足特定条件之下，出借人甚至可能构成高利转贷的刑事犯罪。有的朋友可能会有疑问，在出借人全部是以自有资金出借的情况下，是否就没有风险呢？答案当然是否定的。

在出借人以自有资金放贷的情况下，如出借人被认定为职业放贷人，如前所述，职业放贷人所签订的借贷合同存在被认定无效的民事法律风险。而在目前的法律框架之下,职业放贷的风险还不止于此,如从事职业放贷的,行为人有可能会构成非法经营犯罪。根据《最高人民法院、最高人民检察院、公安部、司法部关于办理非法放贷刑事案件若干问题的意见》第1条规定,违反国家规定,未经监管部门批准,或者超越经营范围,以营利为目的,经常性地向社会不特定对象发放贷款,扰乱金融市场秩序,情节严重的,以非法经营罪定罪处罚。前款规定中的"经常性地向社会不特定对象发放贷款",是指2年内向不特定多人(包括单位和个人)以借款或其他名义出借资金10次以上。贷款到期后延长还款期限的,发放贷款次数按照1次计算。

例如,在(2021)京0105刑初95号刑事判决中,被告人崔某某等人成立小小黛朵(北京)科技有限公司等主体,依托该等平台在互联网上运营"花生米富""先花一亿元"等App,违反国家规定,未经监管部门批准,以营利为目的经常性地向社会不特定对象发放贷款,经统计,通过App放款人数超过23,000人,相关行为人被法院判决构成非法经营罪。

二 民间借贷法律风险防范建议

针对民间借贷常见的上述法律风险,我们结合实务经验,提出以下防范建议以供参考:

1. 谨记民间借贷司法认定的核心要素,包括借贷合意及款项实际出借,保留满足这两项特征的证据,例如,证明双方存在借贷合意的证据包括但不限于借条(借据)、借款合同、欠条等;证明款项实际出借的证据包括银行转账记录、微信转款凭证、借款人签署的收据等。

2. 注意区分民间借贷关系与合伙、赠与、买卖等法律关系的区别,在民间借贷关系中,出借人拥有要求借款人返还本金及利息的权利,如果出借人需要确保本金及利息(固定收益)得到实现,在签订外观为合伙/合作、买卖等形式的合同时,务必在合同条款中订入对方还本付息的条款。

3. 针对民间借贷合同无效的法律风险，我们提醒出借人注意如下方面：

（1）注意出借资金的来源，一般以自有资金出借；

（2）注意控制出借资金的对象，避免因向社会不特定对象放贷而被认定为职业放贷人，不仅防范合同无效的法律风险，还避免被认定构成“非法经营罪”的刑事法律风险；

（3）注意掌握借款人资金用途，对借款人进行适当的背景调查，在明知借款人把借款用于违法犯罪活动的，应当拒绝向其提供借款；

（4）借贷行为应符合社会公序良俗。

4. 针对民间借贷常见的刑事法律风险，我们分别提醒出借人及借款人注意如下方面：

（1）我们提醒出借人注意如下方面：

①注意出借款项的资金来源，以自有资金出借，如在特殊情况下以银行贷款作为出借资金来源的，务必注意控制借款的利率，谨防因利差而被认定构成“高利转贷罪”；

②注意适当控制借款的对象，即使以自有资金放贷，切忌大规模地向社会不特定对象出借款项，避免被认定构成“非法经营罪”的刑事法律风险。

（2）我们提醒借款人注意如下方面：

①切忌向社会公开宣传借款信息并避免向社会不特定对象吸收借款，在向亲友或单位内部人员借款过程中，如发现亲友或单位内部人员存在向不特定对象吸收资金的，应当及时加以制止并拒绝吸收该等借款资金；

②在借款时如实披露借款资金用途并如实使用借款资金，不得将所借资金肆意挥霍或用于非法犯罪活动；

③在发现无力偿还借款时，应如实与出借人就借款展期事宜进行沟通协商，切忌以隐匿逃避的方式或转移财产等方式逃避偿还借款，避免因逃避行为而被认定为具有“非法占有的目的”并进而被追究“集资诈骗罪”。

以上是我们根据实务经验及相关案例总结的民间借贷常见法律风险及防范建议，期望对各位有所裨益。

第五节　破解公司“执行难”
——历任一人股东责任承担问题

相信很多读者对“一人有限责任公司股东如不能证明公司财产独立于股东自己的财产,需要对公司债务承担连带责任”这一规定并不陌生,在执行阶段,追加一人股东作为被执行人就债务承担连带责任有利于判决后续的执行,但在实务中,一人股东主体或公司股权架构是动态变化的,如一人股东在债务产生后转让其100%股权或部分股权该原、现一人股东是否需要对公司债务承担责任;公司由一人有限责任公司变更为有限责任公司,原一人股东是否需要承担连带责任等。本节围绕一人股东责任承担的相关问题,以深圳地区的执行裁定案例为研究对象展开研究分析。

一　债务产生后，一人股东A将其100%股权转让给一人股东B，此时一人股东A、B是否需要对公司债务承担责任

1. 已转让股权的前一人股东A是否对该债务承担连带责任

债务产生后,债权人向法院起诉或者申请强制执行时,一人股东A已退出公司,作为非公司现股东能否要求其承担连带责任或其他补充清偿责任,会有不同的裁判观点。

观点一认为,一人股东A无须承担连带责任,但一人股东A存在未依法实缴即转让股权的,应在未出资范围内承担补充清偿责任。

案号:(2019)粤03执异1168号(节选)

本院审查查明,深圳仲裁委员会作出的(2018)深仲裁字第1705号仲裁裁决已经发生法律效力,裁决如下:(1)优某行公司向肖某富支付应付租金至实际付

款之日止，计至2018年7月10日为人民币33,825.8元(其中，2018年9月10日之前，优某行公司应付租金按照每月人民币14,769元之标准计算；2018年9月11日起，优某行公司应付租金按照每月人民币6325元之标准计算)；(2)优某行公司按照所欠应付租金总额20%的标准向肖某富支付违约金至实际付款之日止，计至2018年7月10日为人民币6765.16元(案例分析：根据裁决内容所示的时间点，该债务起码产生于2018年7月10日之前)。

法院审查期间，肖某富为证明其主张，提交以下证据：(1)《深圳市优某行商业运营有限公司关于股权变更的决定》，证明2018年10月31日刘某超将其持有的该司100%的股权以人民币1元的价格转让给了冯某刚(案例分析：债务产生于刘某超作为一人股东期间，刘某超在债务产生后转让100%股权，法院裁定刘某超在1000万元出资范围内承担责任，无须承担连带责任；债务产生后，冯某刚受让刘某超100%股权后再转让，债务存续期间与冯某刚作为一人股东的期间有重合部分，结合证据3的分析，法院裁定冯某刚在1000万元出资范围内承担责任)。(2)《股权转让协议》，证明2018年10月31日冯某刚以1元的价格受让该司100%股权并承担该司全部债务。(3)《深圳市优某行商业运营有限公司章程》2018年4月4日备案，证明按照公司章程第12、13条公司认缴出资额：人民币1000万元；出资比例100%，出资方式：货币；经全体股东一致约定，股东认缴出营需要履行出资义务弥补亏损(案例分析：章程对认缴出资期限约定为股东需履行出资义务弥补亏损，故法院认定冯某刚和刘某超作为优某行公司的原股东未履行出资义务即转让股权，需要在未实缴出资范围内承担责任)。(4)《深圳市优某行商业运营有限公司关于股权变更的决定》，证明冯某刚于2018年12月26日该将100%的股权以人民币1元的价格转让给了刘某山。(5)《股权转让协议》，证明2018年12月26日刘某山以1元的价格受让该司100%股权并主动承担该司全部债务(债务产生后，受让股权后没有进行转让，承担连带责任)。

法院认为，首先，被执行人优某行公司为一人有限责任公司，其财产不足以清偿生效的(2018)深仲裁字第1705号仲裁裁决确定的债务，而刘某山作为优某行公司的唯一股东，未提交证据证明优某行公司的财产独立于自己的财产，据此肖某富依法申请追加刘某山为被执行人并对优某行公司的涉案债务承担连带清偿责任，法院予以支持。

其次，本案中，优某行公司工商资料未显示冯某刚和刘某超履行认缴出资义务。冯某刚和刘某超作为优某行公司的原股东未履行出资义务即转让股权，依法应在其未依法出资范围1000万元内对案涉债务承担责任。据此申请人肖某富请求依法追加冯某刚和刘某超为本院(2019)粤03执1858号案件的被执行人，符合法律规定，本院予以支持；但申请人肖某富请求依法追加冯某刚和刘某超对优某行公司债务承担连带清偿责任，不符合《最高人民法院关于民事执行中变更、追加当事人若干问题的规定》之规定，对此法院不予支持。

观点二认为，一人股东A作为债务存续期间的一人股东，应对该债务承担连带责任。

案号：(2023)粤0306执异302号

根据民事判决书可知，双方民事法律关系发生期间为2018年5月1日之后，2019年8月21日、2020年12月12日经股权转让，股东严某芳、樊某先后成为一人有限责任公司唯一自然人股东，被执行人公司的财产不足以清偿生效法律文书确定的债务，被申请人严某芳、樊某不能证明公司财产独立于自己的财产，申请人申请追加樊某、严某芳为(2021)粤0306执15560号案件被执行人的理由成立，法院予以支持。

2. 现任一人股东B是否对该债务承担连带责任

一人股东B作为公司现一人股东，该债务未清偿完毕的，一人股东无法证明个人财产与公司财产相独立的，需对公司债务承担连带责任。

结合以上案例(2019)粤03执异1168号、(2023)粤0306执异302号以及深圳中院、基层法院其他案件可见，现任一人股东如财产独立性，需对债务承担连带责任。

二 债务产生前，一人股东 C 已将 100%股权转让给一人股东 D，原一人股东 C 是否需要对公司债务承担责任

一人股东 C 在公司债务产生之前便转让公司 100% 股权，退出公司后发生的债务与一人股东 C 没有关联性，但并不代表一人股东 C 对公司后续产生的债务不承担任何责任，部分案例认定，如一人股东 C 存在未依法实缴即转让股权的，仍需在未出资范围内对公司债务承担补充清偿责任。

案号：(2019)粤 03 执异 27 号

法院认为，第三人郭某武在本案执行依据深圳国际仲裁院华南国仲深裁[2018]D290 号裁决书已经发生法律效力前已将其持有的被执行人百某信公司的 100% 的股权转让给第三人杨某强，其对被执行人百某信公司所负债务不应承担责任(案例分析：本案中，法院认为判决书生效前的一人股东对公司债务不承担责任，而现股东承担连带责任，但本案例并没有深入分析债务法律关系产生的时间，而是直接以裁决书生效时间作为是否承担责任的参考因素)。

三 债务产生时为有限责任公司，后变更为一人有限责任公司，一人股东 D 是否需要承担连带责任

虽该债务产生时，公司并非一人有限责任公司，但在债务存续期间加入公司，作为公司一人股东的，需要对现存续的债务承担连带责任，一人股东 D 应承担连带责任。

案例 1：(2019)粤 03 执异 168 号(节选)

卡某公司提出申请，请求法院依法追加刘某份为本案被执行人。

法院查明，法院于 2016 年 8 月 31 日作出(2016)粤 03 民初 559 号民事判决。

诗某特公司于 2014 年 4 月 8 日成立，注册资本为人民币 100 万元，刘某煜认

缴出资人民币28万元,持股28%,张某意认缴出资人民币24万元,持股24%,罗某文认缴出资人民币24万元,持股24%,李某斌认缴出资人民币24万元,持股24%。2017年6月23日,因刘某煜、张某意、罗某文、李某斌将其持有的股权全部转让给刘某份,诗某特公司的股东变更为刘某份,刘某份认缴出资人民币100万元,持股100%。刘某份未提交证据证明诗某特公司的财产独立于自己的财产(案例分析:债务产生后,公司由有限责任公司变更为一人有限责任公司,刘某份为现任一人股东,法院支持追加其为被执行人,承担连带责任)。

法院认为,诗某特公司为一人有限责任公司,其财产不足以清偿生效的本院(2016)粤03民初559号民事判决确定的债务,刘某份作为诗某特公司的股东,未提交证据证明诗某特公司的财产独立于自己的财产,卡某公司申请追加刘某份为被执行人,对诗某特公司的涉案债务承担连带责任,符合法律规定,法院予以支持。

案例2:(2018)粤03执异975号

法院查明:中国广州仲裁委员会于2018年7月2日作出(2017)穗仲案字第17978号裁决。

枫某公司于2014年9月18日成立,注册资本为人民币1000万元,股东凌某谦、曾某松各认缴出资人民币500万元,各持股50%。2016年9月26日枫某公司股东变更为刘某旗(认缴出资人民币100万元,持股10%)、凌某谦(认缴出资人民币100万元,持股10%)、曾某松(认缴出资人民币800万元,持股80%)。2017年11月29日刘某旗、凌某谦将其持有的股权全部转让给曾某松,枫某公司的股东变更为曾某松一人,曾某松持股100%,枫某公司变更为自然人独资一人有限责任公司。

法院认为,黑某鹅公司以曾某松系枫某公司的唯一股东,应对其债务承担连带清偿责任为由申请追加曾某松为被执行人,本案符合股东不能证明公司财产独立于自己财产的情形,黑某鹅公司的追加申请应予以支持。另外,因枫某公司2017年11月29日已变更为一人有限责任公司,本案执行依据的仲裁裁决书生效日期为2018年7月2日,曾某松主张其不应对枫某公司变更为一人有限责任公司之前所负债务承担连带责任，于法无据，本院不予支持。

四 债务产生时为一人有限责任公司，后变更为有限责任公司，原一人股东 E 是否需要承担连带责任

关于该问题有不同的裁判观点，一种观点认为债务产生时为一人股东，需要承担连带责任；另一种观点认为原一人股东 E 已不是现在的一人股东或裁判生效时，原一人股东 E 已不是一人股东，无须承担连带责任，但不排除要承担未实缴出资等其他补充责任的可能性。

观点一案例：(2018)粤 03 执异 977 号

法院查明，都某某城公司于 2014 年 6 月 26 日成立，为自然人独资的一人有限责任公司，丁某系该公司法定代表人及唯一股东。该公司注册时股东认缴出资额人民币 500 万元，实缴出资 0 元。该公司注册时章程第 14 条规定，“股东所认缴的出资于公司注册登记之日起 10 年足额投入”。2018 年 12 月 27 日，丁某将其持有部分股权转让给张某才并修改公司章程，丁某认缴出资人民币 495 万元，持股 99%；张某才认缴出资人民币 5 万元，持股 1%，都某某城公司变更为有限责任公司。同时，该公司章程第 14 条变更为“公司注册资本于公司注册登记之日起 20 年内分期缴足”。

都某某城公司在本案执行根据的仲裁裁决生效之时为一人有限责任公司，而都某某城公司的财产不足以清偿案涉债务，丁某作为当时都某某城公司的唯一股东，其未提交证据证明都某某城公司的财产独立于自己的财产，故亿某某视公司申请追加丁某为被执行人，对都某某城公司的涉案债务承担连带责任，法院予以支持。丁某抗辩称现都某某城公司已不是一人有限公司，故亿某某视公司此项主张不成立的抗辩理由不成立。另外，亿某某视公司认为丁某未依照法律规定出资，按照上述规定第 17 条应追加丁某为被执行人。因都某某城公司依法拟定的公司章程所规定的股东出资缴纳年限尚未届满，丁某并未违反此项规定，故亿某某视公司此项申请理由不成立。

观点二案例:(2019)粤03执异1074号

法院查明,郭某与方某公司房屋租赁合同纠纷一案,深圳仲裁委员会于2016年7月8日作出(2016)深仲裁字第391号仲裁裁决,裁决:(1)确认郭某与方某公司于2015年5月16日签订的房屋租赁合同已于2016年3月9日解除;(2)方某公司将租赁房屋返还给郭某;(3)方某公司向郭某支付2015年10月16日至2016年3月9日的租金907,200元;(4)方某公司向郭某支付该租金的逾期违约金,违约金以每年31.2%计,每月租金的违约金分别计算(见仲裁庭意见第六项),自欠付之日起计至实际结清之日止;(5)方某公司以每月189,000元的标准向郭某支付2016年3月10日起至实际返还租赁房屋之日止的房屋占有使用费;(6)方某公司赔偿郭某2015年5月16日至9月15日租金损失659,076.92元;(7)方某公司补偿郭某律师费68,000元;(8)仲裁费42,090元,由方某公司承担(该款郭某已预付,由方某公司径付郭某);(9)驳回郭某的其他仲裁请求。

方某公司于2015年5月4日成立,注册资本100万元,成立时股东为:曾某龙,出资额35万元,占35%股权;廖某侨,出资额30万元,占30%股权;邓某辉,出资额35万元,占35%股权(案例分析:债务产生之前,公司为有限责任公司,虽该债务与股东没有关联性,但由于没有实缴出资即转让股权,故法院裁定曾某龙应在35万元的范围内,廖某侨应在30万元的范围内承担清偿责任)。

2015年11月16日,方某公司的股东变更为邓某辉,出资额100万元,占100%股权,方某公司由此变更为一人有限责任公司(案例分析:裁决生效之前公司为一人有限责任公司,但结合裁决的具体内容,部分债务实质产生于一人有限责任公司期间,但在案件审理过程中,公司已变更为有限责任公司,最后法院裁定邓某辉应在100万元的范围内承担清偿责任,无须承担连带责任)。

2016年4月8日,方某公司的股东变更为:刘某磊,出资额20万元,占20%股权;卢某国,出资额55万元,占55%股权;周某卓,出资额25万元,占25%股权(案例分析:裁定刘某磊应在20万元的范围内、卢某国应在55万元的范围内、周某卓应在25万元的范围内承担清偿责任)。

从国家企业信用信息公示系统查询的方圆公司2015年度报告(填报时间为

2016年4月13日)反映，股东刘某磊、周某卓、卢某国的实缴出资时间均为2015年5月4日，实缴出资额均为0。2016年4月8日方某公司被吊销营业执照。

法院裁定：被申请人邓某辉应在100万元的范围内、被申请人廖某侨应在30万元的范围内、被申请人曾某龙应在35万元的范围内、被申请人卢某国应在55万元的范围内、被申请人周某卓应在25万元的范围内、被申请人刘某磊应在20万元的范围内对被执行人深圳方某龙华礼品商业城管理有限公司在(2016)深仲裁字第391号仲裁裁决项下的债务承担清偿责任。

由此可见，在债务产生时，债务未经生效裁判文书确认前转让股权，有可能规避债务产生时任一人股东的连带责任，甚至债务经生效裁判文书确认后转让股权，亦有案例认为该一人股东无须承担连带责任。

五 总结

一人股东是否需要就公司既往、未来的债务承担清偿责任，主要参考以下因素：

1. 判断是否为公司现任一人股东，如是，不论该债务产生于股权受让前还是受让后，在债务还没消灭前，如无法证明个人财产独立于公司财产需对公司的债务承担连带责任。

2. 如非公司现任一人股东，债务并非形成于或存续于作为一人股东期间，换言之，股东身份存续期间与债务存续期间不相重合的，则无须承担一人股东的连带责任。但如存在未履行出资义务即转让股权的，需要对后形成的债务承担补充清偿责任。

3. 如非公司现任一人股东，债务形成于或存续于作为一人股东期间，是否还需要承担连带责任的问题，有两种观点：(1)无须承担连带责任，但需要审查是否完成实缴出资义务，如未完成实缴出资义务，则转让公司股权，仍需要在未实缴出资范围内对公司的债务承担清偿责任；(2)即便转让了公司债权，债务形成或存续于作为一人股东期间，仍需承担连带责任。

4. 债务产生后，公司通过调整组织形式，由一人有限责任公司变更为两名股东以上的有限责任公司，有可能规避一人股东的连带责任。若从有限责任公司调整为一人有限责任公司，则现任一人股东需对公司债务承担连带责任。

由此可见，如债务产生后，一人股东将其股权转让给其他第三方，连带责任转移将到现任一人股东，前任一人股东存在逃避无限连带责任的可能，如现任一人股东的清偿能力弱，将严重损害债权人的利益。需要注意的是，原一人股东未实缴出资即转让股权，即便被认定无须承担连带责任，仍需在未出资范围内承担补充清偿责任；如实缴出资到位，且法院认定无须承担连带责任的，则前一人股东无须再就公司债务承担责任。

六　建议

1. 作为债权人，在债务产生后应采取相应措施限制公司股权发生重大变更。如诉讼阶段，通过财产保全冻结公司股权、限制股权转让；执行阶段，限制被执行人公司变更商事登记；发现股权以不合理低价方式转让的，损害债权人利益的，应及时行使撤销权。

2. 作为股权受让方，应尽可能避免受让公司100%股权。如要受让，应严格审查公司的债务情况以及转让方是否已完成实缴出资。

3. 作为现一人股东，应及时履行实缴出资义务，可选择调整一人有限责任公司的组织形式，降低对未来债务的责任承担无限连带责任的风险。